U0113304

广视角·全方位·多品种

皮书系列为"十二五"国家重点图书出版规划项目

权 威 · 前 沿 · 原 创

广州蓝皮书

BLUE BOOK OF
GUANGZHOU

广州城市国际化发展报告
（2012）

ANNUAL REPORT ON CITY INTERNATIONALIZATION
OF GUANGZHOU (2012)

主　编／朱名宏
副主编／杜家元
执行主编／姚　宜

社会科学文献出版社
SOCIAL SCIENCES ACADEMIC PRESS (CHINA)

图书在版编目（CIP）数据

广州城市国际化发展报告 . 2012/朱名宏主编. —北京：社会科学
文献出版社，2012.6
（广州蓝皮书）
ISBN 978 - 7 - 5097 - 3410 - 0

Ⅰ.①广⋯　Ⅱ.①朱⋯　Ⅲ.①城市发展 - 国际化 - 研究报告 -
广州市 - 2012　Ⅳ.①F299.276.51

中国版本图书馆 CIP 数据核字（2012）第 098636 号

广州蓝皮书
广州城市国际化发展报告（2012）

主　　编／朱名宏
副 主 编／杜家元
执行主编／姚　宜

出 版 人／谢寿光
出 版 者／社会科学文献出版社
地　　址／北京市西城区北三环中路甲 29 号院 3 号楼华龙大厦
邮政编码／100029

责任部门／皮书出版中心（010）59367127　　　责任编辑／丁　凡
电子信箱／pishubu@ ssap. cn　　　　　　　　责任校对／孙光迹
项目统筹／丁　凡　　　　　　　　　　　　　责任印制／岳　阳
总 经 销／社会科学文献出版社发行部（010）59367081　59367089
读者服务／读者服务中心（010）59367028

印　　装／北京季蜂印刷有限公司
开　　本／787mm×1092mm　1/16　　　　　印　　张／18.5
版　　次／2012 年 6 月第 1 版　　　　　　　字　　数／320 千字
印　　次／2012 年 6 月第 1 次印刷
书　　号／ISBN 978 - 7 - 5097 - 3410 - 0
定　　价／59.00 元

广州蓝皮书编辑委员会

摘　要

《广州城市国际化发展报告》是广州市社会科学院国际问题研究所编辑的以广州城市国际化发展为主题的蓝皮书。全书内容主要包括总报告、对外开放篇、对外合作篇、城市形象篇和专题调研篇以及附录。

总报告分析了 2011 年广州城市国际化发展状况、存在问题和面临的机遇与挑战，展望了未来一段时期的发展形势及前景，提出了提升广州在世界城市坐标体系中的地位、参与全球国际都市竞争的对策建议。

对外开放篇着眼于后金融危机时代广州对外经济贸易合作发展，探讨了外经贸战略转型升级、拓展新兴市场和培育本土大型跨国企业等问题。

对外合作篇对全球一体化不断加深形势下广州参与国际分工、深化区域经济合作进行了分析与预测。本篇主要包括广州与新加坡及东盟地区经贸和产业合作等方面的内容。

城市形象篇结合广州打造国际化大都市的目标定位，从城市外交、对外宣传等角度探讨广州城市形象的塑造与推广，分析了 2010 年亚运会对广州城市国际化的推动作用以及广州国际旅游商贸中心建设的发展前景与途径。

专题调研篇探讨了会展提升城市国际化程度战略性新兴产业国际化发展、深度参与国际分工的背景下日本大地震对广州外向型经济的影响，以及与城市国际化相适应的社会信用体系和法律环境建设等问题。

附录对广州城市国际化发展中的里程碑式重大决策、重大活动和重大事件进行了梳理，展现了广州现代化国际大都市建设的发展历程。

Abstract

Annual Report on City Internationalization of Guangzhou is the Blue Book edited and published by the Institute of International Studies of Guangzhou Academy of Social Science. The Report contains six chapters of General Report, Open-up Review, Reqional Cooperation, City Image, Special Reports and Appendix.

The General Report analyzes the current situation and existing problems in the internationalization process of Guangzhou in 2011, examines opportunities and challenges presenting, points out the prospect in the next stage of development, and proposes countermeasures to upgrade city influence in world city system and to outstand in global city competition.

The Open-up Review chapter focuses on foreign trade, investment and regional cooperation of Guangzhou in the post-financial crisis era, discusses issues including upgrading foreign trade strategy, exploring emerging markets and nurturing local multinational enterprises.

The Reqional Cooperation chapter analyzes and predicts opportunities and trends in Guangzhou's deepening involvement in the international division of labor as well as regional economic cooperation in the context of globalization. Contents contained in the chapter include economic, financial and industrial cooperation between Guangzhou, Singapore and ASEAN. countries.

The City Image chapter discusses city image positioning and promotion from the aspect of city diplomacy and external publicity, analyzes the influence of the 16th Asian Games on city internationalization of Guangzhou, and explores the prospect and path for Guangzhou to build up international commercial tourism center.

The Special Reports chapter includes studies on the effect of exhibitions for promoting city internationalization, the internationalization of strategic emerging industries, the impact of Japan earthquake to Guangzhou's export-oriented economy, and IPR protection in Guangzhou.

The Appendix lists the milestone decisions, activities and events in the internationalization process of Guangzhou, which spreads out the development history of Guangzhou towards a modern global city.

目 录

B I　总报告

B.1　2011~2012 年广州城市国际化发展形势分析与展望
……………………………………………… 姚　宜　葛志专 / 001
　　一　2011 年广州城市国际化发展情况……………………… / 002
　　二　广州城市国际化发展存在的问题……………………… / 012
　　三　2012 年广州城市国际化发展形势预测与展望………… / 015
　　四　促进广州城市国际化发展的对策建议………………… / 021

B II　对外开放篇

B.2　广州对外开放与外经贸战略转型调研报告
………………………… 广州市对外贸易经济合作局课题组 / 026
B.3　广州外贸出口企业开拓新兴市场的对策建议 ……姚　宜　罗文文 / 053
B.4　广州培育本土跨国企业及其"走出去"战略研究
……………………………………………… 胡泓媛　葛志专 / 075

B III　对外合作篇

B.5　广州南沙新区建设国际自由贸易园区研究 ………杨再高　陈来卿 / 098
B.6　中新合作：苏州经验与广州模式 …………………王子昌　邱志军 / 126
B.7　广州与东盟经贸关系分析 …………………………………李皖南 / 139

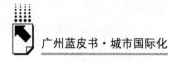
BⅣ 城市形象篇

B.8 广州城市外交途径探索 …………… 广州市外事办公室课题组 / 155

B.9 广州城市外宣工作思路与策略创新 ………………… 姚宜 / 167

B.10 借力亚运 重塑广州世界名城 ………………… 刘江南 / 181

B.11 广州建设国际商贸旅游中心研究 ………… 周晓芳 周志红 / 194

BⅤ 专题调研篇

B.12 广交会：会展经济与城市国际化 ………… 葛志专 胡泓媛 / 213

B.13 广州战略性新兴产业国际化发展研究 ………… 姚宜 李妃养 / 227

B.14 日本大地震对广州经济发展的中长期影响

………… 杨再高 杨代友 李丰 姚宜 / 251

B.15 加强知识产权保护，推进广州知识产权战略工程

………… 姚宜 刘朝华 胡泓媛 李丰 / 262

BⅥ 附 录

B.16 广州城市国际化发展历程大事记 ……………………… / 282

皮书数据库阅读**使用指南**

CONTENTS

B I   General Report

B.1 Analysis and Prospect of the Internationalization Development of
Guangzhou City   *Yao Yi, Ge Zhizhuan* / 001

    1. The status of Guangzhou's internationalization in 2011   / 002

    2. The existing problems in the internationalization process of Guangzhou   / 012

    3. The prospect of the internationalization development of Guangzhou in 2012   / 015

    4. The countermeasures to promote the internationalization of Guangzhou   / 021

B II   Open-up Review

B.2 Report on Opening-up and Foreign Trade Strategy Transformation
of Guangzhou

    Study Group of Bureau of Foreign Trade and Economic Cooperation of Guangzhou Municipality / 026

B.3 Countermeasures upon Developing New Markets for
Guangzhou's Export   *Yao Yi, Luo Wenwen* / 053

B.4 Strategy of Nurturing Local Multinational Enterprises
in Guangzhou   *Hu Hongyuan, Ge Zhizhuan* / 075

B III   Regional Cooperation

B.5 Research on Establishing International Free Trade Zone
in Nansha District of Guangzhou   *Yang Zaigao, Chen Laiqing* / 098

B.6 Sino-Singapore Cooperation: the Experience of Suzhou Industrial Park
and the Mode of Guangzhou Knowledge City   *Wang Zichang, Qiu Zhijun* / 126

B.7 On the Economic and Trade Relations between
Guangzhou and ASEAN   *Li Wannan* / 139

B IV   City Image

B.8 Developing City Diplomacy of Guangzhou
Study Group of Guangzhou Municipal People's Government Foreign Affairs Office / 155

B.9 Strategic Innovation for the External Publicity of Guangzhou   *Yao Yi* / 167

B.10 Guangzhou Rebuilding the Dream of "World City"
with Asian Games   *Liu Jiangnan* / 181

B.11 Research on Guangzhou's Constructing International
Commercial Tourism Centre   *Zhou Xiaofang, Zhou Zhihong* / 194

B V   Special Reports

B.12 Canton Fair: Exhibition, Economic Development and
City Internationalization   *Ge Zhizhuan, Hu Hongyuan* / 213

B.13 Research on the Internationalization of Strategic Emerging
Industry in Guangzhou   *Yao Yi, Li Feiyang* / 227

B.14 Medium and Long Term Influence of Japan's Earthquake on
Guangzhou's Economy Development and the Countermeasures
Yang Zaigao, Yang Daiyou, Li Feng and Yao Yi / 251

B.15 Strengthen Intellectual Property Rights Protection to Impel Guangzhou
IPR Strategic Project   *Yao Yi, Liu Zhaohua, Hu Hongyuan and Li Feng* / 262

B VI   Appendix

B.16 Memorabilia of the Internationalization Process
of Guangzhou City   / 282

总 报 告

General Report

B.1

2011～2012 年广州城市国际化
发展形势分析与展望

姚 宜 葛志专*

摘　要：2011 年，广州接续亚运后续效应，在经济、社会、基础设施、对外交往、区域合作、城市外交等多个领域获得新的发展，城市国际化进程进一步加深，但城市国际化发展水平与世界先进城市相比仍有较大差距。本文分析了 2011 年广州城市国际化发展状况、存在问题和面临的机遇与挑战，展望了 2012 年以及未来一段时期的发展形势及前景，提出了提升广州在世界城市坐标体系中的地位、参与全球国际城市竞争的对策建议。

关键词：广州　城市国际化　形势分析　展望

---

* 课题组成员：姚宜，广州市社会科学院国际问题研究所副研究员；葛志专，广州市社会科学院国际问题研究所研究实习员。

一 2011 年广州城市国际化发展情况

从 20 世纪 90 年代初"建设国际化大都市"的战略构想的提出到 2010 年亚运会的成功举办，广州城市国际化总体发展水平有了极大提升。2011 年，广州经济社会持续快速增长，区域合作不断深化，城市基础设施与环境建设日益完善，对外交往纵深发展，城市国际化进程进一步加深。

英国"全球化与世界城市研究网络"（GaWC）2008 年首次发布全球国际城市排名，将广州列为 Beta 级国际城市，在 2010 年排名中持续将广州与奥克兰、卢森堡、曼彻斯特、西雅图等城市一起列为 Beta 级别，在其世界城市体系划分中位于中级地位。美国《外交政策》与 AT. Kearney 咨询公司、芝加哥全球事务委员会联合发布的全球国际城市 65 强（2010 年）报告中，广州名列第 57 位，在中国城市中仅次于香港、北京、上海和台北。经济学人集团下属的 Economist-Intelligence Unit 最新发布的 2012 年国际城市排行榜中，广州在 120 个国际城市中位列第 64 位。从以上国际权威研究机构发布的排名来看，广州经济社会的持续快速发展已经获得了国际社会认同，城市国际化水平已处于全球国际城市坐标体系中的中级位置，广州已经具备了中级国际城市的要素与实力。

（一）经济总量持续突破万亿元，夯实城市国际化实力基础

1. 经济总量持续突破万亿元，夯实城市国际化经济基础

雄厚的经济基础是城市国际化的基本条件。尽管受到金融危机影响，但广州经济基础进一步打牢，逐步跻身国际化大城市。2011 年，全市经济保持平稳较快增长，继续保持全国内地大中城市第三名位置，全市实现地区生产总值（GDP）12303.12 亿元，折合 1904.86 亿美元，① 与上海、北京、香港、台北、新加坡等国内外城市相比还有一定差距，但追赶势头足，同比上年增速达11.0%，在几个城市中名列前茅，动力优势明显（见图 1）。稳步增强的经济基础是广州建设成为国际化大都市的有力保证。

---

① 2011 年人民币兑美元平均汇率为 1 美元 = 6.4588 元人民币。

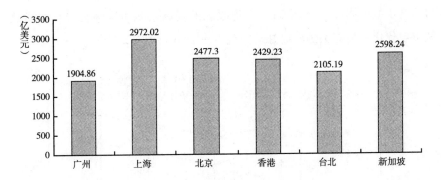

图 1　2011 年广州地区生产总值对比

资料来源：广州、上海、北京的数据来自 2012 年各地区政府工作报告；香港统计署网；"台湾行政院统计处"网；新加坡金融管理局网。

2. 现代服务业持续发展，国际商贸中心建设成效明显

国际商贸中心建设取得成效，助推城市国际化经济发展。2011 年广州城市功能逐步向金融、商贸、信息、文化、教育、科技中心等城市综合服务功能扩展。第三产业增加值占地区生产总值的比重达到 61.51%，居中国大陆地区各大城市第二位，达到发达国家和地区的 60%～80% 水准。现代服务业增长强劲，其增加值增速达到 12.8%，高于全市 GDP 增速 1.8 个百分点。[1] 广州初步形成一批有国际水准的现代服务业集聚区和增长极，重点建设了一批聚集国际要素的商圈。天河商圈营业面积超 150 万平方米成为全国最大商圈，引入众多国际优质品牌和特色商品；白云新城、番禺新城等成为新兴区域级商业功能区；琶洲国际会展商务区年均展览面积约 500 万平方米，成为全国会展商务活动最活跃区域。整个城市经济结构正向更高层次发展。

3. 人均收入水平上新台阶，进入世界中等发达地区行列

2011 年，广州地区人均（常住人口）GDP 达到 9.6 万元以上，折合 14863.44 美元。城市人均可支配收入 34300 元，折合 5310.58 美元，根据世界银行发布的 2010 年划分标准已经位列世界中等发达地区行列。[2] 城市化率达到 83%，农村居民人均纯收入达到 14700 元以上，五年增幅平均达 13.6%，连续 4

---

① 2011 年 1～9 月数据。

② 2010 年世界银行对不同国家人均收入水平划分标准为：1005 美元以下是低收入国家；1006～3975 美元是中等偏下水平；3976～12275 美元是中等偏上水平；12276 美元以上为富裕国家。此标准以人均 GNI 计算，国内外要素收入略有影响，但依然是重要的可比参照标准。

年增速高于城市居民（见图2）。人均收入的提高对城市国际化最具实质意义，对城市现代化质量有关键性提升。

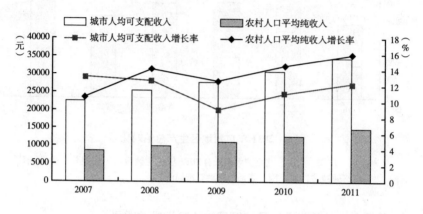

图2　2007～2011年广州城镇及农村人口收入

（二）　对外开放进一步深化，经济国际化程度提升

在金融危机、欧债危机、人民币升值、美元量化宽松政策等诸多国际不利因素的影响下，广州外向经济模式承受了较大挑战。2011年，广州利用蓬勃发展的国内市场，积极吸引外资，优化外资结构，大力推动国际企业"引进来"，积极鼓励扶持企业"走出去"，使对外开放进一步深化发展，经济国际化程度继续提升。

1. 利用外资规模不断扩大，外资质量不断优化

一是利用外资规模不断扩大，开放经济纵深发展。2011年吸收合同外资68.3亿美元，同比增长35.2%；外商直接投资金额达42.7亿美元，同比增长7.3%。利用外资签订合同1273份，其中外资直接投资签订合同达到1134份，占比89%。

二是外资质量优化，现代产业国际化程度提升。制造业成为全市合同外资增长的动力（见表1）。实际外资投资制造业占吸收合同外资金额41.55%，电子信息、传统优势制造业9个行业合同外资的增幅均超1倍。现代服务业成为外商投资亮点领域，全年批准外商直接投资新设服务业项目960个，同比增长22.76%，实际使用外资金额23.95亿美元，同比增长12.24%。房地产业吸收实际外资占

全市26.57%，批发和零售业吸收实际外资占全市10.28%。租赁和商务服务业（主要是投资性公司）吸收实际外资占全市6.94%，金融服务业（主要是融资租赁业）吸收实际外资占全市2.02%。外资规模的扩大与质量的提升，有利于广州进一步融入国际市场体系，有利于产业转型升级。

表1 2011年广州各行业吸收外资直接投资占比

单位：%

类　别	所占比重
农林牧渔	0.18
制造业	41.55
服务业：	58.01
电力、燃气及水的生产和供应业	2.00
建筑业	0.17
交通运输、仓储和邮政业	3.76
信息传输、计算机服务和软件业	2.91
批发和零售业	10.28
住宿和餐饮业	0.98
金融业	2.02
房地产业	26.57
租赁和商务服务业	6.94
科教文卫体	2.38

资料来源：广州市外经贸局统计数据。

三是外资来源多元化。超过30个国家和地区外资投入广州，来自香港、日本和新加坡的合同外资和实际外资金额均超过2亿美元，香港外资实际投入同比增长9.42%，日本实际外资投入同比增长83.28%。受中新知识城项目的带动，新加坡投资成倍增长，合同外资和实际外资同比分别增长264.2%和191.4%。另外，来自英属维尔京群岛、开满群岛等投资岛的投资增长放缓，实际投入7.28亿美元，同比下降12.3%。实际投入前十位的国家和地区合计投入39.69亿美元，占全市的92.94%。

2. 对外贸易稳定增长，国际化特征明显

在全球环境不景气、主要出口市场疲软、欧美等国家贸易保护主义强烈反弹等不利国际形势下，广州对外贸易稳定增长，国际化特征明显，城市对外开放程度与效率提高。

一是进出口贸易稳定增长、结构优化提升城市国际竞争力。2011 年全年实现商品进出口总额超过 1161.71 亿美元，同比增长 11%（见表2），是 2006 年的 1.8 倍；全年出口 564.73 亿美元，同比增长 16.73%，是 2006 年的 1.73 倍。二是出口结构进一步优化，一般贸易出口和加工贸易出口分别增长 21.9% 和 11.4%，一般贸易出口占商品出口总值的 43.72%，比重比上年提高 1.85 个百分点，产品国际竞争力进一步提升。三是进口持续高位增长，本地市场成为国际市场重要环节。全年实现进口商品总值 596.98 亿美元，同比增长 7.78%；从进口商品结构看，主要集中在机电、金属制品、光学医疗设备、塑料制品等 7 个领域，占全部进口总值的 82.06%，高新技术进口提升。民营企业表现活跃，市场化经济体系进一步完善，全年进出口总额达到 263.06 亿美元，同比增长 19.01%，高于全市平均水平 8.94 个百分点，维持了全年持续领先的态势。

表2　2011 年广州民营企业进出口贸易情况

单位：亿美元，%

类　　别	出口	同比	进口	同比
国有企业	120.65	24.09	103.23	−5.56
外资企业	322.61	13.10	336.87	9.26
民营企业	119.97	20.65	143.09	17.67
其　　他	1.50	−19.87	13.79	−5.83
合　　计	564.73	16.73	596.98	7.78

资料来源：广州市外经贸局统计数据。

3. 跨国公司"走进来"成效显著

跨国公司的进驻，加快推动了经济国际化进程。2011 年，落户广州的世界 500 强企业达到 224 家，包括 192 家外资，32 家中资企业。新批准世界 500 强新设项目 15 个，省组织的招商活动签约项目履约率超过 90%。涉及合同外资金额 1.63 亿美元；世界 500 强已投资设立项目增资 24 个，增资的合同外资金额为 4.16 亿美元。截至 2011 年 12 月，世界 500 强在穗投资设立 598 个项目，投资总额合计达到 350 亿美元。与国内众多城市相比，广州继续成为跨国公司投资高地。

4. 企业"走出去"步伐加快，进一步融入国际市场体系

积极实施"走出去"战略，在国际市场竞争环境恶化的情况下，广州企业

"走出去"平稳运行，进一步融入国际市场体系。广州企业五年累计对外投资23.66 亿美元，境外投资领域进一步拓宽，取得较好成果。至 2011 年 11 月底对外投资企业数达到 82 个，投资总额达到 35155 万美元（见表 3）。国外经济合作取得新进展，新签合同额 37157 万美元；完成营业额突破 2 亿美元，同比上升15.93%。广州企业境外总投资额超过 500 万美元的项目数从 2005 年的 1 个增加到 2011 年的 23 个，其中超过 1000 万美元的有 9 个，投资目的地向港澳以外的市场延伸，北美、非洲、东南亚等地区都成为广州企业投资新热土。

表 3　2011 年 1～11 月广州企业"走出去"情况

内　容		单位	月末累计	上年同期	同比(%)
对外投资	企业/机构数	个	82	85	- 3.53
	投资总额	万美元	35155	38714	- 9.19
	中方投资额	万美元	32572	36205	- 10.03
国外经济合　作	新签合同额	万美元	37157	34069	9.06
	完成营业额	万美元	20122	17357	15.93
	派出人次	人次	5642	5030	12.17
	月末在国外人数	人	9913	8929	11.02

资料来源：广州市外经贸局统计数据。

5. 服务外包行业成为国际经济合作新亮点

服务外包行业发展取得历史性大增幅，成为国际经济合作新亮点。尤其是与港澳等地区的合作，带动了离岸服务等行业的发展，成为广州现代服务业发展的新亮点。2011 年，广州服务外包合同额 34.64 亿美元，同比增长 88.50%；离岸合同额 19.63 亿美元，同比增长 83.25%；离岸执行额 14.49 亿美元，同比增长89.86%。

（三）区域合作不断深化，加速融入全球经济体系

1. 广佛肇经济圈建设进入实质合作阶段

2011 年，区域合作进一步深化发展，广州与珠三角城市区域一体化进程取得重要进展，落实了一批重大合作项目，有力增强了广州中心城市地位。一是加快推进广佛战略性交通设施建设和交界区域先行同城化，于 2011 年底已经基本实现在交通、金融、通信等基础设施领域的无缝对接；二是落实广佛肇经济圈建

设年度重点工作计划，着力拓展一体化合作空间，2011 年制订落实 46 项年度重点工作计划，涵盖了交通基础设施、产业和劳动力"双转移"合作、环境共保共治、政策对接等四大领域。广州引领珠三角、辐射华南的能力进一步增强。

2. 与境外地区合作取得重要成果

一是以打造更具综合竞争力的世界级城市群为目标，穗港澳合作进入"深水"区。2011 年，穗港澳合作协调长效机制建立，CEPA 7① 实施，南沙开发区成为全省实施 CEPA 先行先试综合示范区，并建成霍英东研究院等若干示范项目。随着教育、金融、医疗、旅游、文化等重点领域合作不断拓展，行业壁垒逐渐被打破，粤港澳合作翻开崭新篇章。

二是穗台合作取得新发展。2011 年是两岸签订经济合作正式进入"ECFA 时代"的启动年。一方面广州继续保持与积极促进在穗台资企业的市场拓展与产业升级，积极落实广东省促进台资企业发展相关政策；另一方面鼓励岛内高新技术企业来穗开展合作，鼓励两地在新一代信息技术、生物工程、海洋工程等战略性新兴产业及金融产业、科研创新、人才培养、城市建设、文化创意产业等多方面的投资与合作。2011 年在穗台企达到近 3000 家，总投资额超过 125 亿美元。穗台合作秉承传统合作优势继续向高端化合作发展。

三是与周边国家合作加快。广州与新加坡、日本、韩国等周边国家合作成效显著。中新知识城建设正式奠基进入起步期，并引进 30 多家高端合作项目，新加坡在穗投资也达到历史新纪录，双边稳定工作机制与合作框架逐渐完善，未来将有力带动广州经济社会大发展。

（四）基础设施完善，交通与信息枢纽功能快速增强

1. "智慧广州"建设取得重要成效

物联网、云计算等重点信息技术推进了智慧城市建设潮流，成为未来世界城市的发展方向，是城市现代化的发展趋势和主要标志之一。2011 年是广州建设智慧广州的新起点，广州正在向国际信息通信枢纽、创新枢纽、信息服务枢纽

---

① CEPA 7：《内地与香港/澳门关于建立更紧密经贸关系的安排》补充协议七，此次安排与香港开放合作增至 19 个领域，34 项市场开放和投资便利化措施，服务贸易领域开放至 44 个，与澳门上述领域和市场分别为 13 个，24 项，41 个。主要涉及医疗，技术检验分析与货物检验等多个新增行业。

"三大枢纽"加速行进，大力网罗高端科技创新人才，发展智慧城市核心技术及加速成果产业化，努力成为引领我国智慧城市技术发展和应用创新的国际知识创新中心。2011 年，广州引领国内智慧城市建设，在信息化建设、智慧政务、智慧产业、智慧城区及乡村等方面取得了重要进展，提升了城市管理的现代化、信息化、智慧化水平（见表4）。

表4　2011 年智慧广州建设成效

指　标	成　效
信息化建设	互联网普及率达71.2%。全市移动电话普及率达264 户/百人，城市电话普及率（移动电话）信息化综合发展指数达到 0.946。智能手机用户超 400 万，是目前全国手机网民普及率最高的城市之一，比例在 70% 以上。市民网购渗透率35.2%，高于全国平均水平9.2 个百分点。城镇居民每百户家庭拥有电脑125 台，家庭上网率88.2%，达到亚洲先进城市水平
基础设施	光纤到楼超过95%，光纤到户覆盖超过 50 万户。完成 WLAN 无线接入点 13 万个，无线移动宽带网络市区覆盖率达到 98.5.%。建成 TD – LTE 基站 254 个。实施"天云计划"，出台了"关于加快云计算产业发展行动计划（2011～2015 年）"的编制
智慧政务	政府信息公开信息达到 111.2 万条。首开全国先河，建成 154 万个市民网页，涉及交通、社保、公积金、水费、电费、燃气费、移动话费、电信话费等 8 大类民生信息订阅服务
智慧产业	拥有软件和信息服务业上市企业 15 家，国家规划布局内重点软件企业数量达到 17 家；软件企业收入超亿元的 63 家，超 10 亿元的 10 家。网商综合指数排名居全国第一，重点企业网上交易额预计达 7731 亿元，居全国城市前列
智慧城区	天河智慧城项目顺利推进
智慧乡村	"广州智慧乡村之北部山区信息服务平台项目"正式启动，5 条村试点顺利推进

资料来源：广州市科技局网站；《广州日报》。

2. 城市辐射功能不断增强

依托现代化空港、海港和集疏运体系建设，广州城市辐射功能不断增强，综合性门户城市功能进一步强化，尤其是国际综合交通枢纽地位进一步提升。在国际空港建设方面，全年旅客吞吐量突破 4500 万人次，位列全国第二位；国际航线达到 105 条，国内航线达到 507 条，连通全球五大洲 183 个城市，其中国外通航国家和地区 31 个，国外通航城市 59 个，复合型国际航空枢纽正在稳步形成。在国际航运中心建设方面，全年港口吞吐量达到 4.5 亿吨，位列全国第五位，集装箱吞吐量达到 1440 万标箱，位列全球第七位；货运量 64722.53 万吨，货物周转量 2821.44 亿吨，均达到两位数增长。① 在现代陆路交通网络建设方面，城际铁路、快速道路和快速公交线路相继完善，广州南站的交通枢纽功能日渐彰显。现代化海陆空立体交通体系基本形成，城市辐射范围不断拓宽，中心城市带动作用不断增强。

（五）城市建设与管理日臻完善，实力大幅提升

1. 国家创新型城市建设取得新突破

广州国家创新型城市建设取得新突破，区域创新体系逐步形成，园区载体、人才、资本、企业等创新要素融合发展（见表5）。在创新平台建设方面，合作建设 11 个国家级、23 个省级国际科技合作基地，建成工业技术研究院等 12 个产学研创新平台，形成了新型显示、节能环保、移动互联网等 10 个百亿级创新集群；在创新载体建设方面，中新知识城、广州科学城、广州国际生物岛和国家软件产业基地等一批国际水准创新发展载体加速推进建设；在国际人才港建设方面，大力实施"万名海外人才集聚工程"和"创新创业领军人才百人计划"，人才贡献率达到约33%，引进 13 个国际领先科研创新团队和25 名领军人才，拥有各类博士后工作站 55 个。全市发明专利申请量和发明专利授权量分别达 8172 件和 3146 件。广州在中国自主创新年会上被评为年度"中国十大创新型城市"。

表5　2011 年广州创新型城市建设进展

内　容	指　标	单　位	2011 年
创新投入	R&D 支出占 GDP 比例	%	2.25
高端要素	国外知名大学到广州合作举办高等教育机构	所	1
	引进国际领先科研创新团队	个	13
	引进领军人才	名	25
创新基础条件	互联网普及率	%	71.2
	累计国家级工程技术研究中心、工程实验室，国家重点实验室，省市级工程技术研究中心，省市级重点实验室	家	462
科技创新能力	年度发明专利授权量	件	3146
	国内技术市场交易额	亿元	159.52
	引进国内外知名大学或研究机构落户广州建立科技创新研发基地	个	4

---

① 数据来源于《广州日报》等。

续表

内　容	指　标	单　位	2011 年
创新驱动发展	规模超过千亿元的战略性新兴产业群	个	2
	累计认定的高新技术企业	家	1257
	高新技术产品产值占工业总产值的比重	%	40
	现代服务业增加值占服务业增加值的比重	%	60
	万元地区生产总值综合能耗	吨标煤/万元	0.60

资料来源：2011 年广州统计公报；广州科信局网站；《广州日报》等。

2. 全国文明城市建设圆满成功

历经 13 年，广州成功获评全国文明城市，圆满实现城市环境面貌"十年大变"目标，完成了率先转型升级、建设幸福广州核心任务的阶段成果，城市建设硬环境与软实力得到充分肯定，城市知名度与竞争力得到大幅提升，生态环境明显改善。新建白云湖、海珠湖的空气质量优良率达到 98.8%，全市森林覆盖率 41.4%，城市生活污水处理率达 88%，珠江广州段水质从劣五类提高到四类标准。人居环境明显提升，对 1512 个社区进行人居环境综合整治，建成区绿化覆盖率 40.15%，人均公园绿地面积 15.01 平方米，建成 1862 公里绿道网。①

（六）对外交流频繁，广州城市国际形象不断提升

继 2010 年亚运会后，广州城市国际形象进一步提升。一是在经济、社会、文化、体育等各方面开展了深入的交流和合作，形成了立体的国际交往网络和城市交流格局。二是国际交流合作日益加深，举办各类主题国际性会展 118 个，会展规模位列全国第三位，广州、深圳、佛山等 9 个城市就会展合作签署了合作协议，达成了"打造黄金走廊，开辟绿色通道，建设数字平台，构筑服务体系"的合作共识；国际活动丰富多彩，国际往来更加频繁，2011 年共接待过夜国际旅客 4594.85 万人次，使领馆数量达到 44 个，位居全国前列。

（七）城市外交网络拓宽，国际影响力持续扩大

1. 城市外交网络进一步拓宽

积极利用国际组织平台，提升广州国际影响力，充分发挥在世界城市和地方

---

① 数据来源于《广州日报》、《南方日报》等。

政府组织（UCLG）中的核心作用，加快推进"广州国际城市创新奖"工作，积极拓展城市外交网络，广州国际知名度和影响力得到进一步提升。另外，南沙区荣获第十五届全球最适宜居住城区奖，为广州增添了一张国际新名片。

2. 国际友城格局继续优化

广州积极开展高层互访，优化和深化国际友城交往格局。国际友城交往更加密切，广州经贸代表团顺利出访美国、哥斯达黎加、墨西哥、俄罗斯、芬兰、日本、马来西亚、南非、法国、日本、韩国等国家的地区和城市，结交友好交流城市，并签署众多经贸合作协议，"交往＋合作"功能凸显；"营销"广州取得重要成果，广州国际友城达到27个，国际友好交流合作城市数达到14个，新增9对友好合作交流，白云、从化、花都实现缔结友好交流城区零的突破，进一步完善了"友城—友好合作交流城市—友好城区"立体国际交往网络。

二 广州城市国际化发展存在的问题

（一）国际化总体水平与世界先进城市存在差距

总体来看，广州当前的城市国际化水平与世界先进城市相比还有相当大的差距。在全球国际城市划分体系中，广州尚处于全球国际城市体系中的中等位置，与纽约、伦敦、东京等最高级别的世界城市（Global City）距离较大，与新加坡、香港等次一级国际城市和北京、上海等城市也有较大差距。在国际化发展浪潮的引领下，北京、上海等国内城市的国际化发展速度较快且成绩斐然，两市在全球国际城市体系中已处于较高级别并逐步走向国际城市发展的较高行列，[①] 广州与其距离正逐渐拉大。深圳、重庆等城市也逐渐追赶并出现了超越广州的趋势，美国《外交政策》的全球国际城市65强将深圳、重庆分别列为第62位和第65位，与广州差距不大，广州则从2008年的第52位下降为第57位；而最新的经济学人2012年排行榜则将深圳列为第52位，高出广州十多位。面对全

---

① 英国GaWC报告将上海列为Alpha⁺城市，北京列为Alpha城市；美国《外交政策》全球国际城市65强报告，北京位居第15名，上海第21名。日本Mori Memorial Foundation2011年发布的"全球权力城市排名"的25个城市中，广州未进入该排名，北京位居第18，上海第23。英国财富报告2010年发布的全球城市调查，北京位居第8名，上海第18名，广州未入前40名。

球化背景下日趋激烈的城市竞争，利用城市国际化发展资源，提高在全球城市网络中的节点价值，促进城市能级的不断提升，是广州城市国际化发展面临的严峻挑战。

（二）国际经济控制力和影响力较弱

国际经济和金融中心是现代国际城市的主要功能和特征之一。国际城市对世界经济具有较高的参与度和控制力，是跨国公司总部的集中地；资本流通量巨大，聚集了大量的金融机构，是国际资本交易发生的主要节点。从广州当前发展水平看，对国际经济的控制力和影响力不大，具体表现为以下几方面。

1. 经济贸易国际化程度与先进城市相比仍有差距

国际城市特征之一是外向型经济发达，2011 年广州的外贸依存度为 60.4%，高于 50.1% 的全国平均水平，低于深圳、上海、北京、苏州等国内城市，反映出广州与世界市场的联系程度、依赖程度较低，开拓海外市场的能力尚未达到较高水平。

国际城市聚集了众多跨国公司总部，是全球生产经营和企业跨国运营的决策中心。从国际城市这一特征出发，世界 500 强总部和跨国公司地区总部这两项指标能够反映出城市的国际经济控制力，例如 500 强企业中有 44 家落户纽约，15 家总部设在巴黎。从广州当前发展情况来看，截至 2011 年底，69 家中国世界 500 强企业中有 1 家总部位于广州，而北京有 41 家；国家商务部门认可的跨国公司地区总部广州有 53 家，而上海已达 353 家，① 相比之下可以说广州已远远落后于北京、上海，一定程度上反映出广州在投资环境和经济繁荣上的不足，进而影响了广州参与国际经济活动的深度与广度。

2. 金融国际化水平不高

2011 年，广州实际利用外资占 GDP 比重为 2.1%，固定资产投入中外资投入比重为 2.7%，相比香港、新加坡、上海等周边国际性城市还有一定差距。在这两项衡量资本构成国际化的重要指标上表现不突出，表明广州吸引外资的集聚力相对较弱，对外资的利用效率有待提高。

国际城市是国际资金融通、集散和交易的中心城市，外国金融机构数量指标

---

① 数据来源于上海新闻网。

可以考察城市金融的市场辐射和对外开放程度。目前驻穗外国金融机构数量不到上海的 1/2、北京的 1/5，反映出广州金融业发展相对滞后，金融国际化水平偏低，城市金融资本影响力不足。

（三）对外交流国际化职能有待加强

1. 对外交往活跃度相对不高

国际城市是国际交往中心，国际交流活动频繁，国际交往人口规模庞大。在城市对外交往方面，当前广州的友好城市和使领馆数量少于北京、上海，尤其是在常驻境外媒体方面与北京、上海具有较大差距，表明广州的对外交往途径相对狭窄，与国际社会的交往程度和信息交流程度相对较低。

人口的国际交往指城市中国际性人口流动的状况，能够充分反映城市的国际交往能力和国际化水平。一般而言，国际大都市的外籍侨民占本地人口比重应在0.6% 以上，入境旅游人口占本地人口比重应高于 40%，市民运用英语交流的普及率应达到 40% 以上，[1] 例如纽约和伦敦，国外出生人口占其人口总数的 1/3，新加坡外国人口近 20%，香港外国人占 7.8%；[2] 2010 年伦敦接待境外游客达1460 多万，[3] 纽约达 970 万，[4] 广州当前的发展情况与以上标准尚有较大距离，在人员流动方面尚未具备高能级国际城市强大的吸引力和包容性。

2. 尚无国际组织入驻

国际城市往往是国际组织总部所在地，城市拥有国际组织机构数量直接反映其在国际政治经济中的地位和影响力。例如巴黎，所驻国际组织机构多达 200 余家；纽约是世界上最大和最具影响力的国际组织联合国总部的所在地；东京有 12 个联合国机构。从国际组织入驻国内城市情况来看，上海经合组织落户北京、亚洲论坛总部设在海南博鳌，而广州尚未有国际组织入驻，在全球国际事务中的作用与高能级的国际城市差距巨大，表明广州当前在国际社会中地位不高，国际影响力较弱。

---

① 数据来源于杨建、傅强、钱明辉：《国际化都市之路》，经济科学出版社，2011。

② 数据来源于刘玉芳：《北京与国际城市的比较研究》。

③ 数据来源于 International Passenger Survey，http：//www.londonandpartners.com/media-centre/press-releases/2011/overseas-visitors-to-london-spend-more-than-86-billion-in-2010-as-capital-bucks-uk-trend。

④ 数据来源于 NYC Statistics，http：//www.nycgo.com/articles/nyc-statistics-page。

3. 举办国际会议数量较少

举办大型国际会议数量是城市对外交流频度的重要标志。据统计，巴黎每年举办的大型国际会议数量在 200～300 之间，新加坡也平均有 130 个左右。2011年广州举办的国际会议、展览等不仅在数量上远远低于这些城市，在规模和影响力上也相差较大。

（四）对外交通和信息交换能力仍需提升

国际城市是世界或区域交通枢纽，要求城市内部与外部交通衔接情况良好，高速公路、世界级港口和国际航空运送能力强大。国际城市也是国际通信网络的重要节点，是全球信息交流中心和信息服务业的主要生产中心，因此城市通信要设施先进、普及率高。从对外交通国际化指标来看，纽约、东京、伦敦、新加坡等国际城市都有两个以上国际机场，国际国内航线数量和运送旅客人次众多，例如 2011 年纽约三个机场运送旅客接近 1.05 亿人次，[①] 香港机场客流量达到 5400万人次，[②] 广州则刚刚突破 4500 万人次。从信息国际化指标来看，2010 年新加坡的国际互联网普及率为 77.8%，[③] 2011 年香港的国际互联网普及率达到87%，[④] 广州为 71.1%。[⑤] 广州在这些指标上与能级较高城市相比有相当大的差距，说明广州与国际社会的人员和信息交换能力尚待提高。

三　2012 年广州城市国际化发展形势预测与展望

（一）城市国际化发展的有利因素

1. 国际商贸中心与世界文化名城建设助力城市国际化发展

建设国际商贸中心与世界文化名城的战略定位是广州城市更新发展与重拾国

---

① 数据来源于 NYC Statistics，http：//www. nycgo. com/articles/nyc-statistics-page。

② 数据来源于 2012 年 1 月 12 日《文汇报》，http：//news. carnoc. com/list/210/210686. html

③ 数据来源于 Integrated Geospatial &Statistical Data for Public，Private and People Sector in Singapore. http：//ggim. un. org/docs/meetings/Thematic% 20Seminar/Session% 203/3. % 20Singapore. pdf。

④ 数据来源于 Hong Kong：the Facts，http：//www. gov. hk/en/about/abouthk/factsheets/docs/telecommunications. pdf。

⑤ 数据来源于广州科普网，http：//kepu. gzst. net. cn/d44766. aspx。

际大都市梦想的重要机遇。国际商贸中心建设有利于带动产业发展，特别是现代服务业和先进制造业等乘数效应明显的产业链条，如金融、物流、会展、汽车等产业；摒弃传统狭隘的商贸业意识，拓宽延长商贸产业链、产业群，将成为广州立足国际大都市行列的有力支点。世界文化名城建设有助于提高广州的国际形象，依托并升华广州千年商都的历史与悠久的岭南文化，打造彰显广州特色的文化名城，是广州建设国际大都市的目标，同时也是城市发展的主要软实力。

2. 转型升级与进一步对外开放提升经济国际化水平

"十二五"时期是广州转型升级的关键时期，在这一时期广州将实现转型转移并举，产业转型升级向高端业态、现代服务产业迈进，依托园区载体和产业战略平台，引进更多的跨国企业、实力强大的国有企业及民营企业，吸引一批高端项目，集聚海内外高端人才、投资资本、先进技术和管理经验等高端要素，助推广州整体经济实力与产业竞争力达到国际大都市水平。随着转型升级的纵深发展，广州将进一步驶向对外开放，这是广州开放型经济全面发展和社会主义市场化机制完善的必要路径和正确选择，也是广州多年来城市国际化建设精髓所在和开放包容的城市品质形成的关键因素。开放的市场化竞争环境有助于广州配置全球资源能力的提升和城市国际竞争力的提高，有助于完备国家中心城市功能，实现现代化国际大都市的发展目标。

3. 亚运会后续效应带动城市国际化职能拓展

亚运会后续效应继续推进广州城市国际化职能，对外开放广度和深度进一步拓展。广州将延续利用亚运效应，推动完善 CBD 增长极建设，完善以珠江新城为核心的商务金融办公区域；进一步整合文化、商贸、都市、山水、生态、休闲、亚运等旅游资源，打造文化引领的系列旅游精品；继续推进空气环境、水环境、交通环境、人居环境综合整治，城市建设加快，使城市环境面貌进一步改善。

4. 公共外交兴起加快城市国际形象提升

中国已经是世界第二大经济体，正在进一步走向世界，"说明"中国成为时代需求，开展公共外交成为迫切的现实要求。城市是发挥公共外交职能的直接载体，通过文化交流、信息项目等形式，了解、获悉情况和影响国外公众，从而提高城市形象和国际影响力。随着我国公共外交的兴起，常态化工作机制的逐渐建立，广州作为开展公共外交的前沿阵地城市，将进一步拓展国际友城关系，深化在国际城市组织中的核心作用，促进国际形象、知名度及影响力的进一步提升。

（二）城市国际化发展的不利因素

1. 全球经济不振影响经济国际化纵深发展

金融危机、欧洲经济危机蔓延效应放大，世界主要经济体恢复增长缓慢，对对外依存度较高的广州影响明显，经济国际化纵深发展难度加大，汇率波动和经济走势的不确定性致使外国投资者在穗投资动力不足，致使实体产业发展受限，引进国际高端项目面临挑战。在全球经济危机影响下，国际贸易保护主义盛行，冲击着广州传统出口贸易行业，在内部转型升级处于关键期，扩大内需尚未见明显成效的条件下，广州面临国际国内双重压力，经济发展动力受到一定影响，国际辐射能力受到一定削弱。

2. 区域及城市间抢夺发展资源竞争激烈

半个世纪以来，全球经济一体化进程加速发展，多个国际盟约组织诞生，直接推进区域国际化步伐。区域及城市间竞合程度明显趋紧，争夺人才、资本、技术及制度资源成为激烈竞争的实质体现。广州在世界城市竞争的舞台上备受压力。一方面，传统大国与新兴大国竞争激烈，国际大都市的集聚效应继续发挥巨大作用，纽约、伦敦、东京等一流国际大都市集聚了主要的国际化人才、技术、资本等先进生产力资源，在国际情势不明朗的情况下，锁控高附加值要素，一定程度上限制了发展中国家城市国际化步伐。印度、俄罗斯、巴西等新兴市场的高速发展，吸收了部分国际资源，从而提高了我国城市发展的竞争成本。另一方面，国内沿海及西部城市发展迅速，凭借多种优惠政策、园区载体、市场空间等优势，在世界范围内网罗先进要素，加速城市及产业转型升级，北京、上海、天津、深圳、苏州等城市发展迅猛，创新能力不断提升，加大了广州集聚国际资源的难度。

3. 不确定因素加大国际化城市风险管理压力

国际化大都市是对全球经济政治战略性要素具有影响力和控制力的节点城市，往往是跨国企业聚集地、金融中心、产业中心、信息中枢、交通枢纽，承载了商品、资本、技术和劳务的大规模流动，具有很强的集聚、辐射、流通和增长功能，是一个开放程度很高的中心城市，其所面临的风险巨大，不确定因素带来的风险和潜在问题越来越突出。由于汇集了完备的密集性网络，聚集了大量人口、资源和社会经济活动，国际化大都市面临的各种风险存量大大增加，国际化大都市风险管理和应急机制问题越来越复杂，输入性、原发性、输出性不确定风险隐患都可能大大增加，而且风险后果具有很强的叠加效应，容易跨域扩散，对外辐射诱发其他风险等特点，不确定因素的增加提升了城市风险管理能力难度。

（三）2012 年发展形势展望

1. 经济持续平稳较快增长，夯实城市国际化发展基础

经济实力雄厚、生产力高度发达是国际城市需要具备的基本条件。2011 年广州经济总量持续第二年突破万亿元大关，GDP 较上年增长 11%，产业结构调整成效显著，以服务经济为主体的产业结构初步建立，为城市国际化发展提供了强大的驱动力。当前广州三产结构优化，出口、投资和消费持续保持活跃，预计在欧洲主权债务危机扩散、全球通胀压力增大等多重压力下，2012 年仍将保持经济平稳较快增长。

据广州市发改委预测，目前全市服务业聚集区建设、服务业新业态培育初显成效，将带动服务业增长 11.8%；年内一批大项目投产或达产有望拉动工业呈现两位数增长；批发零售、住宿餐饮业零售总额等反映消费的指标连续多年保持 15% 以上增速，预计 2012 年将得到延续；投资方面，“三旧改造”、保障性住房建设、“新广州、新商机”项目落地等都将拉动投资增长；外贸出口方面，预计占广州出口总额近 60% 的亚洲、大洋洲和非欧盟欧洲国家市场的出口增长仍相对乐观。基于以上因素，未来一段时期广州经济发展仍将保持在年增长 11% 左右，预计到 2016 年全市 GDP 突破 2 万亿元。① 经济综合实力是城市国际化的前提条件，是城市国际竞争力的重要体现，广州经济持续平稳较快增长夯实了城市国际化的发展基础，为建设现代化国际大都市目标的实现提供了强劲发展动力。

2. 对外开放水平进一步提升，加速融入全球经济体系

进一步扩大开放，促进广州开放型经济的转型升级是广州未来一段时期发展的战略重点。2012 年广州开放型经济发展将把重心放在以下方面：一是利用外资转型，加快实现从招商引资为主向招商引资、招商选资、招才引技并重转型，提升利用外资对产业发展、自主创新的带动力；二是对外贸易转型，加快实现从规模速度向质量效益转型，提升外贸综合效益和国际市场竞争力；三是发展载体

---

① 资料来源于《未来五年经济目标增长 11%》，2012 年 1 月 9 日《南方日报》。

转型，加快实现从低端发展向高端、创新发展转型，提升高端要素集聚、科技创新和综合服务功能；四是对外投资转型，加快实现从市场开拓为主向整合利用全球资源转型，提升广州企业国际化能力；五是发展动力转型，加快从政策吸引向环境吸引转型，全面提升广州国家中心城市的综合承载力和营商环境。

根据以上战略重点，2012 年广州将以提升综合竞争力为目标加快转变外贸发展方式；加大"新广州，新商机"推介力度，大力发展总部经济；着力实施"走出去"战略，提升全球资源配置能力，培育 2～3 家有实力、有潜力的本土跨国企业；以港澳、台湾地区、新加坡和东盟为重点深化国际区域合作。随着以上措施的深入实施，广州的对外开放水平将获得进一步提升，资源配置能力和国际竞争力进一步增强，在国际分工中的地位不断优化，融入全球经济体系的进程纵深加快。

3. 基础设施建设进一步完善，对外辐射和交换能力将获提升

国际城市是物资流通、信息流动和人员往来的重要枢纽，必须拥有高效能、网络化的对外交通和信息通信系统。广州"十二五"规划提出要加快建设和完善一批枢纽型、功能性、网络化的战略性基础设施，增强城市国际服务能力，将广州打造成为我国南方对外开放合作的核心门户。今后一个时期，广州将以此为"三个重大突破"之一，计划每年投入不少于 50 亿元进行基础设施建设，集中力量推进白云国际机场扩建、南沙港区三期、珠三角城际轨道交通线网以及铁路、高快速路网建设；以建设智慧城市为目标推进城市数字化、网络化和智能化，加快推进"光纤到户"工程，构建高性能宽带信息网络，建设国家数字家庭应用示范基地和国际电子商务示范城市。预计 2012 年广州的对外交通和信息基础设施建设将取得实质性进展，作为国际中心城市的辐射和聚集能力以及信息交换进一步增强，向现代化国际大都市的建设目标迈出坚实的一步。

4. 城市外交将取得新突破，创新国际化发展战略平台

全球化浪潮推动城市成为国际竞争主体，各国城市广泛展开国际交往，寻求发展机遇，催生了以实现城市利益为目标、城市为交往主体的城市外交。近年来，广州推进城市外交取得了良好成绩，在依托国际组织开展多边外交方面屡有创新，连续两次当选具有"城市联合国"之称的世界城市和地方政府组织（UCLG）的联合主席。在此基础上，广州联合 UCLG 和世界大都市协会设立了面向全球城市的"广州国际城市创新奖"，首届颁奖典礼将于 2012 年 11 月举行，目前已进入了紧锣密鼓的申报和评选阶段。该奖项简称"广州奖",是我国首个以地方城市名称命名的国际性奖项。该奖项的设立一是对传统外交手段的创新,首创国内地方城市主导和组织全球范围评奖活动的先例,走出了一条城市外交的新路子;二是增强了广州在具有广泛影响的国际组织中的核心领导力和凝聚力,有助于优化广州的对外交往格局,提高对外交往水平;三是奖项在全球范围内的宣传、申报和颁奖等一系列活动,将形成极大的对外传播资源,在UCLG上千个会员城市构成的强大宣传合力的助推下,广州将得到堪比亚运会的广泛国际关注,城市形象将进一步优化和提升。广州奖作为永久性的国际奖项在广州生根发芽,标志着广州城市外交步入了一个新的发展阶段,为广州的城市国际化发展打造了一个崭新的战略平台。

5. 城市品牌建设逐步启动,优化提升城市形象

城市品牌是城市重要的无形资产和城市综合竞争力不可或缺的要素之一。城市品牌在一定程度上指引着城市的未来发展方向,具有强烈的凝聚力、向心力和强大的影响力、辐射力。近年来,在亚运会、亚残运会等一系列重大国际活动的助推下,广州的城市品牌形象有了极大提升,但与纽约、东京、香港等国际大都市相比,仍存在核心价值不够突出、体现城市精髓的品牌形象尚未确立等问题。

在科学谋划广州未来发展方向基础上,广州提出了"建设国家中心城市,打造国际商贸中心和世界文化名城,建设面向世界、服务全国的现代化国际大都市"的战略目标。针对明确定位,广州启动了新一轮城市品牌形象体系建设工作,目前正在进行"广州元素"的讨论、征集活动,开展城市品牌形象研究,对城市品牌进行科学定位、系统谋划。有关广州城市品牌形象建设的指导意见也即将出台,对未来一段时期广州的外宣、外事、外经贸工作以及文化发展、城市建设、社会管理等提供城市品牌形象方面的统一指导与支持。可以预想,2012年将是广州城市品牌建设全面启动之年,在广州城市国际化建设突飞猛进、亚运后城市公众参与和志愿精神极大提升、网络化和信息化社会纵深发展等新趋势和新形势下,以新时代广州城市精髓的凝练、升华为基础的广州城市品牌塑造和推广,将为优化广州城市形象、提升城市国际影响力和美誉度提供抓手和动力。

四 促进广州城市国际化发展的对策建议

(一) 引领珠三角城市群，强化广州中心城市功能

继续深化广佛同城化与广佛肇经济圈建设，带动珠三角一体化发展，发挥广州核心城市的国际商务、金融服务、技术创新和制度整合等功能，引领珠三角城市群在全球城市体系中不断提升功能和影响力，最终形成亚太地区最具活力和竞争力的世界级城市群，在珠三角城市合力参与国际分工和竞争、实现全球范围内资源集聚和配置中受益，以城市群的整体发展加速广州作为核心城市的国际化发展进程。

以世界先进城市为标杆，以加强国际化功能为核心，推动广州跨越发展到综合型国际城市。从建设国家中心城市，打造国际商贸中心、世界文化名城的发展定位出发，率先转型升级，增强产业核心竞争力，形成以服务经济为主体的中心城市产业结构；以现代服务业作为主导产业，积极打造国际商贸中心、区域金融中心、华南地区总部经济增长极、亚洲现代物流中心、国际性会展中心、国际化信息港，全面增强广州作为国家中心城市的各项功能，提升广州在国际分工中的战略地位。

(二) 加快发展总部经济，强化广州对外辐射能力

以全球化视野发展广州总部经济，进一步加强与港澳、深圳的协作，全面推进穗港总部经济的合理分工、错位发展，共同打造具有世界影响力的"穗港深"国际总部经济带；把发展总部企业与广州产业特色结合，围绕广州的支柱产业和主导产业，结合珠三角城市群产业基础，构建集群效应明显、先进制造业和现代服务业并重、专业功能互补的总部经济产业体系。

以建设华南地区的区域性企业总部集聚中心为目标，大力引进大型跨国公司总部或地区总部，积极吸引国内优秀企业设立或改迁广州，重视扶持本土总部企业发展；合理规划总部经济空间布局，结合广州城市发展规划，重点打造"珠江新城—员村—琶洲"和"环市东—天河北"两大总部经济综合发展片区，促使广州成为亚太地区最具活力的总部经济之都。

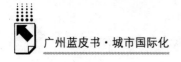

（三）大力发展高新技术产业，加快建设创新型城市

加快推进国家创新型城市建设，深入实施科教兴市战略，坚持科技与经济的紧密结合，以市场为导向，加快新兴产业培植和高新技术产业发展。发挥广州优势、突出重点，选择具有先导性、示范性的领域和产业实现高新技术产业的新突破；积极利用高新技术成果和专利技术改造传统产业，加快高新技术的扩散与渗透，以高新技术的增量盘活传统产业的存量；着力提高引进项目水平，引导投资重点转向高新技术领域，通过投资引进提升广州的技术和产业层级。

通过政策鼓励、市场引导等措施加快建设技术研发和创新平台，形成自主创新优势；加强与企业、科研和中介机构的紧密合作，把官、产、学、研、资、介融为一体，形成科技创新合力；积极引进跨国公司研发中心，重视民营科技创新能力，构建开放的科技创新格局。以自主创新和科技综合实力的显著增强，打造世界级的高新技术产业中心、科技创新中心，提升广州的科技辐射力和带动力。

（四）提高城市建设与管理水平，优化创业和人居环境

进一步提升广州市政设施水平，完善城市道路和水电气基础设施，强化垃圾和污水处理能力，提高通信信息水平，加强市政应急设施建设，提高城市现代化建设水平，为广州的城市国际化发展创造良好的硬件设施基础。

加强城市景观环境建设，加快市容市貌的治理整顿工作，形成维持、保护的长效工作机制；持续推进"青山绿地、碧水蓝天"城市环境治理和景观建设工程，提高城区绿化率和城市景观水平；打造广州特色城市景观，建设"生态水城"、"环保绿城"、"动感花城"的自然景观，兼具现代化都市风貌和广州历史文化传统的建筑景观，以及展现广州国际商贸中心环境和世界文化名城的街区景观。

坚定不移地推进可持续发展的生态环境建设，以城市合理布局降低城市发展对自然环境的影响，以转变经济增长方式和优化产业结构减少环境污染物排放总量，以完善环境法治体系形成高效环境保护机制，从而在保障经济高速增长的同时保持并不断改善广州城市生态环境质量，使广州的生态环境水平与国际大都市高度发达的经济和社会状况相适应。

继续优化投资和营商环境，重点在于进一步清理收费项目、规范行政事业性

收费和中介机构等的收费行为，切实降低企业营商成本；规范和简化行政审批程序、加快审批速度，提高政府机构办事效率；依法行政、规范管理，加强市场监管、保障投资者的合法权益，加强中介服务机构建设，提高引资服务水平，以投资环境的优化促进广州对外开放度的提升。

（五）加大引进和培养力度，建设国际化人才港湾

加大人力资本投入，完善人才培养和培训体系，以培养复合型高素质人才为导向深化教育体制改革，以市场为导向加快职业培训教育，促进高素质、复合型人才的培养，满足广州城市国际化建设的人才需求；注重对国内外人才的吸纳与引进，创造宽松的人才准入和发展环境，广泛延揽国际型高端人才，打造广州国际化城市的人才港湾；加快人才市场、猎头等人才服务业发展，建立科学、完备的人才评价、使用和激励机制，促进广州人才资源开发；扩展人才对城市的引导和示范效应，将广州建设成学习型城市，以适应国际大都市的建设需要。

（六）加强城市文明和市民素质建设，提高广州文化软实力

进一步完善城市公共文化基础建设，建设具有国际水准的现代文化设施。适度超前、高起点规划、高标准建设，按照全市人口的实际状况，从文化设施的空间合理布局出发，加快图书馆、博物馆、音乐厅等文化基础设施建设，为活跃文化市场、促进文化交流创造良好的硬件条件。

加强对外文化交流与推广，广泛开展国际文化交流，探索建立政府间高层文化交流机制和民间文化交流渠道，推动和组织高水平、高规格的国际文化交流合作项目；积极发展国际文化产业，举办有国际影响力的会展和演出活动，主动参与国际文化竞争，提升广州国际大都市的文化软实力。

加强精神文明建设，提高市民素质和城市文明程度。确立健康发展的方向，打造新时期广州的市民文化；深入宣传开展"爱国、守法、诚信、知礼"现代公民教育，培养正气、和谐的良好社会风尚；培养市民的社会责任意识和对外交往能力，促进广州国际大都市公民意识的整体提升。

（七）完善基础设施建设，强化国际门户城市的聚散能力

以建设国家中心城市、现代化国际大都市为目标，完善以"三港（空港、

海港、信息港）双网（轨道交通网、高快速路网）"为骨架的多层次交通枢纽紧密联系、多元交通方式一体化运作的综合交通运输体系；以构建珠三角一小时城市圈核心为目标，整合珠三角地区交通道路资源，加快广州与珠三角城市的交通网络无障碍对接；以打造国际门户和对外交往中心为目标，建设区域性国际航海运输中心、亚太地区航空枢纽，完善广州对外强化辐射、对内协调畅通的交通运输和信息交流功能，强化广州作为国际城市的集聚辐射和综合服务能力。

（八）深化城市对外交往，提升广州国际影响力

活跃对外交流与合作，构建"政府—民间"多层次的对外交流体系，带动经贸、文化、艺术、体育、科技、社会等全方位互动，扩大广州的国际影响，提升广州的国际地位。

大力发展国际会展业，提高广州举办国际盛会的规格与规模，促进物流、人流、资金流、技术流和信息流以广州为中心在国际范围内聚集和扩散；建立与国际知名新闻机构的长效沟通机制，提高广州的国际社会参与度与知名度。

加快友城体系建设，拓展城市外交渠道和资源整合，积极进行城市形象推介；创新交流形式、深化交流内容，采取灵活的结好方式，在缔结友城关系之外，以友好合作交流城市和友好城区的形式扩大城市外交范围，实现对外交往新突破，扩大广州国际影响。

全面发展城市外交，深化与国际组织交往，发展国际民间交往；借助国际组织搭建的交流平台，深化与国际社会交流与合作，获取有益的城市国际化发展资源；积极推动和参与国际组织的创立与发展，建立和发挥广州的核心领导作用，促进国际地位的有效提升。

参考文献

郝书池、姜燕宁：《全球化背景下城市国际化水平评价指标体系及实证研究》，《重庆交通大学学报》2011 年 4 月。

周蜀秦：《基于特色竞争优势的城市国际化路径》，《南京社会科学》2010 年第 11 期。

绍波、任云鹏、李星洲：《我国城市国际化水平比较研究》，《上海工程技术大学学报》2007 年第 2 期。

薛德升、孙丽萍、李志刚:《广东城市国际化发展的水平与过程研究》,《地理科学》2006 年第 5 期。

李丽萍:《国际城市的理论与实践》,新华出版社,2005。

吴林军、余长景:《国际城市理论研究综述》,《湖北行政学院学报》2004 年第 5 期。

武前波等:《国际城市理论分析与中国的国际城市建设》,《经济学研究》2008 年第 7 期。

姚宜、罗文文:《广州城市国际化发展研究》,广州市社会科学院研究报告,2009。

Carlabott, The International City Hypothesis: An Approach to the Recent History of US Cities, *Journal of Urban History*, Nov. 1997.

Friedmann, The World City Hypothesis, Development and Change, 1986 (17).

Friedmann & G. Wolff, World City Information: An Agenda for Research and Action. International Journal of Urban and Region Research, Vol. 6, No. 3.

Friedmann, Where We Stand: A Decade of World City Research. World Cities in World System. Edited by Knox. P. L. & Talor. P. J. , Cambridge University Press, 1993.

Sassen. S. , The Global City: New York, London and Tokyo, Princeton University Press, 1991.

The 2011 World City Index. Foreign Policy. http://www. foreignpolicy. com/story/cms. php? story_ id = 4509&page = 0.

The World According to GaWC 2010. *Globalization and World Cities Study Group and Network* (*GaWC*). http://www. lboro. ac. uk/gawc/world2008t. html. Retrieved 2009 – 5 – 7.

Analysis and Prospect of the Internationalization Development of Guangzhou City

Yao Yi   Ge Zhizhuan

Abstract: The research analyzes the current situation and existing problems in the internationalization process of Guangzhou in 2011, examines opportunities and challenges presenting, points out the prospect in the next stage of development, and proposes countermeasures to upgrade city influence in world city system and to outstand in global city competition.

Key Words: Guangzhou; City Internationalization; Analysis; Prospect

对外开放篇

Open-up Review

B.2
广州对外开放与外经贸
战略转型调研报告

广州市对外贸易经济合作局课题组 *

摘　要：本文阐述了广州对外开放和开放型经济的发展现状，在分析当前开放型经济存在的主要问题与面临挑战、机遇的基础上，确立了广州外经贸战略转型的目标与任务，提出提升利用外资质量、转变外贸发展方式、大力实施"走出去"战略、加强国际区域合作、优化外贸发展环境等五大保障措施。

关键词：广州　对外开放　外经贸　升级转型

改革开放30多年来，广州经历了一个不断解放思想、深化改革、扩大开放

---

* 课题组成员：肖振宇，广州市对外贸易经济合作局党委书记、局长；胡彩屏，广州市对外贸易经济合作局综合处处长；罗政，广州市对外贸易经济合作局综合处副处长；甘润宇、李国文、何沛臻，广州市对外贸易经济合作局综合处。

的过程，越来越紧密地融入世界经济当中。特别是中国加入世界贸易组织后的10年，广州抓住对外开放的机遇，全方位、宽领域、多层次地扩大开放，充分利用国外市场和资源，大力发展开放型经济，外经贸持续快速增长，为推动广州经济持续快速发展和国家中心城市建设作出了显著贡献。2008年国际金融危机以来，世界经济格局深度调整，广州的开放型经济发展面临新的机遇与挑战。进一步提升对外开放水平，充分吸收国外的资本、技术、人才和管理，促进经济结构调整和经济发展方式根本转变，全面提升城市核心竞争力、文化软实力和国际影响力，成为当前和今后一段时期最为迫切的战略任务。

一 广州对外开放和开放型经济发展现状

（一）顺应国际产业转移趋势，投资国际化程度进一步加深

1. 广州成为跨国公司全球布局重要节点

广州投资软硬环境不断得到提升，对世界500强等大型跨国企业，以及外商投资总部企业的吸引力不断增强。改革开放以来，广州累计实际使用外资超过500亿美元，共吸引了224家世界500强企业在广州投资，56家外商投资企业申请认定为市的总部企业。具体利用外资情况如图1所示。

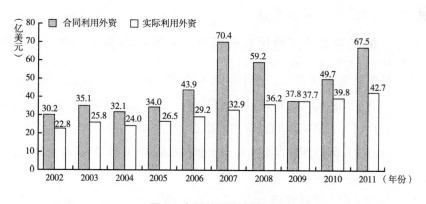

图1　广州利用外资情况

2. 利用外资结构由制造业为主转为制造业和服务业并重

2011年，服务业合同外资41.7亿美元，占当年全市合同额的61.9%，比

2001 年提高 22.9 个百分点；实际使用外资 24.0 亿美元，占全市实际使用外资的 56.1%，比 2001 年提高 16 个百分点。制造业利用外资实现了新突破，以三大支柱产业为代表的先进制造业飞速发展，成为制造业利用外资的领头羊，2011 年，三大支柱行业合同外资合计 9.9 亿美元，占制造业合同外资的 39.3%，带动制造业合同外资增长 53.4 个百分点。

3. 外资大项目对产业竞争力带动明显

2002～2011 年，广州共引进投资总额 1000 万美元以上项目 1769 个，其中包括总投资超 60 亿元的 JFE 钢铁冷轧、总投资额超 40 亿元的乐金显示、总投资超 30 亿元的日野汽车等一批汽车、电子信息制造、生物医药等产业的关键项目及配套项目，这些项目进驻广州，延伸了广州支柱产业的链条，进一步提升了支柱产业的国际竞争力。

4. 对外投资呈区域化、集群化发展模式

截至 2011 年，广州企业共在 60 多个国家和地区投资设立了 606 家境外非金融类机构，总投资额达 29.1 亿美元，其中中方投资额达 23.75 亿美元，总投资额 1000 万美元以上的大项目累计达 35 个；近十年来，新签对外承包工程、对外劳务合作合同额达 29.37 亿美元，完成营业额达 23.68 亿美元。在 606 家境外企业中，非贸易类企业比重接近 60%，投资类企业和研发类企业表现突出，生产类、服务类境外投资逐步加快，软件、工程、展览、货运代理等企业已将服务延伸到境外。

（二）国际贸易分工地位逐渐提升，外贸核心竞争力进一步增强

广州外贸总量快速增长，近十年来平均每年迈上一个百亿美元台阶，从 2001 年的 230.3 亿美元增长到 2011 年的 1161.7 亿美元，年均增长 17.6%（见图 2）。同时，广州与贸易伙伴的经贸关系正在由传统纵向分工向纵横交错、互补与竞争并存方向发展，拥有自主知识产权和自有品牌的出口产品越来越多，"广州创造"越来越响。

1. "三自三高"产品崛起

广州在部分技术含量较高、增值率较高的产品上正在逐渐形成新的竞争优势，出现了一批具有自有创新技术、自主知识产权、自有品牌和技术含量高、附加值高、产业化程度高的"三自三高"产品。据不完全统计，近 1/3 的出口制

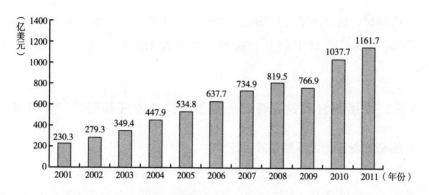

图2　广州地区进出口总额

造企业拥有专利和专有技术。品牌建设取得积极进展，目前已培育出100家重点
自主出口品牌企业，609家外商投资企业拥有自主商标，285家外商投资企业通
过购买、租赁和获得授权等方式拥有品牌（商标）的所有权或使用权。

2. 加工贸易转型升级有序推进

以"分类指导、有序推进、重点突破、先易后难、以点带面"方针推动加
工贸易转型升级成效明显：2001～2011年，广州加工贸易进出口总额从117亿
美元增加到507.5亿美元，增长了3.3倍，而同期加工贸易企业数却由2001年
的2015家减少到1477家，企业平均进出口规模增长了4.9倍；加工贸易出口中
机电产品和高新技术产品的总比重（剔除交叉部分）从36.1%提高到63.4%，
加工贸易增值率保持在50%以上。

3. 服务贸易跨越式增长

自2006年建立服务贸易国际收支统计以来，广州服务贸易国际收支总额从
68.9亿美元增长到2011年的239.6亿美元，年均增长28.3%。自国家2007年开
始实施服务外包统计报表制度以来，广州服务外包登记合同额从8182.9万美元
增长到2011年的34.6亿美元，年均增长155.0%；截至2011年底，商务部确认
登记服务外包企业625家，从业人数22万人，从业人数占广东省的1/2。

4. 进口、出口平衡发展

近五年来，广州进口、出口基本保持平衡发展，除2007年、2008年为顺差
外，其余三年均略有逆差。2011年，广州技术引进合同额为10.4亿美元，一大
批关键设备和生产线、关键零部件和重大装备的引进巩固了全市支柱产业的地

位。与此同时，包括地铁、机场、污水处理、体育场馆、通信服务等一系列设备、设施的进口，为城市服务功能和广大市民的生活质量提升发挥了重要作用。

（三）发展平台日益完善，外经贸可持续发展基础进一步夯实

1. 各级开发区的龙头带动效应凸显

近年来，广州各级开发区在创新体制机制，转变经济发展方式、产业结构升级调整等方面积极探索，在带动全市开放型经济发展方面发挥了重要作用。截至2010年底，全市开发区累计已开发土地面积96.4平方公里（含广州开发区"四区合一"开发面积），其中已建工业项目用地面积58.6平方公里；历年累计合同外资261.0亿美元，累计实际使用外资170.9亿美元；企业总数6519家，其中外商投资企业2421家，高新技术企业260家；在开发区从业人员总量已达52.1万人（见表1）。2010年，各类开发区实现地区生产总值2318.4亿元，占全市GDP的21.9%；工业增加值1705.0亿元，占全市的46.8%；财政收入645.3亿元，占全市的19.3%；进出口总额443.5亿美元，占全市的42.7%；合同外资25.0亿美元，实际使用外资21.5亿美元，分别占全市的49.1%和52.5%（见表2）。国家级经济技术开发区已成为广州市培育产业集群、推进创新发展的主要载体，2010年平均每平方公里项目用地产出生产总值46.0亿元，工业增加值34.0亿元，财政收入13.31亿元，实际吸收外资3887万美元，进出口总额9.13亿美元，各项经济指标在全国拥有国家级开发区的城市中均位居第一位或第二位。①

表1　截至2010年底全市开发区发展情况

项　　目	情况	项　　目	情况
已开发土地面积(平方公里)	96.4	累计实际使用外资(亿美元)	170.9
已建工业项目用地面积(平方公里)	58.6	企业总数(家)	6519
历年累计合同外资(亿美元)	261.0	从业人员总量(万人)	52.1

---

① 数据来源于广州市经贸局、广州经济技术开发区、增城经济技术开发区、南沙经济技术开发区。

表 2　2010 年全市开发区发展情况

项　　目	情况	占全市(%)
地区生产总值(亿元)	2318.4	21.9
工业增加值(亿元)	1705.0	46.8
财政收入(亿元)	645.3	19.3
其中地方一般预算收入(亿元)	118.3	13.6
进出口总额(亿美元)	443.5	42.7
合同外资(亿美元)	25.0	49.1
实际使用外资(亿美元)	21.5	52.5

2. 保税物流体系基本成型

目前,广州拥有广州保税区、广州出口加工区、广州保税物流园区、广州南沙保税港区和广州白云机场综合保税区等 5 个经国家批准设立的海关特殊监管区域,是国内拥有海关特殊监管区域类型最丰富、功能最齐全的地区之一,形成了门类较为齐全、功能较为完善的保税物流体系,为打造亚洲物流中心奠定了坚实基础。

3. 国家级出口基地推动相关产业集聚发展

近十年来,广州先后被评为"国家软件出口创新基地"、"国家医药出口基地"、"国家汽车及零部件出口基地"、"中国服务外包示范城市"和"国家船舶出口基地"等国家级出口基地,在贯彻落实好国家对这些经济功能区实行的一系列优惠政策的同时,结合广州实际出台的一系列鼓励和支持措施,将其功能拓展到各生产基地,有效推动相关产业向功能区集聚。

(四) 全方位与世界各国(地区)发展经贸合作,融入全球经济体系进程进一步加速

1. 与香港经贸合作不断深入

穗港合作是广州开放型经济发展的重要组成部分。得益于内地与香港之间日益紧密的经济社会文化交流,特别是《珠江三角洲地区改革发展规划纲要(2008~2020 年)》、CEPA 及其补充协议和服务业对香港开放先行先试、粤港合作框架协议等一系列政策的实施。近年来,广州与香港之间的经贸合作层次不断提高,领域不断扩大。目前香港是广州第一大出口目的地、第一大投资来源地和

第一大投资目的地。2011 年，广州对香港地区出口 134.2 亿美元，占全市出口额的 23.8%；截至 2011 年底，广州累计吸收来自香港的投资项目 15104 个，约占全市历年累计外资项目的 68.12%，合同外资 572.5 亿美元，约占全市历年累计合同外资的 65.40%，实际使用外资 325.8 亿美元，约占全市历年累计实际使用外资的 58.78%；广州经核准累计在香港投资设立企业（机构）250 家，总投资额 22.3 亿美元，其中中方投资额 17.7 亿美元。

2. 与欧美日等发达经济体合作不断加强

外贸方面，目前欧盟、美国、日本以及中国的香港地区是广州最重要的贸易伙伴；吸收外资方面，2011 年在广州实际投资前十位的国家和地区中，除排名第二的英属维尔京群岛是投资岛外，其余 9 个均为发达国家和地区，分别是香港、日本、新加坡、美国、英国、韩国、台湾地区、意大利和法国。

3. 与新兴经济体经贸合作不断拓展

东盟成为广州新的重要经贸伙伴，目前，东盟已成为广州第五大贸易伙伴、第四大出口目的地和第三大进口来源地。俄罗斯、中东、拉美等新兴市场成为广州企业出口的新热点市场，2011 年对俄罗斯出口增长 38.0%，对中东出口增长 35.9%，对拉美出口增长 33.7%。

（五）营商环境与世界接轨，开放领域进一步扩大

1. 市场规则日益规范

涉外地方性规范文件得到全面清理。加入 WTO 后，广州市外经贸局全面清理了自成立以来，特别是改革开放后出台的涉外地方性法规、规章和其他政策措施，并牵头市政府各相关部门开展了全市涉及货物出口奖励及补贴措施的清理工作。法规政策措施公布平台有效运行。创建于 1999 年的广州市法规政策说明会已成为广州市政府权威公布和解释最新法律法规政策的优质品牌，迄今已成功举办 49 次；2002 年开通的外经贸政府网站（中英文版）每年发布信息 2500～3000条，成为对外发布政务信息、提供公共服务的一个重要渠道。公平贸易工作机制已成体系。先后建成技术性贸易壁垒联合应对制度、进出口产品监控预警机制、珠三角公平贸易协同应对机制、各区县外经贸主管部门协同培训机制，构建起全方位的公平贸易工作体系，有效指导企业应对国际贸易摩擦，在开放中维护产业安全。2009 年，广州主要借鉴港澳的经验与做法，出台《关于加快推进广州市营商

环境和做事规则国际化的意见》，进一步推进营商环境与做事规则逐渐与国际接轨。

2. 大口岸格局基本形成

广州已拥有一类口岸 14 个、二类口岸 11 个、入出境货运车辆检查场 7 个，形成了海陆空口岸齐全，客货运口岸合理搭配，一类、二类口岸紧密衔接，保税港区、保税物流园和出口加工区等海关特殊监管功能完善的大口岸格局。2010年，广州拥有民航国际航线 105 条，国内航线 507 条，连通全球五大洲 183 个城市，其中国外通航国家和地区 31 个，国外通航城市 59 个；2011 年，白云国际机场旅客年吞吐量达 4504 万人次，位居世界前 15 名，货邮吞吐量 152 万吨；广州港国际海运通达世界 80 多个国家和地区的 300 多个港口，货物年吞吐量 4.5 亿吨，集装箱年吞吐量 1400 万标箱，后两项指标均居世界前列。口岸通关改革取得明显成效。海关部门制定 24 小时预约通关、实施"先放后征"、大企业客户专管协调员等制度，大力推行"水运转关"、"属地申报、口岸验放"等新的监管制度和模式。检验检疫部门全面实行出境货物跨辖区直通放行制度，实现"一次申报、一次检验检疫、一次出证放行"。边检部门在完善主要口岸 24 小时通关监管基础上，在天河、番禺莲花山和南沙 3 个客运口岸启用自助通道系统，设立和安装了 24 条旅客自助通道。海事部门均设立 24 小时查验（签证）点，推广应用危险品网上申报系统和国际航行船舶进口岸审批系统。电子口岸建设稳步推进。全市电子口岸建设目前基本实现口岸单位 100% 上网、口岸业务流程 100% 电子化和通过港口、空港为用户提供一站式电子政务服务的第一阶段建设目标，初步实现由传统型口岸向现代化口岸、由管理型口岸向服务型口岸的转变，在电子口岸平台建设和应用工作方面走在全国前列。

3. 城市国际影响力不断提升

进入国际城市组织核心层，多边交流活跃。2007 年 10 月，广州市行政首长率团出席世界城市和地方政府联合组织（UCLG）第二届世界大会并成功当选 UCLG 联合主席，极大地提升了广州对外交往的层次和规模，加强了我国城市在国际多边组织中的地位和作用。当选后，广州市积极利用 UCLG 的平台和资源，开展多边交流与合作，派员前往该组织位于巴塞罗那的总部工作，开辟了 UCLG 中文网页，有力地宣传了中国、宣传了广州。成功举办 2009 年 UCLG 世界理事会会议暨广州国际友城大会，来自 60 多个国家、210 多个城市和地方组织逾千名代表出席会议，国家副主席习近平莅临大会开幕式并发表重要讲话。国际友城交往不断拓展,广州以相似性、可比性和互补性为原则,与国外 41 个城市建立了国际友好城市和国际友好合作交流城市关系。44 个国家在广州设立了总领事馆。古老羊城经历过亚运洗礼后焕发无穷魅力,吸引大批境外游客入境从事商务活动或旅游观光。2011 年,接待过夜海外旅游者 778.7 万人次,旅游业外汇收入 48.5 亿美元。外籍人士来穗就业、工作、居住人数不断增多,目前在广州常住的外国人约为 2.9 万人,就业的外籍专业人士共 729 人,同时每年约有超过 5 万人次的高层次外国专家来穗短期指导、交流。

4. 国际体育文化交流蓬勃开展

近几年来,广州成功举办第四十九届世界乒乓球锦标赛、NBA 季前赛、英超切尔西 2008 中国广州挑战赛、2009 年苏迪曼杯羽毛球混合团体赛、2009 年亚洲田径锦标赛等 60 多项质量高、影响大的国际大赛。特别是 2010 年成功举办第十六届亚运会和首届亚残运会,实现了安全生产零事故、食品安全零事件、礼宾接待零失误、接待服务零投诉、运行保障零疏漏、赛事运行零差错、团队协调零摩擦七个"零"目标,创造了亚运会、亚残运会历史上运动员入住率最高、接待媒体记者人数最多、场馆上座率最高、亚运城最"绿色"等四个"最"的历史,向全亚洲、全世界展示了广州的软实力,极大提升了广州的知名度、美誉度。

二 广州开放型经济发展存在的主要问题

当前,广州开放型经济发展面临着阶段性局限,结构性矛盾突出,不能完全符合广州市经济、社会、文化、城市转型发展提出的新要求,主要表现在几个"不相适应"。

(一)"引进来"规模虽持续增长,但与先进城市相比仍有差距;结构虽有所调整,但"引资"仍占主导地位,"引智"规模不够,与建设国家创新城市的需要不相适应

近年来,广州实际利用外资虽保持持续增长势头,但总量与国家中心城市地位不相称。2011 年,广州实际使用外资 42.7 亿美元,位列天津(130.6 亿美元)、上海(126.0 亿美元)、大连(110.1 亿美元)、重庆(105.3 亿美元)、苏州(90.2 亿美元)、北京(70.5 亿美元)、成都(65.5 亿美元)、沈阳(55.0 亿

美元）、杭州（47.2亿美元）、深圳（46.0亿美元）之后，排第11位。

与此同时，由于各种因素的影响，广州从"招商引资"转向"招商选资"、"招商引智"成效不明显，引进的外资企业的技术溢出效果仍存争议，与建设国家创新城市要求的加快集聚各种创新资源有较大差距。

以高技术产业为例，近年来外商在广州高新技术产业领域投资的力度不断加大。2011年外商投资与港澳台商投资的规模以上工业高科技产值占广州的比重达到76.9%，但缺乏高新技术产业发展的高端环节，没有形成完整的高新技术产业链条，虽然生产的产品是高新技术产品，但生产环节大多是劳动密集型的。改革开放以来，广州共批准设立外商投资企业1万多家，但累计引进或外资企业在穗设立的研发机构只有100多家；"十一五"期间广州技术引进付汇额仅30.3亿美元，与实际利用外资额之比为1∶6。

与此同时，外商独资化倾向制约了技术溢出效应。目前，外商独资企业成为广州主要的外资利用方式。2011年，广州新批外商独资企业980家，占总数的87.5%；实际利用外资30.3亿美元，占总量的71.0%。这种引资结构使技术和管理外溢的可能性有所降低，能从中学习到的先进技术和管理经验的机会也相应减少。

（二）贸易竞争力虽有增强，但规模与先进城市相比仍有待扩大，质量效益有待提高，但仍难以掌握多数商品定价主导权，与建设国际商贸中心的需要不相适应

近年来，广州进出口总值在所有城市中进出口总值长期保持在第6位的水平，但与国内主要城市之间的差距却在不断加大（见表3）。

表3 广州与国内主要城市进出口总值比较

单位：亿美元

项目 城市	2009年		2010年		2011年	
	金额	差距	金额	差距	金额	差距
上海	2777	2010	3689	2651	4374	3212
深圳	2702	1935	3468	2430	4141	2979
北京	2147	1380	3015	1977	3895	2733
苏州	2014	1247	2741	1703	3009	1847
东莞	942	175	1201	163	1352	190
广州	767	—	1038	—	1162	—

在出口商品结构中，以低端产品为主，具有自主品牌、自主知识产权和较强竞争力的高端产品相对较少；在出口主体结构中，2011年外资企业出口占到广州出口的57.1%，且这些外资企业主要从事加工贸易，它们的贸易以公司内贸易为主，"两头在外"，研发母体、核心部件的配套生产大多都在母国，在广州只是从事低端的组装生产，对产品最后的定价没有形成足够影响力。这种情况导致企业对产品价格制定没有主动权，不能在成本上升的情况下通过提价将新增成本传导给下游且不影响销量。广州提出要建设国际商贸中心，其中一个重要内容就是要进一步提升"广州价格"影响力，广州外向型企业在这方面差距较大。

（三）企业"走出去"配置资源能力虽有提升，但利用资源和高级要素的能力不够，与加速融入世界经济体系的要求不相适应

广州市"十二五"规划提出，要"以增强国际竞争力为核心，全面提升对外开放合作水平，积极参与全球经济分工合作，加速融入世界经济体系"，要求加快"走出去"步伐，引导优势企业提升利用"两个市场、两种资源"的能力。

"十一五"期间，广州企业对外投资16亿美元，占同期广州实际利用外资额的9.1%，相对于引资比重偏小，存在行业分布零散、投资方式单一、投资经营水平较低的问题，对全市开放型产业发展的整体影响带动不强。从全国来看，2011年，广州对外投资累计额仅占全国的0.7%，与外贸总额占3.2%，FDI占3.7%相差甚远。广州企业开展对外投资，不仅落后于北京和上海，也落后于深圳、宁波、青岛、杭州等城市，与广州目前的经济实力和地位不相称。在世界范围内具有一定知名度和影响力的企业数量较少，且企业在境外设立项目仍以贸易公司为多数，项目平均规模较小，主要集中在房地产、商业服务业、批发零售业等领域，利用境外资源和人才、信息、技术等要素的能力不强。

（四）营商环境虽不断改善，但以"硬环境"改善为主，"软环境"和产业集群环境改善不够，与建设国家中心城市和综合性门户城市要求不相适应

建设国家中心城市和综合性门户城市要求广州成为国内外人流、物流、资金流和信息流的交会中枢，对营商环境提出了新要求。

近年来，为适应制造业开放，政府一直注重打造宜"物"环境的建设，加强对物流载体和渠道建设，相应的基础设施已经较为完善，但围绕人流、物流、信息流和资金流的环境建设仍不足。特别是围绕高端人才的工作、生活环境方面的营造仍然欠缺，围绕高端产品发展的法律环境还要继续完善。同时，广州一直高度重视产业集群化发展，但除了汽车产业和一些传统劳动密集型产业外，其他产业的集群配套能力仍显不够突出，对经济腹地的辐射力、影响力不够，与长三角地区有较大的差距，削弱了城市对外商投资的吸引力。

三 后金融危机时期广州外经贸战略转型的挑战和机遇

2008 年爆发的全球性金融危机和之后产生的欧美主权债务危机，对世界经济产生了广泛、深刻、持久的影响，也对广州的开放型经济发展形成了新的挑战和机遇，为此，我们对外经贸战略转型提出了新的要求。

（一）挑战

1. 欧美消费模式转变对外贸出口产生巨大冲击

在金融危机、欧洲主权债务和美国国债危机等突发因素以及经济增长周期性规律的叠加影响下，世界经济较长一段时期将处于恢复和调整阶段，发达国家就业复苏状态还将持续，个人收入增长基础不稳，消费信心不足，家庭储蓄和消费模式转变，消费需求萎缩。我国最主要的贸易伙伴美国、欧盟和日本的 GDP 占全球总量一半以上，其经济增长速度趋缓，导致全球有效需求明显不足，出口贸易面临主要市场委靡不振、消费能力不高的严峻挑战。

2. 美欧"再工业化"战略进一步加剧国际市场竞争

有限的全球需求空间将带来更加激烈的市场竞争。新兴市场国家希望尽快恢复出口保障本国经济持续增长，美欧等发达国家也谋求利用外部市场实施扩大出口战略，推行产业回归和制造业再造，国际贸易环境较以往更加严峻、市场竞争更加激烈。美国在金融危机后提出"再工业化"战略，回归实体经济，着重发展先进制造业，这一方面将导致更严苛的技术封锁，另一方面将使先进制造业的国际市场产生更加激烈的竞争和贸易摩擦，预计会对我国先进制造业的技术引进和产业转型升级造成重大影响。

3. 贸易保护主义升温阻碍对外贸易发展

后危机时期，区域经济复苏不同步，特别是欧美等国经济复苏乏力，自顾倾向日益抬头，国际贸易保护主义不断升温，贸易摩擦加剧并且呈现以下特点：一是出现政治化倾向，某些国家将贸易政策作为转移国内矛盾和缓解就业压力的手段，试图利用贸易摩擦改变他国的国内政策，输出自身发展模式。二是非传统领域的贸易摩擦强度大大增强，发达国家的保护措施从传统劳动密集型产品向高新技术产品、经济体制等领域延伸，人民币汇率、资助创新、新能源政策、知识产权保护、投资环境、市场准入等成为贸易摩擦新热点，人民币升值等因素已经导致第 110 届广交会出口参展企业普遍提价 5 ~ 10 个百分点，境外采购商下单态度更为谨慎，广州企业 6 个月以内的中短期订单占订单总额的比重高达 87%。三是发展中国家相互之间的贸易保护也不断扩大，蔓延到汇率、技术和产业等各个层面。各国在贸易保护方面的分歧有加大趋势，政策协调更加困难，不确定因素增多，贸易风险加大。四是在"碳政治"博弈中发达国家酝酿开征碳关税，如美国拟从 2020 年开始对发展中国家进口商品征收碳关税，在所处经济发展阶段存在较大差异的情况下针对所有工业品征收碳关税，对发展中国家外贸出口的影响将比反补贴或反倾销等贸易救济措施更为严重。

4. 新技术和经济发展变革对发展中国家产业转型构成新的挑战

国际金融危机后，世界新一轮技术革新及其主导的经济发展变革正在加速，主要经济体为抢占未来经济发展制高点，纷纷推出新的技术经济发展战略，提出关键行业和关键领域的新标准，积极培育产业竞争新优势。美欧等发达国家正在力求主导绿色经济、低碳技术、智慧地球等战略性新兴技术和产业的发展，掌控市场、资源、人才、技术和标准。发展中国家如不抓紧跟上新一轮产业革命的浪潮，将在下一轮竞争中再次处于落后局面。

（二）机遇

1. 跨国公司对华投资战略调整的机遇

金融危机促使新一轮技术革命和结构调整加速推进，跨国公司加快全球生产布局和供应链整合，一方面简化管理流程、依赖产业聚集的区域型供应链和市场导向型供应链地位明显上升，高端制造环节的跨境转移趋势加强；另一方面产业转移内涵不断扩展，研发国际化、服务外包趋势有所增强。伴随产业转移，高端人才跨国流动规模加大，呈现流向多元化、渠道多样化、流动时间短期化和利益共享化等新特点和趋势。根据国家商务部有关机构在金融危机后的调研，跨国公司在华投资最看重的投资环境要素依次是：中国国内市场潜力、基础设施的完备程度、劳动力成本、外资准入程度、产业集群与配套能力等；中国在跨国公司长期投资战略中的地位：62.5%的跨国公司把中国作为重要的市场，30.8%的企业把中国作为重要的研发基地，23%的企业要把总部迁到中国，约20%的企业要把中国作为高端制造的基地。这跟危机前跨国公司把中国当做低成本的制造基地、看重低廉的劳动力成本有很大的变化。广州作为国家中心城市，有着较为强大的市场辐射力、发达的基础设施、完善的产业配套，如果能把握跨国公司高附加值活动转移的机遇，吸引更多高端的研发机构、先进制造业、总部经济、现代服务业活动进入，将有利于推动产业结构的转型升级。

2. 整合利用全球科技创新资源的机遇

国际金融危机、美欧主权债务危机以及至今委靡不振的经济，导致美欧大量企业关闭或大幅度裁员，科技界、金融界受到的影响尤为严重，许多原在美欧工作的人才流向国外。这为中国企业引进美欧人才和吸引留学人员归国提供了难得的机遇。同时，西方大量的公司市场价值大幅度贬值，为中国企业海外并购获取资源、技术、市场、人才、国际品牌和营销渠道，提高在国际分工中的地位提供了重大机遇。广州市境外投资从国际金融危机爆发以来一直保持增长，境外直接投资项目平均规模扩大，设立境外资源开发项目、境外研发机构项目增多，这种趋势未来几年仍将延续。

3. 扩大世界贸易市场份额的机遇

国际金融危机爆发后，我国出口总量虽然在2009年出现下降，但在全球包括美欧日市场的份额却得到了提升，并且从2010年起便恢复了快速增长势头。广州的情况跟全国也类似。这说明了其他国家受到危机的冲击更大，也更难恢复元气，广州企业可借机加快承接跨国公司在其他国家的生产基地的订单转移，趁势继续扩大全球市场份额，并大力开拓新兴市场，建立营销渠道和海外品牌。尤其是金融危机后，各国都更加重视区域合作，广州可深度参与区域合作，利用区域合作的各项优惠政策措施强化与相关国家、地区的投资贸易往来。同时，我国在新兴工业化国家对外工程承包业务的迅猛增长，以及承建境外铁路、水电站、火电站等大型工程的订单增多，也有助于加快附加值较高的成套机器设备出口，

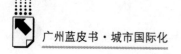
使出口市场更加多元化，出口商品结构进一步优化。

4. 战略性新兴产业发展机遇

后金融危机时期，面向下一代的产业技术革新和经济发展变革风起云涌，信息技术、生物工程、节能环保、新型材料、海洋工程等战略性新兴产业异军突起，改写了原来的产业组织结构和技术发展路径，为我们提供了抢占新技术制高点、争夺产业链分工上游环节、参与新兴产业国际分工的重大机遇。这就要求我们要在依托自身劳动力成本、制造能力、基础设施、配套能力等比较优势的基础上，着力打造人力资本、技术创新、体制活力等新的竞争优势，优化产业结构，加强自主创新，在新能源产业、低碳环保产业、智慧产业等新兴产业上迅速抢占市场制高点，将潜在的比较优势转化为国际市场的竞争优势，真正实现国际竞争力的提升，更好的应对当前和未来国际经济发展的新形势。

四 广州外经贸战略转型目标和任务

随着美欧负债经济主导的外需市场红利、率先对外开放的制度红利、土地和劳动力等初级资源红利的全面逆转，广州外经贸原有模式的存在基础被打破，出口导向的潜力转向下行，外向型经济的成长动力进入递减空间，亟须以外经贸战略转型实现新动力的置换。未来5~10年，将是广州外经贸发展模式的重大战略转折期。广州要从简单的比较优势阶段走向创造地区竞争性优势阶段，从过去以出口和承接外资产业转移被动纳入全球生产体系向主动在全球配置资源、主动构造全球产业分工体系转变，从以出口为主要动力向消费、投资、出口协调成长转变，从吸引一般制造、传统服务业为主向吸引高端制造和现代服务业转变，携领珠三角地区从全球制造中心向全球研发和市场中心、全球战略中心转变。有鉴于此，广州应从以下六方面全面实现外经贸战略转型。

（一）利用外资转型：着重加快实现从招商引资为主向招商引资、招商选资、招才引智并重转型，提升利用外资对产业发展、自主创新的带动力

广州要在保持引进一定规模外资的基础上，瞄准高端要素和战略性主导产业项目，加大产业链高端招商力度，引导外资投向现代服务业、战略性新兴产业和先进制造业，以高端创新要素带动产业创新发展，以高端项目带动产业高端化发展。突出对世界 500 强企业、境外大型企业招商力度，特别是支持设立总部企业、研发机构。在强化外资企业"绿地投资"基础上，进一步向外商开放城市交通、公共服务、基础设施建设等投资领域，鼓励外资以并购、证券投资和投资基金、BOT 方式等多种形式进入。加快引进世界一流的大学及科研机构，引导外商投资战略性新兴产业和金融、会展、商务服务业等生产性服务业，促进服务外包产业发展，强化外商投资的技术溢出效应，促进广州经济的结构化升级。

（二）对外贸易转型：着重加快实现从规模速度向质量效益转型，提升外贸综合效益和国际市场竞争力

在保持外贸进出口总量规模稳定的同时，把工作着力点更多地转移到调整结构、自主创新、打造品牌上来，实现从量的扩张向质的提升转变。加大对品牌建设、自主创新、技术设备更新改造的资助力度，鼓励企业争创名牌，扶持一批产品进入国家和省级重点的出口品牌行列，着力培育"三自三高"（自主品牌、自主知识产权、自营出口；高技术含量、高附加值、高利润）的出口主导产品，提高"广州创造"、"广州制造"和"广州服务"在国际国内市场的影响力。建立广州国际技术转移平台，打造广州地区国际技术交流服务载体，做好技术引进的统筹和引导，加快国际高新技术和先进适用技术的引进消化吸收再创新。积极推进服务贸易，培育服务贸易经营主体，重点扩大工程承包、设计咨询、金融保险、国际运输、教育培训、信息技术、民族文化等服务贸易出口，实现货物贸易与服务贸易协调发展。按照"分类指导、有序推进、重点突破、先易后难、以点带面"的要求，大力推动加工贸易转型升级。

（三）市场结构转型：着重加快实现从国际市场为主向国内外市场并重转型，促进内外市场协调联动、互补互促

积极探索运用"两个市场、两种资源"推进产业升级、优化结构调整的新路径，坚持在内外两大需求中培育新的增长动力，在内外两种资源中集成新的发展优势，在内外两个市场中拓展新的发展空间。深入实施市场多元化战略，深度开发欧美日等传统市场，更加注重开拓新兴市场，提升新兴市场在对外贸易中的份额比重。加强贸易促进工作，用好展览服务、电子商务、信息服务三大平台，

主动组织企业参加境内外知名展会，组织企业开展网络推介和接单业务，帮助企业拓展内外销市场。加强与国际知名展览公司的合作，共同举办较有影响力的国际展览，扩大对广州优势产品的宣传。充分利用广州亚运会的影响力，加快境外贸易平台建设。积极把握扩大内需、促进消费的契机，推动外商投资、加工贸易企业扩大内销。积极扩大进口，鼓励企业加快进口先进技术装备、关键零部件和能源资源，充分发挥内需市场和进口产品对产业转型升级的推动作用。

（四）发展载体转型：着重加快实现从低端发展向高端、创新发展转型，提升高端要素集聚、科技创新和综合服务功能

以三个国家级开发区为龙头，加快引进战略性新兴产业，培育开放型经济新优势。以重大产业基地为载体，促进高端制造业发展，提升机电产品和高科技产品的出口竞争力。重点依托国家汽车及零部件出口基地，深度拓展汽车产业链招商，加快汽车产业集群发展；依托国家船舶出口基地，发展壮大船舶产业；依托广州开发区和广州高新区科学城，加大平板显示产业链招商，促进平板显示产业集聚；依托国家软件产业基地和国家医药出口基地，推进软件、生物医药等高科技产业招商，努力构建高科技产业体系；依托国家动漫基地、广州设计港等平台，构筑创意产业集群。发挥重点园区的政策优势和集群化效应，促进外经贸的大发展。以南沙保税港区、广州白云机场综合保税区、广州保税物流园区为重点，加快推进保税监管区域和场所建设，不断完善保税物流体系，创新保税区功能，探索和推动保税监管区域向自由贸易园区转变。通过创新招商体制和方式，加大中新广州知识城对知识型产业的招商力度；加快推进南沙新区建设，充分把握国家"十二五"发展规划对其作出的核心定位，争取国务院批准设立粤港澳综合合作示范区，根据与港澳全面合作的需要，设计综合配套改革政策，促进南沙新区进一步对外开放和加快发展。

（五）对外投资转型：着重加快实现从市场开拓为主向整合利用全球资源转型，提升广州企业国际化能力

充分利用外经贸政策支持体系，扶持国有企业和民营企业开拓国际市场。大力培育本土跨国公司，推动本土企业"走出去"，到境外直接投资设厂、设立研发机构、建立营销渠道、获取国际品牌和技术。利用境外科技和智力资源，参与

国际新技术和新产品研发。提高对外工程承包和劳务合作水平，鼓励企业积极承接技术含量高、能够带动设备和技术出口的大型工程项目。积极鼓励国有企业和民营企业与外资企业"联姻"，互相参股，双向并购，开展技术研发和业务合作，促进内外资融合发展。

（六）发展动力转型：着重加快从政策吸引向环境吸引转型，提升外经贸可持续发展能力

以打造优越的发展环境创造外经贸新的竞争力和竞争优势。在硬环境方面，重点强化枢纽性基础设施支撑功能，加快构建世界级空港、海港和铁路枢纽，完善内外衔接的高速铁路、轨道交通、高快速路网，强化国家铁路公路主枢纽地位，增强城市综合承载能力，提升综合性门户城市功能。在软环境方面，一是重点培育人力资本、技术创新、自由创业、资源高效流动等创造性资产，建立完善相关制度安排；二是优化市场环境，规范市场秩序，强化依法治理，构建更加开放、更加公平、更加透明、更加包容的市场经济体系；三是更加重视培育产业集群，强化产业配套能力和周边经济辐射力。学习借鉴先进地区、城市的成熟经验和做法，从制度建设和运作方式上，促进营商环境和做事规则与国际接轨，构建促进对外开放、促进转型发展、促进产业优化升级的政策体系，增强外经贸发展活力。从经济开放向经济、社会、文化和城市建设全方位开放转变，为广州开放型经济步入新的阶段提供发展动力。

未来五年，广州外经贸战略转型要努力实现以下目标：一是外贸强市建设明显加快。货物出口保持持续平稳增长，服务贸易实现跨越式发展，国际竞争力和出口效益显著增强，初步形成若干个"广州创造"、"广州制造"、"广州服务"的国际品牌。2012~2016年，全市进出口总值年均增长8%，服务贸易进出口总值年均增长15%。二是外资质量和水平明显提高。先进制造业、高新技术产业和现代服务业高端要素集聚功能增强，战略性新兴产业发展取得进展，现代服务业利用外资比重稳步提高。2012~2016年五年累计实际利用外资超过230亿美元，力争达到250亿美元，服务业实际吸收外资占吸收外资总额比重50%。三是对外投资和经济合作保持持续快速发展。境外投资5年累计30亿美元，对外经济合作业务完成营业额年均增长15%，初步形成2~3家具有国际竞争力和影响力的本土跨国公司。

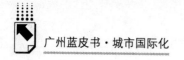

五 推动外经贸战略转型工作措施

2012 年是国际和国内大环境较为复杂的一年，美欧债务危机持续扩散，经济政策调整势所难免，多国进行的政治选举导致的贸易保护主义加剧，我国国内需求也存在放缓压力，房地产市场、投融资平台、民间借贷领域潜在风险增大。作为新一届政府的开局之年，既要妥善防范和化解风险，又要在风险中把握机遇，切实推进外经贸战略转型工作。

（一）强化高端要素集聚，提升利用外资质量

1. 大力发展总部经济

大力宣传市政府《关于加快发展总部经济的实施意见》，重点引进跨国公司在广州设立总部、地区总部或职能性总部机构。坚持市场主导与政府引导相结合，创造条件服务好现有的总部企业，尤其是金融业、商务服务业、信息服务业、先进制造业等总部企业。完善并落实外商投资总部企业认定办法，大力开展总部企业认定工作。引导外资总部企业按照全市区域功能规划布局，重点在珠江新城—员村地区、琶洲地区、"天河北—环市东—东风路"、南沙新区、科学城、知识城、白云新城、白鹅潭地区、广州新城市中轴线南段地区和广州南站地区等总部经济重要功能区集聚发展。创新管理和服务机制，为跨国公司设立总部在用地、融资、人才引进等方面提供便利，对在推进经济发展、城市发展、文化建设和社会建设中作出贡献的总部企业进行奖励。

2. 加快引进研发机构

加快《关于鼓励外商在穗设立研发中心的暂行办法》的出台实施，促进跨国公司在穗设立高层次研发中心。以珠三角强大的市场消费力和市场辐射力为依托，加强与跨国企业的沟通协调，着力引导已在穗投资的大型制造业跨国企业、加工贸易企业设立研发机构。加快引进世界一流的大学及研究机构，引导多种形式的内外资技术合作与联合创新，促进境外大学、外资企业与本地企业、科研机构的合作，支持本土企业利用全球研发资源创造具有自主知识产权的全球性产品，促进境外大学及研发机构研发的技术在广州产业化。鼓励外商投资企业开展研发创新活动，积极推动将外商投资企业的创新活动有条件地纳入国家自主

创新体系。协调有关部门，加大知识产权保护力度，创造有利于创新发展的环境。

3. 突出世界 500 强及境外大型企业招商

继续办好"新广州·新商机"推介活动，吸引世界 500 强及境外大型企业来穗投资发展。注重成果落实和转化，跟踪 2011 年"新广州·新商机"系列招商活动的项目成果，梳理在谈项目，挖掘潜在项目，对已达成意向的项目，开设绿色通道，提高审批效率，帮助项目早落实、早开工、早投产。加大"一对一"招商力度，对重点跟进的 50 家世界 500 强企业，制订个性化招商方案，进行"贴身"跟踪和服务。加强与对世界 500 强企业具有较强导向性和影响力的媒体合作，宣传广州投资环境和产业发展商机。指导区（县级市）根据各自规划和需求，配套出台重点招商项目"一企一策"，实施"一事一议"的灵活招商方式，强化对重点项目的招商。探索建立全市常规化运行的高端招商平台，扩大城市国际影响力。

4. 在战略性主导产业招商上取得突破

瞄准九大优势产业（商务会展、金融保险、现代物流、文化旅游、商务与科技服务、汽车制造、石油化工、电子产品、重大装备）和六大战略性新兴产业（新一代信息技术、生物与健康产业、新材料与高端制造、时尚创意、新能源与节能环保、新能源汽车），加大对发达国家招商力度，吸引一批有规模、发挥重要支撑作用的项目落户。突出抓住日本加快产业转移的有利机遇，重点加大对汽车及零部件、钢铁、电子信息、物流等产业招商。大力发展楼宇经济，支持现有楼宇升级改造为 5A 级或甲级商务写字楼，为吸引外商投资服务业打好基础。利用好全市战略性发展平台，支持推进三大国家级开发区、六大现代服务业功能区、九大新型功能区和六大功能性发展平台建设，将其打造成为对外招商引资的主阵地和制高点。

5. 拓宽利用外资方式

落实《广州市关于进一步促进利用外资的实施意见》，制定广州市鼓励外商投资重点领域和产业目录，争取向外商开放城市交通、公共服务、基础设施建设等投资领域，鼓励现有项目引进战略性投资者。推动部门联合招商，加大金融、旅游、信息、文化、教育、卫生等产业利用外资工作力度，推动全方位对外开放。在继续推进外资项目"绿地投资"的基础上，支持境外战略投资者以参股、并购等方式参与国企改组，鼓励外商在穗设立股权投资企业和股权投资管理企业，支持外商以资本公积金、未分配利润、境内公司股权、已登记外债、储备基金等转增注册资本。鼓励境外投资者以人民币在广州投资，重点吸引港澳及其他与我国在贸易项下使用人民币结算的地区加大在广州投资的力度。

（二）转变外贸发展方式，提高外贸综合竞争力

1. 强化功能园区对外贸引擎作用

加快建设国家级汽车及零部件、船舶、软件、医药、服务外包等出口基地，发挥其政策、资源、科技和人才等方面的优势，围绕龙头企业、名优产品和大型项目，提高产业集中度和综合配套能力。巩固现有出口产业基础，依托产业集聚区、开发区和保税监管区等，顺应国际市场对低碳产业以及绿色、环保型产品的需求趋势，鼓励以新能源、新电子、新材料、生物医药等为代表的战略性新兴产业产品及服务的出口，引导制造业转型升级，实现出口增长与产业发展的良性互动。加强对全市各重点产业园区的分类指导，支持引进集聚一流的研究开发机构、教育培训机构、检测认证机构、风险投资和贷款担保机构、科技中介机构等创新支援，支持组建产学研合作创新联盟，共同开展前沿技术开发、科技成果产业化和人才培养等，提升企业出口产品的附加值。推动保税监管区域创新管理理念和运作模式，发展研发、保税服务、金融服务等高端服务，探索贸易、投资、金融、进出境等更加自由的运作模式。

2. 努力优化出口商品结构

积极鼓励企业租品牌、买品牌、创品牌，支持企业推进国际质量认证、环境管理体系认证和行业认证、参与制定与国际接轨和国内领先的行业标准。建立广交会参展企业及广交会品牌企业后备梯队，着力推动自主创新和自主品牌企业集群化、协同化发展。重点支持有比较优势的机电和高新技术产品出口，不断提高出口产品的技术含量和附加值。促进更多企业把精力放在培育品牌、营销网络和研发设计等环节上，生产出更多具有自主知识产权的高、精、尖、新、优产品，加快从广州制造向"广州创造"、"广州智造"转变。抓住省政府加快建设广东商品国际采购中心的契机，以优势产业的产品为依托，引进、创新营销和供应链管理技术，打造一批具有强大国际辐射能力的龙头性现代交易平台。

3. 加快推动加工贸易转型升级

完善加工贸易转型升级扶持配套政策，安排专项资金推动加工贸易企业成立研发机构，设立总部和地区总部，推动加快品牌建设，强化质量管理体系和产品认证，支持多渠道开拓国内市场。支持跨国公司设立的代工型企业在穗设立贴近市场的应用型研发以及物流配送中心；推动国有和民营企业坚持自主创新，加大研发投入，引进先进设备和人才；扶持港澳加工贸易企业提高生产过程的自动化水平，降低对劳动力的依赖；引导转移中的加工贸易企业将其总部、研发、销售等环节留在广州。在全市范围内评选若干加工贸易转型升级示范区，建立重点加工贸易企业转型升级服务制度，协调解决企业在转型升级过程中遇到的重点、难点问题。推动各区（县级市）成立推进加工贸易转型升级工作协调机制，对本地区转型升级过程中出现的新情况、新问题及时研究，提出新形势下加工贸易转型升级的方法、路径、措施。

4. 积极扩大进口

积极落实《广东省人民政府关于促进进口的若干意见》，研究出台配套扶持措施，充分发挥进口对转型升级的推动作用，完善进口促进体系，重点扩大先进技术、装备、关键零部件和国内紧缺的能源资源进口。对列入国家和省、市重点鼓励进口目录的设备、技术和原材料，给予一定的资金支持。积极开辟进口渠道，实现进口来源地多元化。加强对重要进口商品的监测，组织跨国采购，增强进口贸易的议价权和定价权，降低企业进口成本。充分利用保税监管区的功能优势，开拓国际分拨、国际配送业务。

5. 大力发展服务贸易

落实服务贸易发展规划，完善支持服务贸易出口的政策措施。巩固旅游、运输和商业服务等行业在服务贸易中的规模优势，扩大软件、技术、文化、医疗服务出口，重点培育通信、金融、信息、出版、传媒、咨询等高技术、高增值的服务出口。培育服务业开放的各类载体，确定一批全市服务贸易创新示范区和全市服务贸易重点企业，建设一批知名服务贸易品牌。加快推进服务外包示范城市建设，支持有条件的区（县级市）开展服务外包招商，主动承接国际服务外包产业的转移，加强与国际外包大型企业合作，重点培育和发展软件研发、医药研发、工业设计、动漫创意、信息管理、数据处理、财会核算、供应链管理、金融后台服务等产业和业务。做大做强一批服务外包企业，支持其参加国际资质认证、人力资源培训、公共信息平台的建设，有效提高外包企业专利信息利用和综合管理能力，培育广州市外包品牌。

（三）大力实施"走出去"战略，提升全球资源配置能力

1. 大力培育本土跨国公司

确定一批具有一定经营规模和品牌知名度、拥有自主核心技术和研发能力的本土企业作为重点培育对象，从资金、技术、品牌、知识产权保护等方面予以支持，使其发展成为有竞争力的跨国公司。重点引导企业充分利用境外资源、资本、技术和人力，推动优势产业转移生产能力，建立境外发展基地；通过并购、股权置换境外研发机构、知名品牌和营销网络，建立研发中心和国际营销网络；同时，鼓励有实力的企业通过在境外资本市场上市，扩大海外融资渠道和规模，通过扩大境外资源和能源开发合作，扩展发展空间。

2. 积极开展对外投资合作

支持有实力的国有企业和民营企业通过并购、重组、战略合作等多种形式，获取境外知名品牌、先进技术、营销渠道、高端人才等资源。推动与东盟、中东、非洲、南美、俄罗斯、澳大利亚等重要资源国和地区的合作，通过长期贸易协议与参股开发相结合等方式，建立多元、稳定的境外资源供应基地。帮助有实力的建筑类企业申请对外承包工程经营权或对外援助实施企业资格，推动建筑类企业以带资承包、总承包、BOT 等方式，承揽境外水利、交通、能源等基础设施建设项目。继续推动有对外承包经营权的企业与央企紧密合作，借力做大做强。鼓励国有企业和民营企业与外资企业"联姻"，相互参股，双向并购，促进内外资融合发展。稳步推进境外经贸合作区建设，鼓励和支持广州市企业集群式对外投资。

（四）加强国际区域合作，拓展开放型经济发展空间

1. 全面深化穗港澳更紧密合作

以国家落实 CEPA 示范城市建设为抓手，密切与港澳政府、中介机构在发展规划、重大政策制定、基础设施建设、信息披露、规则对接等方面的合作，促进穗港澳人员、物资、资金、信息的顺畅流动。以南沙实施 CEPA 先行先试综合示范区、广州南站穗港澳现代服务业合作先行先试区、白云粤港澳（台）流通服

务业合作区等重点合作区域为平台，与港澳在金融、贸易、投资、物流、中介、健康服务、文化教育、科研、城市规划建设和管理等领域先行先试、深度合作。推进港澳服务业进入广州的便利化，推动在港跨国公司全球总部或亚太总部在穗设立地区总部。进一步整合穗港澳资源，加大海外联合招商和贸易推介力度，探索三地企业联合开拓国际市场的方式，发挥各自优势，吸引国际投资者和贸易商，共同开拓海外市场，提升三地企业国际竞争力。支持在穗的港澳加工贸易企业延伸产业链条，向现代服务业和先进制造业发展，实现转型升级，拓展内地市场。支持对港澳地区贸易项下使用人民币计价、结算试点。

2. 大力提升对台经贸合作水平

抢占 ECFA 签署的发展先机，加强与台湾在经贸、高新技术、先进制造、现代农业、旅游、科技创新、教育、医疗、社保、文化等领域合作。稳定和发展现有台资企业，加大对台招商引资力度，重点吸引台资投向电子信息、机械制造等高技术含量、高附加值和低能耗、低污染的新兴产业，特别是引进台湾芯片加工和 IC 设计等世界先进产品的生产企业，推动全市高新技术产业的国际化、尖端化。建立穗台多种交流机制，力争建成两岸经济、文化和政治交流的重要平台。

3. 扩大与东盟的战略合作

充分利用中国—东盟自由贸易区建立的战略机遇，借助广东与东盟合作联席会议等合作平台，加大与东盟国家经贸、文化、资源开发等领域的合作力度。吸引东盟投资现代服务业和先进制造业，加快"中新（广州）知识城"等重大合作项目建设。用好自由贸易区优惠措施，扩大与东盟国家的贸易规模，推动机电、化工、纺织等优势特色产品对东盟的出口，推动有实力的企业到东盟建立生产基地和境外销售网络，鼓励企业开拓东盟工程承包市场及合作开发资源、能源，增加从东盟进口农、林、矿产等资源和能源。

4. 推进全方位对外合作

进一步拓展对外开放合作的广度和深度，加强与欧盟、北美、日本和韩国等发达经济体在产业、技术、贸易、投资、人才等领域的深度合作，加快引进和培育新能源、新材料、节能环保等战略性新兴产业，推动产业转型升级。加强与非洲、南美、印度、俄罗斯、澳大利亚等在进出口贸易、基础设施建设、能源开发、海外并购等领域的合作。积极参与国家自贸区建设，加强对我国已签订的自

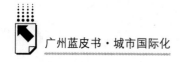

贸区协定的宣传，引导企业充分利用协定安排下的各种投资、贸易便利化措施和原产地优惠贸易政策。

（五）提升公共服务，优化外经贸发展环境

1. 完善投资贸易便利化机制

深化行政审批制度改革，完善外资网上审批预申报系统，开展外商投资企业合同章程格式化审批试点工作，简化审批手续，在企业设立、经营许可和跨境交易等方面提供高效便利服务。加强外经贸与海关、国税、检验检疫、外汇、货代等的协同配合，进一步完善海关企业分类管理办法，加快出口退税进度，提高检验检疫效率，简化外汇核销手续。强化口岸大通关建设，进一步协调推进口岸通关模式改革，提升口岸通关能力。

2. 强化与国际规则对接

鼓励企业积极采用质量、安全、环境、技术等方面的国际标准或国外先进标准，支持企业推行质量与环境管理体系等认证。支持企业积极参与国内外行业规则、标准的制定和修订。整顿和规范外经贸市场秩序，妥善处理国际贸易纠纷，增强企业"走出去"风险防范意识，加强外经贸信用体系建设，优化进出口贸易环境。完善外经贸领域知识产权保护工作机制，加强涉外会展知识产权管理，指导参展企业防范侵权和进行海外维权。

3. 完善贸易摩擦应对机制

研究制定技术标准、安全标准、碳标准等非传统贸易摩擦的应对预案，落实由市外经贸局牵头的珠三角地区公平贸易联合应对机制，推进趋势预警、主要贸易国技术法规和标准预警、重点产品预警和专项预警，及时向企业通报信息，主动规避和预防贸易摩擦。针对贸易摩擦新特点，提升反补贴应对工作水平。协调行业商会、协会等中介组织和企业依法参与反倾销、反补贴和保障措施的申诉、应诉工作，维护企业合法权益。

4. 构建外经贸战略转型政策体系

研究制定包括利用外资、对外贸易、"走出去"和穗港澳合作等领域的"1+N"外经贸政策体系，以相关政策文件保障外经贸战略转型顺利推进。加快制定市政府《关于进一步促进利用外资工作的实施意见》（穗府〔2011〕7号）的相关配套文件，2012年重点出台《广州市鼓励外商投资重点领域和产业目录》、《广州市

关于鼓励外商投资设立研发机构的实施意见》、《广州市鼓励外商投资战略性新兴产业的意见》、《广州市推动招商引资市场化运作的实施意见》、《广州市 A 类国际投资咨询机构评定规则》，以及便于外籍人才出入境和居留的文件，推进利用外资转型工作，引导外资投向高端产业。研究制定《广州市促进进口工作方案》、《广州市保税监管区域管理办法》、《广州市服务外包信息安全指导意见》、《广州市服务外包企业实施特殊工时的通知》和推进国家船舶出口基地的政策措施，设立加工贸易转型升级专项资金、促进对外贸易转型。出台《广州市培育本土跨国企业实施意见》，制定扶持企业走出去的具体措施，促进对外投资转型。抓紧制订落实 CEPA 示范城市工作方案，推进穗港澳合作深入发展。

参考文献

邵志勤：《东亚经济复兴与东亚经济发展模式》，《东南亚纵横》2009 年第 2 期。

全毅：《东亚模式转型与中国发展道路》，《新东方》2009 年第 12 期。

林震：《拉美和东亚现代化模式之比较》，《拉丁美洲现代化进程研究学术讨论会文集》，2007。

王文龙：《后新自由主义、后东亚模式与新东亚模式比较》，《国外社会科学》2009 年第 10 期。

周肇光、宗永平：《韩国开放型经济发展模式对中国的启示》，《亚太经济》2006 年第 4 期。

蔡同昌：《2004 年国内学术界对拉丁美洲研究综述》，《拉丁美洲研究》2005 年第 4 期。

Report on Opening-up and Foreign Trade Strategy Transformation of Guangzhou

*Study Group of Bureau of Foreign Trade
and Economic Cooperation of Guangzhou Municipality*

Abstract： The research illustrates the current status of Guangzhou's open economy development. Further, based on the analysis of the primal problems of the open economy development and the challenge and opportunity that were faced, the research establishes the target and tasks of the foreign trade strategy transformation of Guangzhou, and proposes five supporting measures, including promoting the quality of foreign investment utilization, transforming the development mode of foreign trade, implementing "Going abroad" strategy, strengthening the international regional cooperation, and optimizing the foreign trade development environment.

Key Words: Guangzhou; Opening-up; Foreign Trade; Upgrade and Transformation

广州外贸出口企业开拓
新兴市场的对策建议

姚宜 罗文文*

摘 要： 新兴市场国家具有巨大的经济潜力，对广州外贸出口具有较大拉动作用。本文分析了广州外贸企业对新兴市场的出口现状以及面临的机遇和挑战，对东盟、拉美、中东、非洲以及东欧和俄罗斯市场的市场潜力、风险以及发展前景进行了深入剖析，提出了协助和引导外贸出口企业拓展新兴市场的对策建议。

关键词： 广州 外贸出口 新兴市场

一 新兴市场概述

（一）新兴市场的界定

新兴市场（Emerging Markets）是与成熟市场（Developed Markets）相对应的概念，最早由世界银行经济学家 Antoinevan Agtmael 于 1981 年提出，用于形容人均收入尚属于中低水平，但正在经历重大经济改革或发展，处于快速工业化进程之中的国家和地区。1994 年美国商务部《国家出口促进策略》中提到"新兴市场国家"一词，"一个新的世界正在崛起，未来美国将与这一类新的国家进行竞争，这类国家可称之为新兴市场国家"。

"新兴市场"一词被各界广泛引用，虽然对其定义不尽相同，但内涵大体一

---

* 姚宜，广州市社会科学院国际问题研究所副研究员；罗文文，广州市社会科学院国际问题研究所助理研究员。

致。目前国际上普遍认为，新兴市场国家特指市场经济体制逐步走向完善，经济发展速度较快，市场发展潜力大，正力图通过实施体制改革与经济发展而逐渐融入全球经济体系的经济体。

从地域上分析，新兴市场国家主要集中于亚洲、东欧、拉美和非洲四大区域（见图1）。

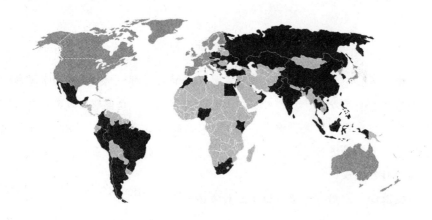

图1　世界成熟市场和新兴市场分布示意图

资料来源：The website of Morgan Stanley；图中深灰色区域为成熟市场，深色区域为新兴市场。

（二）新兴市场的范围与划分

对于哪些国家属于新兴市场并没有统一的定论，国际上对新兴市场的判断和划分主要以权威经济刊物如英国《经济学家》（The Economist）杂志和金融指数如摩根士丹利新兴市场指数（MSCI Emerging Markets）、富时新兴市场指数（FTSE Emerging Markets）等的评估为依据。

1.《经济学家》对新兴市场的划分

根据 The Economist 的评估，全球共有25个国家和地区被列为新兴市场国家（地区），详细情况可见表1。The Economist 关于新兴市场的评估与2010年5月MSCI新兴市场指数的最新数据基本相符，只是后者将中国香港和新加坡列为成熟市场。

表1　The Economist 对全球新兴市场的划分

新兴市场国家(地区)	亚洲	中国大陆、中国台湾、中国香港、新加坡、印度、印度尼西亚、马来西亚、菲律宾、泰国、韩国、土耳其、以色列、沙特阿拉伯
	拉美	巴西、智利、哥伦比亚、墨西哥、秘鲁
	非洲	埃及、南非、摩洛哥
	东欧	捷克、匈牙利、波兰、俄罗斯

2. 富时新兴市场指数对新兴市场的划分

FTSE 新兴市场指数则根据各国的国民收入和市场结构将新兴市场进一步划分为高级新兴市场（the Advanced Emerging Markets）和次级新兴市场（the Secondary Emerging Markets），详细情况可见表2。

表2　FTSE 新兴市场划分

新兴市场	高级新兴市场	亚洲	中国台湾
		拉美	巴西、墨西哥
		东欧	匈牙利、波兰
		非洲	南非
	次级新兴市场	亚洲	中国大陆、印度、印度尼西亚、马来西亚、菲律宾、泰国、巴基斯坦、土耳其
		拉美	阿根廷、智利、哥伦比亚、秘鲁
		东欧	捷克、罗马尼亚、俄罗斯
		非洲	摩洛哥、埃及

（三）新兴市场在世界经济格局中的重要地位

2008 年金融危机影响巨大，加速了全球经济力量结构的变化，后金融危机时代新兴市场国家的巨大经济潜力及对全球经济恢复和发展的重要作用，正深刻改变着世界经济格局。

1. 新兴市场国家所占全球经济比重超越发达国家

数据显示，2009 年新兴市场国家占全球 GDP 的份额由 2008 年的 48% 升至 51.87%，历史上首次超越发达国家，成为世界经济发展的标志性事件。新兴市场国家经济增长动力大，速度快，推动了世界经济的复苏。2010 年新兴市场国家整体对世界经济增长的贡献达到 70%，已超越发达国家，成为全球经济增长的主引擎。得益于后发优势，新兴市场国家特别是亚洲新兴市场国家，长期以来重视实体经济发展，在基础设施建设、城市化发展、绿色环保以及脱贫等领域都具有较大的发展潜力，正在进入下一个经济增长周期，经济增长动力充足。金融危机发生后，新兴市场国家的经济增长在短暂倒退停滞后迅速反弹并领先于发达国家实现经济复苏。在目前发达国家积重难返，一直处于经济萎缩和反弹边缘的恶劣情况下，新兴市场国家的经济增长成为推动世界经济复苏的重要力量。

2. 新兴市场国家消费需求强劲，填补了全球消费市场

金融危机中，以中国、印度和巴西为代表的新兴市场国家快速反应，通过加快经济增长方式转型，努力扩大国内投资和消费需求，降低了对出口的依赖程度。在金融危机中，新兴市场保持财政金融政策稳定，经济增长受金融危机冲击相对较小，内部需求旺盛，在一定程度上弥补了发达国家消费萎缩的不利影响。从2009年第二季度起，全球消费即出现强劲反弹，全球的消费增长已经实现较快增长。这次消费增长的主要贡献力量来自新兴市场国家的消费需求。

3. 新兴市场国家在国际金融体系中的话语权日益加大

在经历了长时间的高速经济发展后，新兴市场国家已经具备了在全球金融体系建设和改革方面提高参与度、要求更多话语权的实力。依靠国际贸易发展中积累的巨大外汇储备，新兴市场国家积极参与国际货币体系改革，推动IMF加强对主要储备货币发行国宏观经济政策的监督，保持储备货币汇率相对稳定，并稳步推动国际储备货币、国际贸易交易货币和国际大宗商品计价货币的多元化进程。另外，新兴市场国家积极推动IMF和世界银行等国际金融机构的内部治理结构改革，增加注资比例，使得新兴市场经济体在国际金融机构的出资份额以及高级管理人员的比例均有所提高，在国际金融机构的投票权和话语权日益增大，保障了在经济发展博弈中自身的利益，并对世界金融发展产生了积极和深远影响。

4. 新兴市场金融机构在危机中保持了稳定，并逐步实现国际化

金融危机中欧美金融机构遭受了较大冲击，而以亚洲为代表的新兴市场经济体金融机构表现相对良好。至2010年中旬，全球金融机构损失累计达到1.8万亿美元，其中美欧金融机构损失占全球总损失的97.7%，而亚洲金融机构损失仅占2.3%。美国银行业2007年在千家大银行中盈利为1885亿美元，而2011年仅为1144亿美元；欧盟银行业2007年盈利为3742亿美元，2011年不足1500亿美元，尚未恢复到金融危机前的一半水平。① 未来全球银行业的发展机遇主要来自新兴市场持续扩大的份额。2011 年新兴市场实体经济仍然保持着高增长的态势。新兴市场金融机构不仅保持了整体相对稳定，而且积极稳步推进国际化进程。

二 广州对新兴市场的出口现状

成熟市场（主要包括中国香港、中国澳门、欧盟、美国、日本等国家和地区）一直是广州外贸出口的重点市场，广州对成熟市场的出口占全市出口总值的 2/3 以上。2011 年，香港依然是广州第一出口市场，占全市出口额的 23.8%。近年来，随着成熟市场需求的饱和，特别是金融危机发生后成熟市场需求的严重萎缩，新兴市场成为广州外贸出口重点开拓的阵地。2011 年，广州对上述新兴市场国家出口继续保持大幅增长势头，对俄罗斯、中东地区、拉美地区的出口增幅分别达到 38.0%、35.9%、33.7%。②

（一）金融危机以来新兴市场的整体表现

东盟、拉美、中东、非洲、东欧及俄罗斯等新兴市场是广州外贸出口中的亮点，其份额相比成熟市场虽然较小，但增长速度远远超过了成熟市场。金融危机爆发以前，各新兴市场的出口增幅基本都在 20% 以上。

2008～2011 年是广州外贸出口从经历危机冲击、出口大幅下滑到逐渐恢复的挑战阶段。在这一时期，新兴市场也显示出比成熟市场更强的抗危机能力。金融危机爆发初期，广州对新兴市场的出口仍然保持了强劲增长，使得在对美国出口严重下滑的情况下，广州整体外贸出口依然保持增长态势。在金融危机中，新兴市场出口降幅也小于成熟市场，而且在金融危机后期先于成熟市场恢复活力和需求。金融危机以来，新兴市场占广州外贸出口的份额持续上升，从 2008 年的 24% 上升到 2011 年的 27.8%；而同期成熟市场的份额从 2008 年的 66.9% 下降到 2011 年的 62.5%（见图 2）。虽然广州外贸出口的总格局没有明显变化，但成熟

---

① http：//msn. finance. sina. com. cn/gdxw/20110706/0708155924. html.

② 数据来源于广州市对外经济贸易合作局。

市场仍然占据了主要份额，然而新兴市场的成长趋势却越来越显著。2011 年 1 ~
9 月，广州对新兴市场的出口比上年同期增长了 30% 以上。

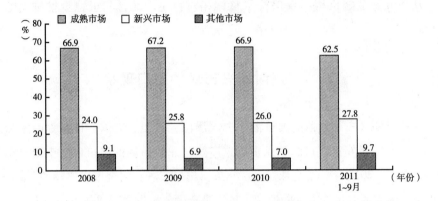

图 2   广州外贸出口市场结构变化 (2008 ~ 2011 年)

资料来源：广州市海关统计数据。

(二) 各新兴市场具体情况

在各新兴市场中，东盟市场增长速度最快，在本次金融危机中出口降幅最
小，恢复最快。2011 年广州对东盟出口达 48.04 亿美元，比上年同期增加
19.3%。东盟市场占广州新兴市场的比重最大，已经成为广州第五大贸易伙伴。
主要出口国家包括马来西亚、新加坡、越南、印度尼西亚、泰国和菲律宾等。

2011 年，广州对中东地区出口值达到 30.4 亿美元，同比增幅达到 36.7%。已
经走出金融危机阴影，重新显示出市场活力。中东市场是广州外贸出口的第三大新
兴市场。主要出口国家包括阿拉伯联合酋长国、沙特阿拉伯、伊朗、以色列等。

拉美市场是新兴市场中复苏最快的地区，占新兴市场的份额在 2009 年略有
下降后，2011 年迅速恢复并上升，全年广州对拉美地区出口达到 37.8 亿美元，
同比增幅达到 33.7%。拉美市场占新兴市场的比重仅次于东盟，主要出口国家
包括巴西、巴拿马、墨西哥、智利、阿根廷、秘鲁等。

非洲市场受金融危机冲击较大，2008 ~ 2010 年，非洲市场在新兴市场中的
份额持续下降。2011 年广州对非洲市场出口为 26.1 亿美元，比上年同期增加
28.6%。非洲市场占新兴市场的比重略低于中东市场，主要出口国家包括尼日利
亚、南非、贝宁、埃及和苏丹等。

东欧及俄罗斯占新兴市场的份额一直保持在10%左右，目前为10.82%。2011年1~9月广州对东欧及俄罗斯的出口为12.7亿美元，比上年同期增加近30%。2008~2011年，广州外贸出口新兴市场份额变化具体情况见图3。

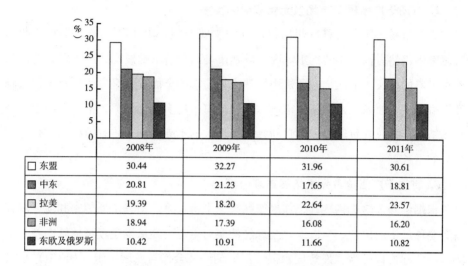

	2008年	2009年	2010年	2011年
□ 东盟	30.44	32.27	31.96	30.61
▨ 中东	20.81	21.23	17.65	18.81
▢ 拉美	19.39	18.20	22.64	23.57
▨ 非洲	18.94	17.39	16.08	16.20
■ 东欧及俄罗斯	10.42	10.91	11.66	10.82

图3 广州外贸出口新兴市场份额变化（2008~2011年）

资料来源：广州市海关统计数据。

三 拓展新兴市场的需求与面临的挑战

（一）拓展新兴市场是促进广州外贸出口的必然要求

1. 新兴市场是广州外贸出口新的增长点

新兴市场国家在本次金融危机中显示了良好的抗危机能力，保持了较高的经济增长速度，并领先于发达国家实现经济复苏，已经成为全球最有活力的经济发展地区。根据波士顿咨询公司《新兴市场城市的制胜之道：如何把握世界最大的增长机遇》调查报告显示，全球最大的商业增长机遇将来自人口在50万人以上的新兴市场城市。购买力的提升将使新兴市场城市到2015年占全球个人消费总量的30%。而目前全球约26亿人生活在717个新兴城市，到2030年，新兴城市还将增加371个，新兴市场城市新增人口将达13亿人，而发达城市的新增人口仅为1亿人。从当前情况看，相比成熟市场需求的萎缩，新兴市场需求旺盛，消费总额已经超过了美国，占全球消费总额的1/3以上。因此加大对新兴市场的开拓将成为广州外贸出口新的增长点。

2. 有助于广州出口市场多元化战略的实施

成熟市场一直占据着广州出口市场的主要份额。2011年成熟市场在广州出口总额中仍然占据2/3的比重。因此成熟市场消费需求的波动，严重左右着广州外贸出口的增长。本次金融危机中成熟市场需求的全面萎缩是广州外贸出口大幅度下滑的主要原因。开拓新兴市场，实施出口市场多元化战略，不仅有助于丰富市场结构，分散外贸风险，而且新兴市场需求的不断增加，将有力推动广州外贸出口的增长。

3. 有利于广州抢占先机拓展市场份额

根据国外金融机构统计，如果按购买力平价计算，新兴市场国家和地区现在占有全球经济产出的一半以上。全球经济实力重点已经从发达经济体转向新兴市场。一向标榜自己为"发达国家俱乐部"的经济合作与发展组织（OECD）也开始积极吸纳新兴市场国家，扩大自身影响力。发达国家的市场趋于饱和，而新兴市场不断扩容，市场潜力十分庞大。日本专门成立了"新兴市场国家外交推进室"，用以拓展与新兴市场国家的合作和贸易往来。广州企业要抢占市场先机，在新兴市场起步期应大力拓展市场份额，为将来的外贸出口打下基础。

4. 有助于促进广州能源安全

许多新兴市场国家自然资源丰富，如中东和俄罗斯的石油、南非和巴西的矿产等，拓展与新兴市场的贸易往来，建立稳定、多元、安全的境外资源供应基地，为广州经济的可持续发展提供能源保障与储备，是广州与新兴市场国家经贸合作的重要目的之一。

5. 有利于广州产业转移和结构升级

部分新兴市场，尤其是非洲的新兴市场与广州产业结构之间存在很强的互补性。这些国家劳动力资源丰富，劳动力成本低，产业结构处于国际产业链的下游。广州在产业结构升级过程中，可以将低端的产业转移至这些市场，不仅可以利用当地廉价劳动力增强竞争优势，而且有助于避开贸易壁垒，就近占领当地市场。

（二）广州外贸出口拓展新兴市场面临的挑战

1. 国家风险普遍较高，市场稳定性弱

国家风险指的是国际经济活动中由于国家行为而发生的重大事件所造成的对国外投资者或债务人的经济损失风险，可分为社会风险、政治风险、经济风险和金融风险等几方面。导致国家风险的有征收、战争、革命、暴乱、汇兑限制和政府违约等多种因素。近年来，全球性金融危机、债务危机以及社会冲突、恐怖事件等频繁发生，成为引发国家风险的新因素。新兴市场成为国家风险高发区，对市场稳定性造成极大影响，直接影响着广州外贸出口企业在此类地区的经济贸易活动。

根据中国信保发布的《国家风险分析报告》，全球贸易风险普遍增大，新兴市场国家表现更为突出。首先是系统性政治风险对新兴市场国家的影响具有持久性。金融危机以来，地缘与局部风险事件此起彼伏，如巴尔干半岛危机，委内瑞拉、厄瓜多尔与哥伦比亚三国外交冲突，拉丁美洲国有化浪潮，泰国政治危机，巴基斯坦政局动荡，印度恐怖袭击等。其次，新兴市场国家风险状况趋于分化：中东欧过度依赖国际资本的国家，外资抽逃现象严重，外债偿付能力受损；巴基斯坦、韩国等国家经常项目赤字规模较大，短期外债比重较高，本币面临贬值危险；俄罗斯、巴西、阿根廷等资源类国家，随着大宗商品价格大幅回落，国家收入锐减，赤字压力急增，存在货币贬值甚至经济下滑的危险。

中国信保发布的"全球风险地图"显示出，新兴市场国家大多属于风险水平显著之列（见表3）。较高的国家风险造成的市场不稳定和危害性，是广州外贸出口企业拓展新兴市场面临的最大问题。

表3　新兴市场国家"国家风险"评级

地　区	国　家	级　别
亚洲	印　度	6
	印度尼西亚	5
	马来西亚	5
	菲律宾	7
	泰　国	7
	韩　国	4
	土耳其	7
	以色列	2
	沙特阿拉伯	4

续表

地 区	国 家	级 别
拉美	巴 西	6
	秘 鲁	6
	智 利	3
	哥伦比亚	7
	墨西哥	6
非洲	埃 及	6
	南 非	5
	摩洛哥	5
东欧	捷 克	4
	匈牙利	5
	波 兰	4
	俄罗斯	6

﹡风险评级由1级到9级递增。

2. 贸易保护主义加剧

国际金融危机爆发以来，在各国谋求振兴本国产业的生态环境下，贸易保护主义日益抬头，并从欧美等国家快速向新兴市场国家蔓延。从近期对外贸易运行情况看，新兴市场国家的贸易保护主义措施具有以下特点：一是印度、阿根廷、墨西哥等经常制造贸易摩擦和纠纷的国家频繁举动；二是与欧美等国家主要采取技术性壁垒、具有隐蔽性特点相比，新兴市场国家的贸易保护主义措施相对直接、初级；三是新兴市场国家的贸易保护显示出蔓延和升级的趋势。

从表现形式来看，新兴市场国家实施的贸易保护主义措施具有多样性。

（1）禁止进口。

以政府行政命令的形式"封杀"中国商品，例如印度在2009年初明令对中国钢铁、化工、纺织等产品实施进口限制措施，发布命令禁止在此后6个月内从中国进口玩具；2010年4月底又以保护国家安全为名禁止进口华为和中兴等中国厂商生产的电信设备，将针对中国产品的贸易壁垒行为上升到极致，2011年禁止并延长对我国牛奶产品的进口，2012年初再度禁止进口中国玩具，严重影响了我国企业对印度的外贸出口。

（2）提高关税。

提高关税是新兴市场国家最为常见的一项贸易保护主义措施。2009年下半年埃及等国家纷纷提高砂糖等农产品的进口关税；巴西与阿根廷联手提升南方共同市场国家对外进口税率，2011年巴西提高7种商品的进口税，其中5种来自中国；俄罗斯提高了对汽车、收割机等机械产品的进口关税，将牛奶、炼乳、乳脂等乳产品的进口关税上升20%。

（3）反倾销。

对中国实施贸易反倾销最多的新兴市场国家首推印度。2008年起，印度每年对中国商品发起的反倾销案件远远超过欧盟、美国等国家，成为对中方发动反倾销案最多的国家。2010年以来，韩国、阿根廷等国家相继对中国经济类农作物、油井钻杆、铜版纸、三聚氰胺等产品发起反倾销调查。阿根廷日前发表公告称对中国西服、套装等产品进行反倾销立案调查，对原产于中国的手动高速钢直锯片启动反倾销调查；墨西哥经济部决定继续对原产于中国的高碳锰铁征收21%为期五年的反倾销税；哥伦比亚对中国打汁机反倾销案做出初裁，决定对原产于中国的打汁机征收临时反倾销税。

（4）特保调查。

与传统的反倾销措施"先调查、后保护"相比，特保调查具有"先保护、后调查"的特点，而且行动迅速，调查结果往往不利于被调查方。反倾销调查时间一般为6个月甚至更长，可以为企业留出相对充分的应对时间。特保从立案到初裁往往不过十余天，而且初裁之后马上面临200天的初裁措施，一旦终裁失败，企业往往面临长达4年的制裁。对于毫无防备的外贸出口企业来说，这种裁决快速的特保调查经常是突如其来，现金流较为脆弱的企业将会遭受严重打击。特保调查开始成为新兴市场国家贸易保护主义手段，过去几年秘鲁、土耳其等国家曾尝试对我国商品使用这一手段，随着贸易保护主义愈演愈烈，对特保调查的使用也有增多趋势，特别是印度，2009年仅在一个月内就向中国发起多达8起特保调查。

（5）许可证管理。

进口许可制度是一种数量限制措施，属于非关税措施，是各国管制贸易特别是进口贸易的常用做法。新兴市场国家通过实施严格的许可证管理，限制中国商品进口。例如菲律宾从2007年6月开始对我国陶瓷产品实行严厉的进口许可制度；巴西上年宣布对玩具、鞋子、成衣等24种进口产品实施许可制度；此后，阿根廷又对轮胎进口实施特种进口许可。

（6）货币贬值。

货币贬值的做法有助于提高本国产品出口的竞争力，越来越多的新兴市场国家采取了干预外汇、主动货币贬值的措施以刺激出口、降低进口。俄罗斯卢布自2008年初至2012年4月贬值了29.12%；哈萨克斯坦2009年则创下了本币一次性贬值25%的纪录；韩元兑美元在2009年上半年累计贬值20%；泰国、新加坡、印度尼西亚等国货币都呈现不同程度的大幅贬值；委内瑞拉也在2010年1月宣布实施货币贬值。对于向这些地区出口产品的企业来说，尽管计价和计算货币为美元，但这些国家货币大幅贬值将导致进口商延迟交货期甚至违约现象，如果该国货币贬值势头不止，将影响到进口能力和产品价格，从而损害我国出口企业的利润和收益。

（7）国有化。

为了达到对贸易价格的直接干预和收取更多出口关税，阿根廷政府建立了国有机构对谷物、面粉、油料和牛肉等农产品贸易实施直接控制；委内瑞拉也接管了国内所有大米加工厂。伴随着政府深度干预生产和贸易，对外贸易保护将不断加强。

四　主要新兴市场分析

（一）市场特点

1. 东盟市场

东盟市场具有比重高、增速快、抗危机的特点。2011年广州对东盟出口48.04亿美元，同比增幅19.20%。金融危机以前，广州对东盟出口的年均增速达到27%以上。金融危机中，虽然广州外贸出口受到严重冲击，2009年整体出口同比下降达13%，但对东盟市场的出口仅下降了不足1%，且近两年来增幅明显（见图4）。

中国—东盟自贸区的成立是广州对东盟出口发展良好的重要原因。自由贸易区创建两年后，即创造了拥有19亿消费者，近6万亿美元国内生产总值，4.5万亿美元贸易总额，由发展中国家组成的世界最大自由贸易区。2011年1～8月，中国对东盟投资17.3亿美元，同比增长17.2%，保持了良好的发展势头。广州地处"南新走廊"的核心地带，与东盟国家地理相近、文化相似、合作基础深厚，是广州开拓东盟市场的有利条件。

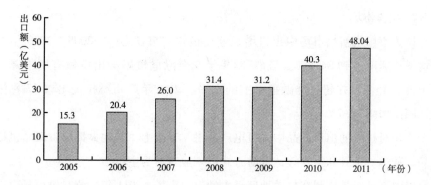

图 4 广州对东盟出口走势

资料来源：广州市海关；广州市对外经济贸易合作局。

至 2011 年底，广州有超过 2000 家外贸企业从事对东盟的贸易，主要业务集中在机电、家具、塑料、棉花等商品上。在对东盟的出口商品中，机电产品占了一半以上的份额，主要产品包括机械设备、运输工具和电器及电子产品。

与欧美等成熟市场不同的是，广州对东盟的出口方式以一般贸易为主，一般贸易出口占 60% 以上的比重，加工贸易只占 30% 的比重。一般贸易出口虽然比加工贸易出口难度大，但企业一旦形成自有品牌知名度，建立了自己的销售渠道和市场，获取的利润将远远高于只赚加工费的加工贸易。因此扩大一般贸易出口是广州外贸出口必然面临的转型。

新加坡始终是广州在东盟最大的出口市场。新加坡市场受金融危机冲击较大，2009 年广州对新加坡出口同比下降了 17.5%，是所有东盟市场中降幅最大的（金融危机之前，广州对新加坡的出口占对东盟出口总值的比重接近 1/3）。2011 年广州对新加坡的出口额达到 9.88 亿美元，比上年增加 13.4%，增幅低于金融危机前的水平。

越南是金融危机后广州对东盟出口增幅最大的市场，在金融危机中也保持了增长的态势。广州对越南的出口从 2007 年的 2.6 亿美元一路跃升到 2011 年的9.2 亿美元，年均增幅达到 45%，几乎不受金融危机的影响。越南已经成为广州在东盟的第二大市场，占东盟市场份额的 19.2%。

马来西亚是广州在东盟的第三大市场，2011 年对其出口值为 8.6 亿美元，同比增幅 43.7%，占东盟市场的比重为 17.8%，已经迅速走出低迷影响。广州对马来西亚的出口形势良好。

2. 拉美市场

拉美市场是新兴市场中出口增长速度最快的市场之一。2005～2008年出口年均增长速度达到34.8%。虽然2009年受金融危机影响出口额有所下降，但2010年已经恢复并超过金融危机前的水平。2011年广州对拉美出口37.8亿美元，同比增幅33.7%。

广州对拉美的出口商品中，机电产品占一半以上，其他大类出口商品包括纺织品、鞋类、玩具和家具等，贸易方式以一般贸易为主。

墨西哥已经是广州在拉美地区最大的出口市场。2011年广州对墨西哥出口达到9.58亿美元，同比增幅达到39.3%，占广州对拉美市场出口总值的25.2%，继续维持高速增长的势头，一举超越巴西成为广州在拉美地区的第一市场。

巴西是广州在拉美地区传统重要出口市场。2011年广州对巴西出口达到8.3亿美元，同比增幅达7.7%，占广州对拉美市场出口总值的21.9%，居墨西哥之后。2007年和2008年广州对巴西出口同比增幅分别达到98.3%和84.7%。2009年，广州对巴西出口虽然减少，但仍保持了11.6%的正向增幅，是受金融危机影响最小的市场。

除墨西哥、巴西外，广州在拉美地区的其他主要市场包括智利、阿根廷、委内瑞拉和秘鲁等国家，都有较高增幅。

3. 中东市场

中东市场是广州外贸出口的第三大新兴市场。2011年广州对中东地区的出口为30.4亿美元，同比增幅达到36.9%，基本摆脱金融危机影响。2005年到2008年广州对中东出口年均增幅达到36.26%。2009年，中东市场受金融危机影响，同比降幅为4.7%，但远远小于广州13%的出口整体降幅（见图5）。中东国家除了石油和天然气外，其他产品从工业用原料、机器设备到民用生活物品基本都依赖进口。广州出口中东市场的主要产品为轻工、纺织、机电和家用电器，出口方式以一般贸易为主。

阿拉伯联合酋长国是广州在中东地区最大的出口市场。2011年广州对阿联酋的出口占对中东出口总值的27.0%，为8.2亿美元。金融危机以前，阿联酋是广州在中东地区出口增长最快的市场，年出口增幅一度达到40%以上。受金融危机影响，目前广州对阿联酋的出口仍低于金融危机前的水平。中东地区其他较为主要的市场依次是沙特阿拉伯、伊朗和以色列。

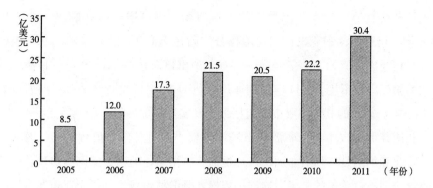

图5　广州对中东出口走势

资料来源：广州市海关统计数据。

4. 非洲市场

金融危机之前，广州对非洲的出口增长较快，2007年和2008年出口同比增幅分别为39.3%和25.6%（见图6）。其中尼日利亚、埃及和加纳是增长速度最快的国家，2007年的年增长速度都超过了70%。在新兴市场中，非洲市场受本次金融危机影响最大，2009年出口同比降幅达到14.3%，超过了广州外贸出口的整体降幅。2010年广州对非洲出口额为20.3亿美元，已经恢复并超过了金融危机前的水平。2011年，广州对非洲出口达到26.1亿美元，增幅达到28.6%高位水平。

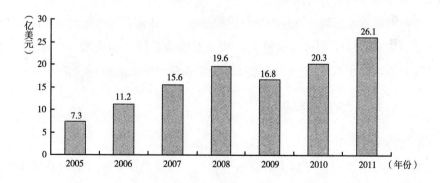

图6　广州对非洲出口走势

资料来源：广州市海关统计数据。

广州与非洲经济存在高度的互补，对非洲的出口商品包括机电产品、鞋类、纺织品、家具、箱包、塑料制品等。传统大宗产品在非洲有广阔的市场空间。

尼日利亚是广州在非洲最大的出口市场，出口增长速度最快。2007 年和 2008 年广州对尼日利亚出口同比增幅分别高达 101.3% 和 50.2%。2011 年广州对尼日利亚出口值为 5.5 亿美元，占对非洲出口总值的 21.0%。南非是广州在非洲的第二出口市场，2011 年对南非出口值为 3.99 亿美元，占对非洲出口总值的 15.3%。非洲的其他主要市场包括贝宁、埃及和加纳等。

相比其他新兴市场，非洲各市场规模较小而且分散。尼日利亚、南非、贝宁、埃及和加纳是广州对非洲出口比重前 5 位国家，但对这五国的出口总值仅占广州对非洲出口总值的一半。这种小规模和分散的市场增加了企业拓展市场的难度和成本。

5. 东欧及俄罗斯市场

东欧及俄罗斯市场占广州外贸出口新兴市场中的比重较小，有待进一步开拓。

金融危机以前，俄罗斯在该市场中所占比重最高，2007 年达到 52.3%，为 6 亿美元，即广州对俄罗斯的出口等于对东欧国家出口的总和。受到金融危机的冲击，广州对俄罗斯出口严重下滑，2009 年出口值仅为 2.8 亿美元，还不到 2007 年出口值的一半，占东欧及俄罗斯市场比重也下降到 27%。2011 年，广州对俄罗斯出口增长到 6.92 亿美元，增幅达到 38.0%，反弹趋势明显，已经成为广州在该区域出口市场的首位国家。

东欧及俄罗斯市场中表现较为稳定的是波兰，即使在金融危机中也保持了较大的出口增幅。2011 年波兰跃升为广州在东欧及俄罗斯地区最大的出口市场，当年出口值达到 5.12 亿美元，增幅依然处于高位水平，达到 18.4%。

（二）市场潜力与前景

1. 东盟市场

2010 年 1 月 1 日世界最大的自由贸易区——中国—东盟自由贸易区正式启动。该自由贸易区拥有 19 亿人口、接近 6 万亿美元国内生产总值和 4.5 万亿美元的年贸易总额。自贸区启动后，双方 90% 的贸易产品实现零关税。货物贸易的自由化，标志着中国与东盟之间的经济联系上升到新的水平。同时，由于东盟已与日本、韩国、印度等国家签订自贸区协定，中国企业在东盟投资生产的产品还可以享受东盟与这些国家的自贸区优惠关税待遇，从而销往更广阔的国际市场。

广州自古起与东盟就有着深厚的经济、人文、地理渊源。自1957年开办的广交会更是对推动双方合作发挥了重要作用。东盟的采购商是广交会的固定客源，据不完全统计，每年有数以万计的东盟采购商光临广交会。以106届广交会为例，仅马来西亚就有7000名进口商莅临广州，人数仅次于香港、台湾位列第三。广州与东盟各国经济互补性强，合作范围广，自贸区的启动将使广州出口企业深度拓展东盟市场的前景更为广阔。

2. 拉美市场

据国际货币基金组织（IMF）2011年4月发布的《世界经济展望》报告，2010年的各项经济指标显示，拉美经济重回增长轨道，巴西、秘鲁、智利、墨西哥和阿根廷等国是拉美地区最先复苏的国家。从2011年实际运行情况看，拉美经济将增长4.3%，低于2010年的6%。而根据预测，2012年除个别国家外，拉美各国经济增长幅度将比2011年有所下降，但下降幅度不大。拉美国家正在积聚经济过热的风险，持续不断的资本流入可能使其在金融稳定方面面临极大风险。拉美一些国家通货膨胀呈现持续上升趋势。

拉美地区经济的恢复带动了市场需求的增长。而且拉美签有多个自由贸易协定，包括南方共同市场、安第斯共同体以及中美洲共同市场等，因此，拉美市场在广州的出口战略中占据重要地位。广州出口企业应该积极进入拉美市场，在巩固原有份额的基础上积极开拓新的市场份额，同时也应密切关注，及时评估拉美地区经济过热的风险。

3. 中东市场

中东市场的总人口达到7亿，沙特阿拉伯、阿联酋、科威特等高收入国家人均年收入达3万~4万美元，低收入的伊朗、也门等国家的人均年收入也有6000多美元，人均国民生产总值一直位于世界前列。这些国家的轻工、日用品、电子、服装等大部分消费用品都依赖进口，市场空间广阔。

中东最大的市场阿拉伯联合酋长国，年贸易额达800亿美元。除了石油和天然气外，自然资源匮乏，从工业用原料、设备到民用生活物品几乎全部需要进口。阿联酋政府一直奉行开放的自由贸易政策，没有贸易壁垒，开放外汇管制，对公司或企业不征收利润税和营业税。除烟、酒等极个别商品外，其他大部分商品只象征性征收1%~4%的关税。阿联酋还是中东地区最大的转口贸易市场，辐射人口达到 13 亿。其进口交易额的 75% 转口非洲市场，20% 转口周边海湾国家，5% 直接在阿联酋消费。阿联酋同全球 100 多个国家和地区有贸易关系，与 40 多个国家签订双边贸易协议和避免双重征税协议，使阿联酋具有独特的国际贸易优势。

而我国产品价廉物美，在中东市场颇受青睐，尤其是机电五金、汽摩配件、纺织服装、轻工工艺极具竞争优势。中东市场从我国进口的大部分产品都是广州的传统出口商品，十分有利于广州企业开拓中东市场。

4. 非洲市场

非洲商业投资环境在过去几年有了较大改善，属于全球商贸环境改进最快的地区之一。有 2/3 的非洲国家至少进行了一项成功的经济改革。其中，加纳和坦桑尼亚在世界十大改善贸易环境最有效的国家中分别排名第九和第十（2007 年排名）。① 此外，近年来困扰非洲经济发展最大因素——内战和武装冲突趋向缓和，非洲大陆已经出现了"摒弃暴力，寻求和平"的势头，许多非洲国家潜心进行改革，国民经济稳步发展。政局的稳定和投资环境及商贸环境的改善，使非洲经济发展有着良好的前景，市场需求会不断增加。

非洲与广州产业结构之间存在着很强的互补性，合作前景广阔。多数非洲国家技术水平在国际产业链中处于下游，广州产业升级中需要转移的大量设备可以为其所用；非洲广大地区对中国价廉物美的日用品也有着稳定的需求，这些因素都将支撑广州对非洲出口的进一步增长。

5. 东欧及俄罗斯市场

20 世纪 90 年代，东欧国家逐渐完成了从计划经济向市场经济的转型，形成了市场和金融体系高度开放的市场经济制度框架。特别是进入 21 世纪后，东欧国家以加入欧盟为目标，在实现与欧盟市场制度趋同的同时，对欧盟高度开放了自己的商品市场、资本市场和金融体系。这也是本次金融危机中东欧各国遭受重创的主要原因之一。此外，东欧各国形成的高投资和高外债的经济发展模式导致其过度依赖外部环境，决定了其对外部危机的反应高度敏感。

但是，依傍于欧盟这个强势经济体，意味着东欧国家的经济发展将会有基本的保障，特别是随着《里斯本条约》的生效，东欧各国的经济发展将与欧盟其

---

① 世界银行：《非洲国家贸易环境排名虽落后改善却迅速》，中国经济网。

他国家有着更为紧密的联系。随着德国等欧盟发达国家经济的好转，这些国家对东欧的投资将会逐步恢复，东欧各国的经济和市场需求也会逐步复苏和增长。因此广州企业不能放松对东欧市场的开拓，而且随着越来越多的东欧国家加入欧盟，进入东欧市场将意味着扩大广州对欧盟出口的份额。

（三）市场风险分析

1. 东盟及中东市场

东盟及中东地区国家经济对美国及欧洲市场依赖程度较高，外需下降、贸易保护给这些地区国家带来了直接而显著的影响。其一，东盟和中东国家货币体系总体较为脆弱，受国际市场影响较大，加之外汇政策不稳定，由此带来较大结算风险；其二，东盟和中东地区众多企业实力不强，或高度依赖银行贷款，在金融危机冲击下经营困难或濒临破产，由此造成信用风险急剧升高；其三，当前大宗商品及原材料市场价格急剧波动，诸多重要产业景气度急剧下降，亚洲国家及企业深受影响，由此造成的拒收风险及违约风险迅速升高。部分国家高负债经营企业或贷款率偏高企业过多，受危机影响显著。

2. 东欧市场

波兰、捷克、罗马尼亚和俄罗斯等欧洲新兴市场经济体的政治制度、文化背景、法律体系相对复杂，法律制度仍处于过渡阶段，司法效率低下、腐败严重。在进出口交易中，海关、税收环节操作普遍不规范，信息透明度较差。同时欧盟内部的债务危机也不断动摇着东欧各国经济的稳定性。

3. 拉美市场

外贸出口企业在拉丁美洲地区所面临的风险呈升高态势。政治社会方面，拉丁美洲民族主义思潮盛行，各国执政党多为左翼或中左翼，近年来推行相对激进的政治和经济改革，但政策缺乏连贯性；该地区局部冲突和政治暴力冲突事件时有发生。在经济金融方面，其一，拉美地区目前存在经济过热风险，不断涌入的外国资本对其脆弱的金融体系是一个极大的冲击，同时拉美一些国家通货膨胀呈现上升趋势，也提高了风险的指数；其二，该地区出口基本上以初级产品或者原材料为主，极易受国际初级产品价格急剧下跌的影响；其三，部分国家对美国市场依赖程度较高，受金融危机和市场需求影响较大；其四，内外债负担沉重，还债压力巨大。在商业环境方面，一是贸易保护主义抬头，并有在国家与行业之间蔓延的趋势；二是工会势力强大，普遍注重环境、劳工权益保护，劳资纠纷难以解决；三是法律体系不健全，诉讼成本较高且效率低下。

4. 非洲市场

非洲地区以基本层面的风险为主要特征，具体而言就是进口商规模普遍较小，经营持续性和稳定性较差，非法关闭公司的情况较为多见；海关工作效率低下，腐败严重，且对本国进口商的保护倾向明显；政府干预严重，油气和矿产项目面临不同程度、不同形式的征收和政府违约风险；项目拖期、配套工程滞后、效率低下等问题普遍存在，难以有效解决；部分国家由于财政实力有限导致财政担保有效性不足，由于外汇短缺导致不同程度的汇兑限制。相对于其他地区，非洲整体风险的绝对水平仍然最高。在商业环境方面，非洲地区"软、硬"环境仍有待整体提高，法律环境、行政效率和基础设施等仍是重要瓶颈。

五 广州外贸出口拓展新兴市场的对策建议

（一）加快面向新兴市场的外贸公共信息服务平台建设，协助企业进行市场开拓，引导企业实施差别化贸易策略

完善现有"外贸发展信息平台"等外贸市场分析、行业分析数据库和信息平台，加快广州市外贸公共信息服务平台建设，将新兴市场作为重要对象，建立涵盖主要新兴市场国家的政策法规、行业发展、市场行情、技术前沿、知识产权、文化风俗、宗教信仰、外汇政策、海关税率、招商信息、投资中介机构以及相关政策法规、商务人才、调研分析等信息的综合信息服务网，为企业选择和开拓目标市场提供信息支持。

在对新兴市场的贸易规则、双边贸易流向和趋势进行系统分析基础上，引导企业调整进出口战略，合理选择贸易地理方向，结合目标市场实际情况，通过合作开发、投资设厂、双边货币互换、双边贸易代理结算等多种灵活形式，形成有层次的多元化市场格局。

（二）完善针对新兴市场的风险评估预警系统，及时向企业提供相关信息

新兴市场虽然出口增长速度快，但存在着不稳定、风险高的特点。为了降低

企业开拓新兴市场的风险，需要建立和完善针对主要新兴市场国家的风险评估和预警系统，监测新兴市场的经济运行，定期全面评估新兴市场的政治形势、经济环境、市场风险、贸易壁垒、供需价格、汇率变动等方面情况，给企业发出信息通报和风险预警，帮助企业及时掌握新兴市场环境变化与政策动态，提高市场开拓的成功率和运营效率。

（三）鼓励和扶持私营企业和中小企业开拓新兴市场，保障对外贸易多元化

鼓励和扶持私营企业、中小型企业参与开拓新兴市场，有助于丰富对外贸易主体，保障贸易多元化和持续性。加大对私营企业、中小型企业拓展新兴市场的支持力度，一是调整中小企业国际市场开拓资金及广州市相应扶助基金的规模和覆盖面，提高拓展拉美、非洲、东欧等新兴市场申请的通过率；二是对中非发展基金、境外加工贸易项目贷款贴息、对外承包工程项目贷款贴息、高新技术出口产品技改项目贷款贴息、高新技术出口产品研发项目资助、机电产品技术更新改造贷款贴息、机电产品出口研发资金等扶助项目，预留一部分比例给私企和中小企业进行申请；三是鼓励外向型企业出口投保，为私企和中小型企业量身定做保险产品，提高补贴力度，降低投保门槛。

（四）加强政府的监督管理，保障出口产品质量和良好出口秩序

积极实施"以质取胜"战略，加强对出口商品质量的监督与管理，严厉打击假冒伪劣产品和无序竞争，维护良好的出口秩序；主动执行中国与非洲等新兴市场国家签订的质量检查合作协议，促进进出口双方质量检查的交流与合作，提高出口产品质量，树立"广州制造"的品牌与信誉。增强对出口企业的监管力度，对出口假冒伪劣或不合格产品、故意虚假申报出口产品品名、商品归类、价格和安全卫生指标的贸易公司或生产企业予以处罚。发挥行业协会作用，维护出口秩序，加大对企业出口行为的监督，严厉打击压价竞销的行为，保护合理的出口价格。

（五）加强宣传与培训，引导企业规避贸易壁垒，协助企业进行应诉与抗诉

在新兴市场国家至今对我国企业提出的贸易保护案件中，凡是企业主动应诉

和抗辩的，要么是我方胜诉要么是迫使对方降低壁垒高度，出口企业的损失被降到最低程度。针对部分新兴市场国家对中国贸易限制急剧增加的新态势，一是要加强宣传和培训工作，增强企业对 WTO 规则的认识，提高企业最大化利用规则、规避贸易壁垒的意识和能力；二是完善公平贸易支持体系，在 WTO 规则下协助和支持企业进行应诉与抗诉，实现应对国际贸易摩擦由被动向主动转变；三是充分发挥现有"技术性贸易措施联合应对体系"作用，积极展开针对新兴市场国家发布的贸易壁垒的研究、评议，对其中不利于广州市企业的条款提出意见，要求壁垒发布国家进行解释或修改，并上报 WTO 总部，帮助企业最大限度地降低、减缓或消除损失。

Countermeasures upon Developing New Markets for Guangzhou's Export

Yao Yi   Luo Wenwen

Abstract：Emerging economies possess enormous economic potential which may serve as a stimulus to Guangzhou's export. The research analyzes the current status of Guangzhou's export to emerging markets and the opportunities and challenges, and further elaborates market potential, risk and development prospect of new markets including ASEAN, Latin America, Middle East, Africa, Eastern Europe and Russia, then proposes the countermeasures to assist and lead the export enterprises to enlarge exports into emerging new markets.

Key Words：Guangzhou；Export；Emerging New Markets

广州培育本土跨国企业
及其"走出去"战略研究

胡泓媛 葛志专*

摘 要：广州要建设国家中心城市、国际商贸中心，必须加快企业"走出去"步伐，充分利用国外市场和国外资源，培育和形成一批具有自主品牌和知识产权的本土跨国公司。本文在剖析广州企业国际化经营的现状以及外部经济环境变化所带来的机遇和挑战的基础上，借鉴国内外城市有益经验，提出广州培育大型跨国集团公司的战略路径和对策建议。

关键词：广州 本土跨国公司 "走出去"战略

一 广州培育大型跨国集团公司的研究背景

广州培育大型跨国集团公司，是我国实施"走出去"战略的一部分，也是广州建设国家中心城市和国际商贸中心的重大举措。国家"十二五"规划明确提出坚持"引进来"与"走出去"相结合，要加快实施"走出去"战略，然而，在"引进来"快速提升和加强的期间，我国企业走出去步伐依然处于初级起步阶段。随着国际国内政治经济形势等多方面影响，我国的贸易出口水平将逐渐放缓，企业遭遇的贸易壁垒越来越多，寻求能够深入国际市场、建立有扎根性的企业是增强国际竞争力的重要出路所在。

（一）广州培育大型跨国集团公司的意义

广州是我国国家中心城市，三十多年来获得了良好的发展机遇。在体制改

---

* 胡泓媛，广州市社会科学院国际问题研究所助理研究员；葛志专，广州市社会科学院国际问题研究所研究实习员。

革、对外开放和中国加入 WTO 等契机的推动下，广州在经济国际化的进程中先行一步，有基础、有条件、有能力实施"走出去"战略。积极把握世界经济形势变化、全球产业结构调整和生产要素加快重组等机遇，实施走出去战略，是广州顺应经济全球化，实现经济可持续发展的必然选择，有利于发挥比较优势，加快广州经济结构调整和资源优化配置；有利于增强自主创新能力，带动产品、设备、技术、文化和服务等出口；有利于促进企业在激烈的国际竞争中发展壮大，形成一批有实力的跨国公司；有利于更好地吸收境外资金、技术和智力资源；有利于充分利用国内外两个市场、两种资源，拓宽发展空间，掌握发展主动权，推动广州开放型经济向更高层次、更高水平发展。

（二）广州培育大型跨国集团公司的必要性

广州正处于新一轮快速上升期，在国际企业纷纷入驻的同时，有必要培育一批基础雄厚、创新力强、管理国际化的本土企业进入国际市场，从而保护经济和政治安全，增强城市竞争力和塑造国际形象。在当前状况下，和北京、上海、深圳等城市相比，广州跨国公司发展还处于初级起步阶段，其成效并不突出，瓶颈众多。主要是以加工贸易企业外贸出口为主，多是承包建设合同或开采资源等传统劳动密集型产业，在国际市场开展本土化经营的企业规模小、数量少，而现代服务业、装备制造等广州优势产业并未植入当地市场，未能建立广州品牌在国际市场的形象，同时缺乏大量熟悉国际规则、海外文化的综合型高端人才。为此，借鉴美国、日本、韩国等成功培育跨国企业的经验，抓住国内经济大发展和国际经济危机的机遇，总结广州在培育跨国企业中存在的困难，提出有针对性的培育体系是"走出去"战略的重要工作。

二　我国培育跨国公司的状况与外国的经验

（一）我国跨国公司培育状况

1. 发展阶段

我国跨国公司发展阶段有多个划分方式。王志乐①认为依据国家对外经济关

---

① 王志乐：《走向世界的中国跨国公司》，中国商业出版社，2004。

系的政策方针的作用效果划分为三个阶段。谈萧①依据对外投资行业的变化划分为四个阶段。本文参照鲁桐②的看法，依据对外直接投资的规模划分为四个阶段。

初步兴起阶段（1978~1984年）：投资主体以国企为主，主要分布于港澳、中东等少数地区。以国际贸易、工程承包为主，没有涉及国际生产领域。由于缺乏经验，经营效果不理想。典型企业如中国建筑工程公司（今天的中建）。

渐进成长阶段（1985~1991年）：生产性企业有了较多增长，主要从事国内短缺资源的开发和小型生产加工。分布地域拓展到美洲、欧洲，但多数是在发展中国家。投资规模为上一阶段的6~8倍，并且呈现出生产趋向而不仅是国际贸易。典型企业如中国国际信托投资公司（今天的中信集团）。

加快发展阶段（1992~2001年）：社会主义市场经济体系确立，进一步对外开放。大批企业开始海外经营，行业广泛，投资规模是上一阶段的4.5倍，民企海外直接投资兴起。典型企业如三九集团、TCL、小天鹅、海尔集团、华为集团等。

快速增长阶段（2001年以来）：我国加入WTO，正式确立走出去与引进来战略，更多企业类型和行业走出去，规模大幅增长，对外投资步伐显著加快，2005年之前海外投资企业数目年均增长45%，2002~2010年，中国海外投资年均增长高达10%。典型企业如宝钢、京东方、上汽、中石油、联想等众多企业。

2. 基本特点

由于发展时间短，中国跨国公司和西方发达国家的跨国公司差距显著。

一是有实力的跨国公司数量少。从2010年表现看，全球650家国有跨国公司及其子公司2010年对外投资占全球直接外资的11%。在这650家国有跨国企业中近一半集中在发达国家，中国只有50家。③

二是整体规模小，截至2010年底，我国对外直接投资总规模为3172亿美元，仅占全球投资存量的1.6%，这一数字甚至少于美国仅2010年一年的对外投资额。

---

① 谈萧：《中国"走出去"发展战略》，中国社会出版社，2003，第40页。
② 盛亚：《中国企业跨国成长战略研究》，《甘肃社会科学》2006年第1期，第48~52页。
③ 联合国贸发会议（U. CTAD）《2011年世界投资报告》。

三是实力弱，与国力不匹配。截至 2009 年底，中国对外直接投资净额 565.3 亿美元，名列全球第五位，8 年来年均增速 54%。1.2 万家境内投资者在全球 177 个国家、地区设立境外直接投资企业 1.3 万家，对外直接投资累计净额 2457.5 亿美元，境外企业资产总额超过 1 万亿美元。其中，108 家央企已"走出去"，境外资产总额超过 6000 亿美元。然而中国企业海外投资净额和年末投资存量的全球占比分别仅为 5.1% 和 1.3%，远低于 8.3% 的中国 GDP 全球比重。大部分企业在国际分工中处于生产加工环节和低附加值状态，倚仗的竞争手段仍然主要是低成本生产要素。中国企业的海外总体竞争实力不但十分弱小，而且与中国国力不相匹配。

综合横向对比结果来看，中国跨国公司整体尚处于起步阶段。

（二）国外培育跨国公司经验

当今世界，跨国公司已经毋庸置疑地成为全球生产和经济发展的中坚力量。2010 年，跨国公司的全球生产带来约 16 万亿美元的增值，约占全球 GDP 的 1/4。跨国公司外国子公司的产值约占全球 GDP 的 10% 以上和世界出口总额的 1/3。① 培育跨国公司、增强本国跨国公司的国际竞争力，是各国保证其国际经济地位的重要任务。本文选取美国、日本、韩国三个国家作为支持对外直接投资、培育跨国公司的成功案例进行观察，美国是老牌发达国家，日本的跨国公司在第二次世界大战后迅速崛起，韩国则是新兴工业化国家的代表。2011 年世界 500 强公司的前 100 强中，日本 11 家，韩国 3 家，美国 29 家，三国企业共占 100 强的 43%。

1. 美国培育跨国公司的做法

美国是世界上进行对外直接投资最早的发达国家之一，为了对本国对外投资的安全和利益提供好的保护，形成了堪称世界一流的有关对外直接投资法律制度，例如对外投资保险、税收优惠、信贷支持甚至信息服务方面，并通过对外直接投资保险制度对中小企业给予资助，还通过间接手段对本国海外投资进行监管和产业布局的调控。其中，海外投资保证制度和税收保护制度最为出色。海外投资保证制度在发展过程中，奖励、促进和保护私人海外投资的安全与利益是美国

---

① 联合国贸发会议（U. CTAD）《2011 年世界投资报告》。

政府始终如一的基本政策。

美国政府根据有关法律，对海外直接投资的私人企业实行税收优惠与鼓励，以此激励私人资本的对外投资。税收优惠措施包括所得税方面的优惠，主要是分类的综合限额税收抵免、延迟纳税政策、税款亏损结算和亏损退回等，以及关税方面的优惠，主要是通过实施"附加价值征税制"来实现。

2. 日本培育跨国公司的做法

日本企业跨国经营起始于 20 世纪 50 年代，经过 70 年代的进一步调整，到 80 年代以后，日本企业跨国经营的规模和实力进一步增强，对日本实现经济腾飞起了重要作用。

日本政府通过建立有效的产业政策实施体系，扶持战略产业，积极推动本国企业进行跨国经营，提升国家竞争力。自 1949 年起日本通产省的主要政策就是选择和促进能在国际市场竞争的战略产业，如 20 世纪 50 年代和 60 年代早期的重工业、钢铁、造船和电力在内的战略产业；70 年代和 80 年代的汽车和半导体等耐用品产业；90 年代的电子和计算机研究等高科技产业。日本对外投资除涉及军事、安全等敏感领域的项目外，对外投资超 1 亿日元只需到银行备案，1 亿日元以下投资项目自由化。

日本政府对跨国企业的资金支持，是通过政府金融机构和大型商业银行提供各种形式的优惠贷款和资金支持得以实现的。日本政府给银行提供了充足的资本金、准备金和营运资金及稳固的业务融资渠道，这些低成本的资金来源既规避了有关补贴的国际规则，又有利于防范风险，而且政府还给予政策性银行免税优惠。为鼓励企业海外投资和跨国经营，日本政府设立了海外经济合作基金，对日本企业海外直接投资的投向、投量发挥着诱导和资助作用。此外，日本还设立了海外投资亏损准备金，对企业进行补贴，使企业和政府共同承担海外经营风险。

在信息支持方面，日本构筑了出政府和民间、专业团体与综合团体组成的信息收集、咨询网络，及时向企业提供对外投资信息情报。其中，经济产业省定期派遣投资环境考察团，调查国外投资环境，鼓励企业参加国际会议，开展海外技术交流活动；开设创新企业海外直接投资支援网络，扩大国际交流的范围；定期对日本企业海外事业活动基本情况进行调查等。

3. 韩国培育跨国公司的做法

韩国企业对外投资始于 20 世纪 60 年代末，到 80 年代，韩国企业对外投资步伐加快，韩国企业大规模的海外投资对韩国经济产生了极其重大的影响。到 90 年代，韩国已发展成为亚洲四小龙之一，并成为新兴工业化国家和地区的主要成员。

20 世纪 80 年代，韩国政府根据国内外经济环境，进行产业结构升级，大力发展以电子工业为核心的技术知识密集型产业，并扶持一批大型企业集团，使之在短期内迅速发展起来。韩国长期以来重视对国内大财团发展的支持，这些快速发展起来的垄断资本集团迅速成为推动韩国企业国际化的直接力量。在东南亚金融危机发生以后，韩国政府积极介入韩国前五大跨国公司（现代、三星、LG、大宇、鲜京）的重整及合并，政府一方面帮助筹措资金，另一方面帮助实现产品多样化和向其他领域渗透，将政府计划中的大规模进口替代项目和出口项目交给这些财团来执行，为它们引进关键技术提供贷款担保，最大限度地减少市场风险。

韩国政府在 20 世纪 80 年代中后期就放松了对企业对外投资的管理控制，简化了审批手续，海外直接投资审批制度转向申告制，韩国对企业到海外投资原则上实行自由化，只要不是不良金融交易者及正在办理移民海外手续者，均可到海外投资，并且加快了审批进程。为了保证海外投资者能够有效地管理和运用海外投资资金，诱导投资事业的健全经营，并防止外汇资产向海外流失，韩国政府对海外投资实行事后管理制度，事后管理制度中包括管理体制规定投资资金的回收义务，规定具体的报告事项，对违反法令者实行惩罚等项目。

韩国进出口银行除为对外直接投资提供优惠贷款，还专设经济发展基金为风险太大或经济收益太低的经济合作项目提供信贷。此外，为降低海外投资失败风险，提高成功率，韩国政府主动为企业提供配套性资源服务和风险预警报告。

韩国政府一方面通过政府机构直接向企业提供咨询信息服务，另一方面通过政策扶持民间机构提供信息服务，如海外投资信息中心专门负责收集与发布海外投资国别和产业方向的信息，安排促进投资方面的研讨会，提供咨询服务等等。大韩贸易投资振兴公社，通过收集和提供海外市场信息、参加国际展览、开展海外宣传、投资振兴等多方面工作，促进韩国企业的国际市场开拓。

4. 小结

跨国公司的培育在各国已经形成了完整的政策法律支持体系,包括海外投资法律制度建设为海外投资提供法律依据,产业政策的扶持为企业指出发展导向,行政管制程序的松绑为企业跨国发展提供程序和时间便利,财税政策和融资手段的巧妙安排支持企业资本的充实,以及利用政府优势整合信息资源,为企业提供国际市场变动,尤其是对东道国投资环境变化的及时反馈。美国在促进对外直接投资、培育跨国公司的问题上采取的是间接扶持态度,主要通过完善法律制度、对跨国企业税收的公平待遇来体现;日本和韩国则主要从产业政策、积极的资金支持和信息支持等方面进行培育。

三 广州培育大型企业跨国公司现状

企业"走出去"的核心内容有两点:跨国经营与跨国投资。跨国公司当属于跨国经营范畴,根据发达国家经验,跨国投资发展到一定阶段才能实现跨国经营。广州属于发展中国家的相对发达地区,在"走出去"过程中虽历史较长,但影响力较低,相比国内的部分前列城市,其先发优势并未能体现,"广州品牌"还未树立,跨国公司寥寥无几。因而,在未能形成跨国经营的前提下,需要先分析跨国投资状况,为发现经营机遇奠定基础。

2011年,广州地区生产总值达12380万元,占全省地区生产总值近1/4,人均GDP超过1.3万美元,进入世界中等发达经济体行列,广州的改革开放和转变经济发展方式进入深层次攻坚阶段。为了寻求新的经济发展空间和新的经济增长点,增强经济迅速发展的动力和后劲,广州必须从全球视野来考虑问题,培育本土的跨国公司是一条必由之路。

(一) 广州跨国投资经营企业现状

1. 企业对外投资规模增长迅速

实施"走出去"战略十年来,广州的对外直接投资快速发展,境外投资额大幅增长,境外投资市场意向多元化趋势明显,投资领域日益广泛,尤其是现代服务业、战略性新兴产业等行业的企业已经开始走出国门。到2011年末,广州地区投资的境外企业境外总资产达68.41亿美元,年度总营业收入14.41亿美元，净利润 3.1 亿美元，跨国经营对带动广州进出口、促进开放型经济发展发挥了重要作用。截至 2011 年，广州共有"走出去"境外企业 606 家，遍布 60 多个国家和地区，累计中方投资额达到 23.75 亿美元，平均每个境外企业的投资规模为 391.9 万美元。所有项目中新增项目突破 100 个，总投资额达到 4.3 亿美元，总投资额超过 1000 万美元的累计达到 35 个，比 2010 年超出 9 个。①

2. 企业对外投资贸易领域不断扩展

广州企业对外投资突破传统贸易、领域不断扩展。在现有 606 家境外企业中，非贸易类企业比重接近六成。境外企业投资领域广泛，投资类企业和研发类企业表现突出，生产类、服务类境外投资逐步加快，软件、工程、展览、货运代理等企业也将服务延伸到境外。业务范围拓展到生产加工、境外研发、服务、资源开发等高层次领域。从投资的形式看，目前广州企业对外投资方式从境外带料加工到境外投资设厂，从建立销售网络到建立研发中心，从创建投资开始向跨国并购、境外上市等多种形式发展；投资领域也从简单加工行业，扩大到资源开发、制造研发等不同领域，使得投资形式多样化有了突破性的进展。

3. 投资主体多样化、多层次化发展

近年来，广州"走出去"的主体多样化、多层次化发展格局正在逐步形成。一方面，国有企业与民营企业共同发展。国有企业凭借其改革开放先行一步的优势在对外投资中具有主导地位。民营企业的投资规模则迅速扩大，"走出去"积极性高。2011 年，广州开展非金融类对外投资的民营企业投资项目达到 75 个，协议总投资额达到 3.63 亿美元，比 2010 年增长约 26 个百分点。民营企业已成为广州境外投资的重要主体。

4. 大型企业集团积极参与国际分工

广州对外投资企业不断进行整合，呈现出大型集团公司与中小型企业齐头并进的局面。在中小型企业逐步向外扩张的基础上，国有独资公司、国有企业不断集中整合优势资产，例如广州国际集团、广州岭南集团、越秀集团、广汽集团等。其中，越秀集团完成重组，控股总资产超过 1000 亿元，成为立足珠三角、横跨穗港、辐射海外的多元化大型投资控股集团。广汽集团在香港实现 H 股整体上市，发展成为具备完整的产业链条、资本运作平台、治理结构相对完善的大

---

① 数据来源于广州市对外经济贸易合作局。

型汽车企业集团,其自主品牌"传祺"轿车成功上市,又在2011年国际车展集体亮相传祺品牌全系七款车型,充分展现了广汽集团强劲的体系竞争势头与直指产业高端的最新成果。大型国有企业集团的形成,为广州更加深入地参与国际分工打下了基础。

案例分析1:珠江钢琴积极跨国发展

珠江钢琴的国际化发展就采取了紧盯西方先进技术的方式。成立于1956年的珠江钢琴,并不具备西方大型乐器公司的历史资源优势,但它的第一个海外市场就定位于美国。1999年珠江钢琴美国有限公司在美国成立,采取聘用当地人担任高管和负责营销的策略,用三年时间建立起了销售网络,打通美国市场;在拥有悠久钢琴制造历史的德国,珠江钢琴则通过购买当地的知名品牌"里特米勒"来迅速赢得消费者的认可;2005年4月,珠江钢琴凭借过硬的生产技术和广泛的销售网络吸引了全球顶级的钢琴制造商施坦威,两家企业结盟合作生产最新设计的艾赛克钢琴;2008年,珠江钢琴推出高端自有品牌恺撒堡系列专业钢琴,获得海内外消费者的认同,具有了稳定的品牌定位。通过在海外建立销售网络—品牌购买—合资生产—实现产品升级换代,推出高端自有品牌,珠江钢琴在短短十多年间成为了中国乐器行业走出去的先锋。

5. 投资布局更加广泛

广州企业境外经营布局不断拓展,2011年境外投资项目达到103个,全年境外投资项目共涉及35个国家和地区,派出劳务人员达到8795人(次),同比增长31.56%,年末在外人数11790人,同比增长31.44%。传统的港澳市场仍居首位,同时,东盟、非洲、南美洲、台湾地区、朝鲜等新兴市场的开拓已见成效,项目分布情况见图1。

(二)与国内部分城市的比较

本文选取上海、深圳、宁波三个国内同类城市与广州企业境外投资状况进行对比分析。上海是国内企业进行境外投资的领先城市;深圳与广州同属于广东省,有较为相似的发展环境;宁波是近年来境外投资迅速崛起的城市代表,与这三个城市相比,广州的"走出去"步伐均显逊色。

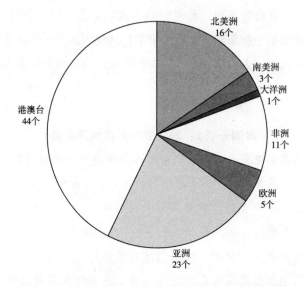

图1 2011年广州企业跨国投资经营项目地区分布

资料来源：广州市统计局《广州统计年鉴》。

1. 规模比较：广州境外投资总体发展滞后

从整体投资规模上看，至2010年底累计批准境外企业和机构宁波1243家、深圳847家、广州503家、上海226家，广州位居第三；从投资分布的国家和地区看，深圳企业分布在112个国家和地区，宁波企业分布在92个国家和地区，广州企业分布在58个国家和地区，上海企业分布在49个国家和地区，广州位居第三。上海虽在上述数据中有所逊色，但是仅2010年其企业集团境外投资总额达39.52亿美元，完成营业收入60.32亿美元，是广州企业营业额的近13倍（见表1）。4个城市中，仅宁波的中方投资额低于广州，为15.85亿美元。广州企业无论在投资规模上还是营业水平上，都落后于其他三个城市，境外投资总体发展差距比较明显。

表1 2010年广州与部分城市境外投资数据比较

类　别　　城　　市	广州	上海	深圳	宁波
累计批准境外企业和机构(家)	503	226	847	1243
投资分布国家和地区(个)	58	49	112	92
累计投资总额(亿美元)	24.8	39.52	42.22	19.3

资料来源：各地对外经贸主管部门网站发布数据。

2. 资本比较：广州企业资本投入方式较为单一

广州的对外投资中，绝大部分属于"绿地投资"。2002～2010年，境外独资企业的中方投资额增长了5倍，到2010年合资经营的投入不及独资投资额的14%（见图2）。

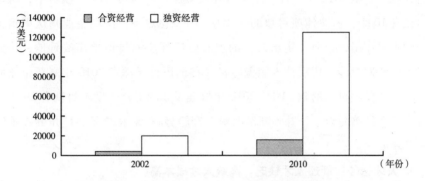

图2　2002年、2010年广州境外企业中方投资额变化情况

资料来源：广州市统计局《广州统计年鉴》（2003年、2011年）；图中数据按登记注册类型分。

相比之下，上海2010年对外投资项目中，并购项目达22个，占全市对外投资总额的45%。深圳的境外投资方式也在逐渐走向高端化，从以设立海外营销网络为主转变为跨国并购、参股、股权置换、资本运作等灵活多样的方式。宁波企业作为后起之秀，也抓住市场机遇，利用境外资本，在2011年前三季度总投资额在500万美元以上的19个项目中，境外并购项目就达5个。广州企业跨境并购、境外上市等进展缓慢，对外投资呈现一边倒局面，没有充分整合发挥国际资本市场和东道国现有资产优势。

在各种投资方式中，跨境并购能够直接利用东道国现有的生产能力和生产技术，获得现有的市场份额，无须投入建设新的生产力，是参与国际经济合作较为便捷的方式，但是由于并购所涉及的企业重组、文化差异，以及各国对跨境并购的限制等因素影响，跨境并购的技术难度较大，风险较大，短期内实现盈利难度大，只有实力雄厚企业较易实现。广州企业选择跨境并购较为审慎，侧面反映出企业实力尚未达到参与跨境并购的水平，迫切需要国际化经营战略培育。

3. 技术比较：企业科技投入偏低，技术创新能力不强

虽然广州企业集团投入的研究开发费用在逐年增长，但所占相对比重偏低，与世界大企业集团相比，处于较低的水平，严重影响企业的竞争能力。同时，广州企业集团对外投资过程中对外国先进技术研发能力也未能引进和充分发掘。如有研究表明，至 2010 年 5 月，广州对外投资企业投资的 445 个项目中，研发类项目仅有 10 个，占总体项目数的 2.25%。① 相比之下，深圳企业则认识到科技投入的重要作用，企业"走出去"的重心已经逐步向价值链高端延伸，部分企业产品的研发设计、售后技术服务等都转移向国外。深圳 2010 年高新企业境外投资项目达总项目数的 36.3%，2010 年核准设立的境外研发项目就有 29 个，总投资额在 2 亿美元以上，并不断呈大幅上升趋势。② 对比之下，广州的技术研发投入差距明显。

4. 人才比较：管理人才缺乏，高级人才成本高

跨国企业管理人才缺乏是我国企业对外投资过程中遇到的普遍问题，广州企业也不例外。广州企业集团涉足国际化经营的较少，对本土国际化人才储备也相对不足，在开展并购业务和公司重组等工作过程中无法适应东道国的社会文化氛围，导致管理效率低下。由于国内外薪金的差别，对高级国际管理人才的即时招聘往往耗费大量成本，也影响到国际业务的进程。上海境外投资企业已经开始融入当地文化，接轨当地管理方式，积极实施本土化战略，如 2010 年上海 226 家境外企业中共有中方派出员工 601 人，户均 2.66 人，比上年减少 5.12 人，其本土化战略绩效明显。③

5. 政策比较：广州管理衔接低效、服务导向不明确

政府部门对企业境外投资行为进行多头管理，管理衔接效率低下。例如，目前企业境外投资的核准流程为：向外汇管理局申请，取得预审资格—获得发改委对项目的核准—获得商务部门的核准，取得"境外投资证书"—回外汇管理局登记，将外汇汇出境外。不但程序烦琐，还涉及三个部门间的管理衔接（国有企业还涉及国资委的核准），耗时长，效率低，影响投资的最佳

---

① 数据来源于 http://cti.ctax.org.cn/gdkx/201103/t20110314_ 629763.shtml。

② 数据来源于 http://www.szistb.org/index.asp? bianhao = 622。

③ 数据来源于 http://www.chinanews.com/cj/2011/09 - 06/3309916.shtml。

时机。

政府一方面大力推荐和联系境外投资，组织企业到世界各国或是邀请各国到广州召开投资推介会，为企业的境外投资牵线搭桥，例如广州市外经贸局的"走出去"沙龙，已经形成常态，对拓展企业的视野起到了很大作用；另一方面，对企业有关境外投资国投资环境和风险辅导的服务却相对滞后，也缺乏境外投资的法律服务，使企业产生投资意向后却不能高效付诸行动，在东道国的发展也产生孤军作战的感觉。宁波市外经贸局在这方面就积极联合有关单位于2009年组建宁波市外经贸企业网上融资平台、宁波市外经贸企业网上法律服务平台等服务平台，及时向全市外经贸企业发布信息、风险提示、政策动态，对企业境外投资活动形成了重要参考。上海市也争取到商务部的授权，中方投资额在1000万美元以上、1亿美元以下的境外投资，能源、矿产类境外投资，需在国内招商的境外投资从2011年5月起由上海市商务委核准并对予以核准的企业颁发《企业境外投资证书》，企业只需递交一张申请表即可在3个工作日内获得证书，申请材料、核准流程大大精简。

6. 小结

综合来看，与国内同类城市相比，广州企业境外投资的发展面临着很多不足，在世界范围内具有一定知名度和影响力的企业数量较少，且企业在境外设立项目仍以贸易公司为多数，项目平均规模较小，主要集中在房地产、商业服务业、批发零售业等领域，利用境外资源和人才、信息、技术等要素的能力不强，政策环境有待松绑。

四　广州培育大型跨国集团公司的机遇与挑战

（一）广州培育跨国集团公司的机遇

1. 国际经济波动危中有机

全球经济正处于金融危机带来的衰退期，欧美债务危机影响前景不明朗，为中国企业跨国经营乃至出海并购提供了机遇。一是国外许多企业在危机打击下出现了严重的资金困难，产生了巨大的被购并需求；二是这些企业因危机出现了经营困难、资产缩水，对购并方的要价大幅降低；三是部分国家的政府从缓解自身财政压力考虑，也放宽了对国外并购的法律和政策限制。广州本土企业可以利用国内资金雄厚、外汇储备充足、财政稳健优势，开展海外并购和资源整合，尤其是针对新兴市场区域、东南亚、非洲和拉丁美洲等发展中国家和地区。利用海外企业正在寻求重组和转型机会，寻求新技术的引入或占据产业链的高端环节。

2. 国际合作深入开展，加速本土企业国际化

广州拥有千年商都美名，是我国最早对外开放的城市之一。其特殊的地理区位和文化，便利了对外合作和交流的不断深入开展。改革开放以来，广州在国际合作领域不断取得新成果，与港澳合作不断深入，与欧美日等发达经济体合作不断加强，与东盟、俄罗斯、拉美等新兴市场合作不断取得新进展。

3. 推进中心城市建设，优化企业运营环境

"十二五"时期及之后更长阶段内，广州将重点落实国家中心城市建设工程，集聚世界范围的人才、资金和科技资源。国家中心城市建设和企业的发展壮大相辅相成。在中心城市建设中，经济结构将深度调整优化，社会建设将不断和谐开展，城市功能将更加综合提升。市场机制的建设逐步完善，为企业的市场竞争、聚合优势资源提供了公平、高效、开放的运营环境，提供了充分的市场机遇。广州本土企业作为经济微观主体，作为市场竞争中最积极的参与者，必将在新一轮国际竞争中增强抵御风险的能力。尤其是在商业服务业、大型装备制造业、战略性新兴产业方面，广州本土企业大有可为。

4. 产业转型升级，增强企业整体实力

产业转型升级是今后阶段广州乃至全国大部分地区经济发展的主旋律。传统的劳动密集型、高污染、高消耗、低产出的企业将被快速淘汰。城市经济增长将摆脱低附加值、低技术含量、粗放型的生产方式。这势必催促企业调整自身战略，改善经营模式，提升创新能力，增强适应市场竞争的整体实力。企业需要积极寻求升级的路径，实现集聚经济、规模经济，引进先进技术并消化吸收。广州在未来将优先发展现代服务业（金融、总部经济、物流），大力发展装备制造业（船舶、汽车等）以及战略性新兴产业，这给处于上述行业的企业提供了优越的政策优势。它们在产业升级过程中，可以汲取资源，形成合力，打好国际化和跨国经营的基础。

（二）广州培育跨国集团公司的挑战

1. 东道国保护主义强烈

近年来，尤其是金融危机爆发以来，国际贸易保护主义强力反弹。一些东道国行政、法律和公共关系障碍凸显，国外市场化准入程度门槛高，我国企业近年来海外并购与销售屡遭挫折。东道国出于保护本国利益，施行保护主义政策，如在市场准入、签证、注册登记手续、资质认证等过程中设置多种烦琐流程，澳大利亚等国扩大使用在其外国投资审查制度中"不损害本国利益"的核心标准，大大降低了我国企业走出去的效率。

案例分析2：2010 年我国企业遭遇的技术性贸易壁垒情况

2010 年，我国逾30%的企业受到国外技术性贸易措施影响，全年出口贸易直接损失 582.41 亿美元，占同期出口额的 3.69%；企业新增成本 243.91 亿美元。对中国企业出口影响较大的国家和地区排在前四位的是欧盟、美国、日本和澳大利亚，分别占直接损失总额的 37.32%、27.02%、6.10% 和 5.73%。行业排在前五位的是机电仪器、化矿金属、玩具家具、纺织鞋帽和橡塑皮革，分别占直接损失总额的 29.67%、18.55%、18.45%、12.08%、7.97%。受影响较大的省份排在前五位的是广东省、江苏省、山东省、上海市和浙江省，分别占直接损失总额的 30.11%、19.73%、18.05%、9.64% 和 6.13%。技术性贸易措施被认为是继汇率之后企业在对外贸易经营中遇到的最主要障碍。

2. 管理政策有待配套

政府虽然出台了系列促进企业开展国际化经营和跨国发展的政策和措施。但是国内企业的跨国经营依然处于起步阶段，与之配套的细节措施和政策还不健全，在财政、信贷、税收、法律乃至人才培养体系的建立等众多层面都是企业在摸着石头过河，在和国际竞争对手尤其是西方发达国家的大型跨国公司的竞争中，遭遇强大压力。

3. 企业缺乏跨国投资经营经验

广州乃至我国企业的经营处于全球价值链低端，依靠价格和劳动力优势维持竞争。与国外跨国公司相比，国内境外运行公司，以制造加工为主，优势在低端成本和廉价劳动力,而高端服务、跨国采购销售还不具备竞争力,与区域市场相适应的技术和能力较弱。另外,企业在东道国的本土化经营策略需要改进。国内海外投资企业大多使用自己的员工,高的达到80%以上,真正融入当地社会、文化、经济机理难度大,容易产生贸易摩擦,增加了运营成本和风险。国内企业对外贸易,需要通过专门的外贸公司以间接出口的方式开展业务,导致了生产过程和市场经营的分割,只能出口产品而无法开展真正意义上的跨国运营,限制了企业认识和开发海外市场的能力。

五 广州培育大型跨国集团公司的战略路径选择

(一) 战略行业选择

从广州跨国经营方式的不足上看,广州企业的"走出去"存在着出口贸易多,三角贸易少;商品贸易多,许可贸易少;海外分公司(办事处)多,海外企业少;海外销售多,海外投资、生产少等不足,大大限制了广州企业的海外投资质量和企业国际化水平的提高。这些不足实际上与政府对外投资政策存在逻辑关系。广州企业海外投资的主要动机并不是效率寻求或者公司成长的结构性需求,而是深受政府政策的决定性影响;政府则因为需要保证关键资源供给,再投资高涨的外汇收入,避开国际贸易壁垒和获取先进技术和管理经验等因素而驱使企业走出去。从这个角度上看,目前广州企业走出去的突破重点和难点在于获取先进高端科学技术,赢得立足和发展的先机;而稳健的持续发展方式则要求广州企业要保证传统优势产业的国际市场和份额。

1. 高新技术行业

从大型跨国企业集团的发展经验看,大型跨国企业集团要紧紧抓住发展的先机,有赖于高科技产品和资本、知识、技术密集型产品。从国际情况看,一些高科技产业,比如信息产业、航空航天、电子技术、生物工程等,在现代的国际直接投资企业中逐步成为支柱产业。而广州要进一步加快转变经济发展方式、真正实现产业的转型升级则必须摆脱在重要关键技术领域受制于人的局面,占据产业竞争制高点。技术创新主要发生在先进制造业领域,因此大力培育广州先进制造业,鼓励电子、软件、生物、文化创意产业、战略性新兴产业等高新技术企业建立境外研发机构，实现跨境发展是建构现代产业体系的必由之路。

2. 传统制造行业

充分挖掘和进一步发挥传统比较优势是广州市传统制造业跨国经营的基本立足点。从客观上看，在传统制造业方面，广州还没有能够形成规模经济的大型跨国企业集团，大部分广州企业在境外只能从事小规模生产制造活动，进入发达国家跨国公司所忽略的小规模市场获取利润。同时，广州传统制造业具有其深厚基础，如果国际化生产和跨国经营有方，将成为广州产业转型升级的重要引擎。充分挖掘和进一步发挥传统比较优势，鼓励广州传统制造企业投资发展中国家市场，使用较为先进的技术和更充沛的资金，能更好地利用发展中国家廉价的劳动力和丰富的自然资源，绕开贸易壁垒，适应较落后的发展中国家市场容量小、需求多元化和消费水平较低的特点，从而开辟新兴市场将变得相对容易。

（二）经营区位选择

从投资类型上看，跨国投资有两种对外直接投资类型，一是"优惠政策及资源偏好型"，也就是投资地能够提供优惠产业政策、优惠生产要素和资源，这类投资主要集中在发展中国家和地区；二是"成长环境偏好型"，这类投资主要注重东道国和地区能够提供优越的竞争和成长环境，例如资本市场、研发资源等，这类跨国公司主要集中在发达国家和地区。从微观的驱动因素上看，广州各大中企业发展跨国经营、对外直接投资主要有五方面的动力因素，即先进技术跟踪寻求、新市场拓展寻求、短缺原材料和资源寻求、多元化经营和战略资本寻求。从一个企业的跨境发展动力上看，这几个因素往往可能同时起作用，因此，根据不同的企业发展策略和投资类型偏好，广州企业的跨境经营区位必须各有不同的选择重点。

1. 传统优势产业——发展中国家

根据小岛清的比较优势理论，经济发展水平类似或低于广州的发展中国家和地区对于广州企业来说有特定区位比较优势。因为这些发展中国家的地区虽然拥有大量廉价劳动力，但是由于处于产业梯度下游，缺乏技术和资金，因此产业的潜在比较优势无法发挥。例如，广州的家电、纺织成衣、玩具、箱包制造等传统优势产品项目，其发展依靠的是较强的价格优势和一定的技术优势，但在国内已发展到成熟阶段，产能过剩，市场饱和，亟须向有市场空间的国家和地区开展投资，扩大海外市场以消化过剩产能。通过对生产力水平较低的亚洲周边国家、非洲和经济水平类似的拉美地区开展生产性投资，延伸生产链，实现就地生产和第三国销售，不但可以体现广州企业的竞争优势，成功实现广州企业的跨国经营，而且可以通过技术改造、优化整合资源、淘汰落后生产能力，提高产能利用率来实现广州市产业转移，促进产业结构调整和升级。

2. 科技创新产业——欧美等发达国家

根据联合国贸发会议公布的《2011 世界投资报告》，在 2010 年 1.24 万亿美元的全球外资直接流量中，尽管发展中经济体吸收的直接外资大幅增长，首次接近全球总流入量的一半，但流向发达经济体的资金依然高达 6020 亿美元，长期以来，发达国家作为国际投资的首选目的地并没有改变。国际直接投资重点之所以偏向发达国家，其中最重要的原因是，由于科学技术的加速发展，技术和知识密集型产业在世界经济中的地位大幅提升，外国直接投资者对东道国的科技研发水平、劳动者素质等因素更加重视，发达国家在这些方面具有明显优势。从先进科学技术追踪和寻求的角度上看，广州科技型和知识密集型企业必须向欧美日等国家设立研发中心、创设分公司的国际化方面发展。对发达国家进行直接投资，属于上行投资。这些国家国内市场竞争非常激烈，资金和技术的门槛较高，要素成本偏高，而且对外国投资很少给予特别的优惠政策，因此在民营企业居多的中国企业对发达国家的直接投资必须是有针对性的、以先进科技追踪寻求为主要目的。广州应该通过支持高新技术产业企业向发达国家投资，在世界高科技发展的区域设置研发机构，跟踪当今高科技发展的前沿，获取利用先进技术与管理等知识资本，来助推本土企业技术升级，实现广州的产业升级转型。

3. 文化创意和服务业——华侨众多的国家

广州文化创意产业和服务业具有广泛的海外关系优势。广州华侨遍布世界各地，生活在当地，熟悉当地的政治、经济、法律和文化环境，例如在新加坡、印度尼西亚、马来西亚、菲律宾、泰国等东南亚国家，在旧金山、温哥华、多伦多等北美城市，不少广州华侨是当地商界和政界精英。相似的文化背景使得广州华侨对家乡创造的物质财富和精神财富接受程度高，对来自家乡的投资者有一种亲切感。因此，广州文化创意产业和服务业，特别是具有中国传统文化特色的文化产品和服务，可以先立足广州华侨多的国家和地区，克服异质文化的冲突，逐步实现企业的跨文化管理，然后再致力于向外拓展。

六 政策与措施

广州市"十二五"规划提出,要"以增强国际竞争力为核心,全面提升对外开放合作水平,积极参与全球经济分工合作,加速融入世界经济体系"。要求加快"走出去"步伐,引导优势企业提升利用"两个市场、两种资源"的能力。

对于广州而言,深化与众多国家经贸关系,培育企业走出去,利用和深化多个合作平台,对提高中心城市的国际地位具有重要意义。培育企业跨国经营并非短期策略,涉及金融、财税、贸易、政治、社会服务等众多层面。必须建立和完善企业跨国经营的多方政策支持和服务保障体系,综合统筹运用好内外两种资源、两个市场,积极引导有条件的穗企跨国经营。政府可从政策体系、服务体系以及保障体系三大方面形成宏观促进机制,帮助企业跨国经营。

(一)政策体系

1. 建立和完善支持企业跨国经营的法律法规体系

与发达国家和地区相比,作为后发型企业国际经营区域,我方明显滞后,如日本制定了《海外投资促进法》、《外汇和外贸管理法》、《出口信用保险法》等;韩国制定了《扩大海外投资方案》和《外汇管理规程》等。加快从国家层面建立我国企业在境外(非金融类)投资、境外经营、海外企业资产管理方面的国际化经营的法律法规体系。广州可以发挥其"先行先试"的政策优势,协调相关部门,深入企业运作流程,制定相应的配套规章制度,使企业的跨国经营活动有法可依,有章可循。

2. 完善财税、金融、保险、外汇等政策措施

鼓励银企协作,扩大融资渠道,加大外汇支持力度。扩大贷款贴息和保函专项资金的适用范围,放宽使用条件。按照国际通行做法,建立健全涉外投资信贷和保险政策体系,加大支持力度,为防范企业国际化遇到的国家风险提供较充分的保障。广州可探索对关系广州未来发展的战略性项目,重要的区域性合作项目可以放宽,给予特殊的财税政策支持。

3. 多边保障机制和平台建设

广州可积极与有关国家和地区加速商签各类多边或双边政府协定，进一步完善和细化签订的框架内容，为企业国际化经营营造良好的国外环境。尤其是充分利用好两个平台的作用：一是 CEPA 合作平台，利用香港作为国际金融贸易和营运中心的优势、高水平国际化的服务业优势以及良好的营商环境，加之穗港文化语言人脉相通等地缘优势，助推穗企走出去；二是中国—东盟自由贸易区，发挥穗企在区位、产业、资金、要素资源等方面的优势，广泛和深入开展与东盟国家和地区的多领域合作，发掘东盟市场；另外，积极建议和东盟国家实行商务人员互免签证协议，节约时间和经济成本。

（二）服务体系

1. 改革投资管理体制，加大便利化支持

一是向省、国家争取更大的对外投资审批权限，施行权力下放，强化已有对外贸易机构的职能，精简审批内容，减少审批程序，规范行政审批。对鼓励类境外投资实行登记备案制，逐步实现对外投资管理由事前审批为主向加强事后监管转变。二是放宽穗企对境外投资用汇的限制。可设定年度境外投资额度，在额度内，对符合境外投资鼓励条件的企业和项目，放宽外汇审批，简化审批手续，允许企业开立用于境外投资的资本项目外汇账户。

2. 完善电子政务平台，提升信息化支持

一是及时准确提供跨国经营信息服务。可以形成以政府服务为主，中介机构和企业多方参与的信息网络，借鉴国家商务部、联合国贸发联席会议的平台发布体系，及时整理发布适合穗企的国别投资环境报告，及时提供国别调研、政策、产业、市场信息，建立分区域投资国别信息库。二是建立跨国经营企业业务管理信息系统，全面实行网上申报和批准证书网上发放制度，搭建走出去企业业务管理子系统，并实现跟踪制度，防范经营风险，并接受企业和社会公众的监督。

3. 培育国际标准的中介机构，完善中介服务

一是建立自己的国际权威资信评级机构，多方多次全面地对中介结构人才进行业务培训与考核，专门设立国际高端中介机构人才引进基金，培育和发展有关行业协会、投资促进机构、法律、会计等中介服务，为企业国际化提供人才培训、项目可行性研究、风险评估及防范等专门服务。二是加快培育一批走出去的龙头企业。三是待大型企业成功走出去后，为后来的中小企业建立信息、咨询、政策等服务促进体系。可以考虑采取积极申办境外经贸合作区的形式，推动相关配套企业整体走出去。

（三）保障体系

1. 加强监管与协调

一是加强监管。参照国家"商务部宏观管理、各部门协调配合、地方政府属地管理、行业组织和境外中资企业商会协调自律、驻外使领馆一线监管、政府间共同管理"的协同管理框架。由广州对外经贸部门会同有关部门完善对外投资的管理制度和统计制度，在"十二五"期间，完成对外投资电子政务平台建设，建立对外经济合作预警和快速处理机制，切实保护我境外经济利益与人员安全。建立制造业、服务业"走出去"信息联系机制、境外中资企业和人员安全协调小组、境外投资管理工作联系机制、境外劳务纠纷或突发事件应急处理机制，及时协调解决"走出去"突发和重大事项，以加强监管。

二是加强协调。将对外投资合作纳入双边关系的重要位置予以积极推动。充分发挥双边政治关系友好优势，推动与有关国家在大项目上的合作。发挥我方产业和企业优势，配合对象国的经济发展战略确定合作领域和重点方向，做到优势互补和互利共赢。

2. 组建境外投资基金会

目前我国的出口信用保险公司已经开始对境外投资进行风险承保业务，但由于没有专项资金支持，该项业务所起到的作用仍十分有限。可以借鉴发达国家的经验（如英国设有英联邦开发公司、美国设有美国海外私人投资公司、日本设有日本海外经济合作基金作为特别金融机构对本国企业国际化经营给予资金支持），设立穗企"走出去"专项发展基金和海外投资风险基金，对资金密集型的"走出去"项目，如大型资源开发项目、大型并购项目和大型承包工程项目给予优惠贷款或贴息的资助，降低企业国际化经营的风险。

3. 培育国际化经营的主体和人才

一是加快培育一批有实力的企业主体。坚持"扶大、扶优、扶强"，建立重点企业联系机制，引导和支持企业强强联合，向跨国公司方向发展。适时以大型跨国经营企业为主体，联合其他中资企业境外公司，筹建"跨国经营企业协会"。二是加强人才培养，完善培训制度，鼓励华工、中大等著名高校定向办学，培养国际化急需的各类人才，在全球范围内招揽贤才，改进"万名海外人才集聚工程"，吸引海外高层次人才，尤其是我国在当地的留学人员，就地为企业的境外投资服务。三是强化外派劳务出国培训工作，加强培训基础建设。

参考文献

梁建国：《中国企业国际化发展问题研究》，中国财政经济出版社，2006。

〔法〕拉尔松、赵纯均主编《中国跨国企业研究》，机械工业出版社，2009。

博阳、魏昕主编《中国企业跨国发展研究报告》，中国社会科学出版社，2006。

宋亚非：《跨国直接投资与中国企业国际化战略》，中国财政经济出版社，2009。

肖久灵：《我国海外企业知识转移与绩效分析》，经济科学出版社，2007。

国家统计局上海调查总队：《2010 年本市企业集团境外投资稳步发展》，上海统计，2011 年 8 月 24 日。

何志毅、何银斌等《中国企业跨国并购 10 大案例》，上海交通大学出版社，2010。

谢皓：《跨国并购与中国企业的战略选择》，人民出版社，2009。

鲁桐：《WTO 与中国企业国际化》，经济管理出版社，2007。

郑风田等《"走出去"面临的挑战》，华中科技大学出版社，2011。

查振祥：《深圳企业实施"走出去"战略研究》，人民出版社，2010。

杨清：《中国跨国公司成长研究》，人民出版社，2009。

赵伟：《中国企业"走出去"》，经济科学出版社，2004。

卢进勇、杜奇华、闫实强主编《国际投资与跨国公司案例库》，对外经济贸易大学出版社，2005。

刘城：《培育本土跨国公司：日本、韩国经验对广东的启示》，《广东社会科学》2011年第 1 期。

张琦：《后危机时代中国企业"走出去"方式创新探讨》，《商业时代》2011 年第 21 期。

郑明珠：《我国民营企业海外并购的现状分析及建议》，《会计师》2011 年第 2 期。

朱婷：《跨国公司理论最新发展研究》，《经济研究导刊》2007 年第 4 期。

王晓玲：《论发展文化创意产业——基于建设国家中心城市的视角对广州文化创意产业发展的研究》，《城市观察》2009 年第 3 期。

刘辉群：《中国跨国公司成长中的政府作用》，《商业时代》2008 年第 2 期。

Strategy of Nurturing Local Multinational Enterprises in Guangzhou

Hu Hongyuan   Ge Zhizhuan

Abstract: In order to build national center city and international trade center, Guangzhou has to speed up on enterprises' "going out", take full advantage of overseas markets and resources, nurture and form a range of local multinational enterprises with proprietary brand and intellectual property. This study analyzes the current status of Guangzhou enterprises' going international, elaborates the opportunities and challenges these enterprises face, explores into experience of domestic and oversea cities, and puts forward feasible strategies for Guangzhou to nurture local multinational enterprises.

Key Words: Guangzhou; Local Multinational Enterprise; "Going out" Strategy

对外合作篇

Reqional Cooperation

B.5

广州南沙新区建设国际
自由贸易园区研究

杨再高　陈来卿*

　　摘　要：南沙新区作为广州国家中心城市"南拓"发展的核心载体，在国家、省、市三个层面上的经济建设中承载着先行先试的历史重任。将南沙建成极具特色的国际自由贸易园区，搭建参与国际竞争的战略平台，对促进全球商品贸易和资本往来，建立全球商品信息网络，加快广州国际大都市的地位形成，全面提升广州国际竞争能力，具有深远的战略意义。

　　关键词：广州　南沙新区　国际自由贸易园区

---

* 杨再高，广州市社会科学院副院长，研究员；陈来卿，广州市社会科学院区域经济研究所副所长，副研究员。

一 南沙新区建设国际自由贸易园区的战略背景

（一）自由贸易园区内涵及发展态势

1. 概念及内涵

自由贸易园区（Free Trade Zone，FTZ）指在某一国家或地区境内设立的实行优惠税收和特殊监管政策的小块特定区域，类似于世界海关组织的前身——海关合作理事会所解释的"自由区"。按照该组织1973年订立的《京都公约》的解释："自由区（Free Zone）系指缔约方境内的一部分，进入这一部分的任何货物，就进口税费而言，通常视为在关境之外，并免于实施通常的海关监管措施。有的国家还使用其他一些称谓，例如自由港、自由仓等"。我国的经济特区、保税区、出口加工区、保税港、经济技术开发区等特殊经济功能区都具有"自由贸易园区"（FTZ）的某些特征，但目前我国尚无与"自由贸易园区"完全对应的区域。自由贸易园区的作用包括：利用其作为商品集散中心的地位，扩大出口贸易和转口贸易，提高设置国家和地区在国际贸易中的地位，增加外汇收入；有利于吸引外资，引进国外先进技术与管理经验；有利于扩大劳动就业机会；在港口、交通枢纽和边境地区设区，可起到繁荣港口、刺激所在国交通运输业发展和促进特定区域经济发展的目的。

自由贸易园区主要有以下基本特点：一是政府主管。自由贸易园区处于设区国境内，受所在国政府管辖，所采取的各种特殊政策是政府为了促进对外贸易、加速经济发展而制定的，是政府关于经济发展全局的政策的有机组成部分。二是隔离封闭。自由贸易园区是一国政府在其领土上用围栏等设施封闭起来与该国其他区域进行隔离的区域，其面积大多在十几平方公里以内。三是境内关外。自由贸易园区是货物进出无须通过国家海关监管的区域，处于海关监管即关境之外，对货物进出国境不征收关税，而进出关境则视同进口或出口，要征收相应的关税。四是政策优惠。自由贸易园区内的企业通常享有设区国规定的一些政策优惠，享有"海关治外法权"，区内货物不接受海关监管，货物在区内的流转、金融市场的运作以及进出口管制等方面高度开放，集中体现为贸易自由、人员进出自由、金融自由和投资自由。五是港区结合。国际上自由贸易园区大多地理位置优越，周边毗邻吞吐量较大的港口或陆路口岸，交通便利，通常为区港结合，例如荷兰的鹿特丹港、德国的汉堡港。

2. 发展新趋势

自由贸易园区发展至今已有450多年的历史，目前全世界范围内的自由贸易园区超过1200个，而且有不断增多的势头。20世纪90年代至今，随着国际贸易自由化、市场全球化、知识经济兴起所带来的产业升级以及现代贸易形态的变化，对自由贸易园区的发展带来了重要影响，自由贸易园区也在功能拓展、产业结构调整中，不断适应经济环境的变化，形成新的发展模式。从总体上看，自由贸易园区发展呈现以下新趋势。

（1）功能多样化和综合化发展。

从自由贸易园区诞生起的相当长的历史时期里，贸易功能一直以来都是自由贸易园区的主要功能。但是进入20世纪以后，随着现代贸易形态变化，自由贸易园区的功能出现了多样化和综合化发展趋势。出口加工区、科学工业园区等新的实践形式的出现就是自由贸易园区功能多样化发展的重要表现。特别是在20世纪70年代以后，出现了以转口贸易和进出口贸易为主的贸易型自由贸易园区与以出口加工制造业为主的自由贸易园区逐渐融合的趋势，以此为基础一些自由贸易园区的功能进一步拓展，形成了如金融、证券、物流、商品展示、货物仓储等层次分明的服务行业。

（2）经济作用日益强化。

随着自由贸易园区经营方式的多样化和功能的综合化，自由贸易园区由单纯促进贸易发展的区域，逐渐成为相对独立的经济增长体，极大增强了自由贸易园区本身的经济作用，对区周边乃至全国的经济发展的影响力也越来越大，甚至成为所在国家实施经济政策的有力工具。

（3）管理日益规范化。

各国不同的自由贸易园区在初创条件、功能规划等方面都存在着差异，在管理水平上也相差很大，但经过多年竞争和发展，在管理上逐渐走向规范化，各自由贸易园区的优惠政策和运行程序等也变得大体相似。从优惠政策方面看，各自由贸易园区一般都规定区内关税豁免、所得税和其他税收减免、放宽信贷政策、资本和利润等可以自由汇出等。在运行程序上，各国自由贸易园区的海关也都实行类似的操作程序。这些政策和程序逐渐获得了稳定性和权威性，许多还纳入了法律体系和以法律条文的形式稳定下来，自由贸易园区的管理更加规范化。

（4）竞争优势由政策优惠向加强服务能力转变。

随着自由贸易园区的发展，政策的相对稳定以及世界贸易组织等新的合作机制的推行，贸易壁垒逐渐降低，现在自由贸易园区优惠政策的竞争空间越来越小。在这种背景下，自由贸易园区需要加强自由贸易园区的综合服务能力来增强自身的竞争优势，通过完善区内自然环境和基础设施建设、规范管理活动、精简管理机构等加强服务能力的手段，提高办事效率以满足区内经济活动的需求。

（二）世界经济与贸易的挑战和国际商贸中心城市发展趋势

1. 世界经济与贸易下滑的风险加大

2008 年全球金融危机以来，国际贸易发展出现了一系列新的格局，表现出一些新的特点。随着各国大规模经济刺激政策实施，超低利率和宽松货币政策释放大量流动性，国际金融市场渐趋稳定，消费和投资开始缓慢恢复，经济结束自由落体式下滑并逐步走稳，但全球金融危机和经济衰退对世界贸易的影响仍会持续存在（见表1）。加上近期的欧洲主权债务危机的深入影响，世界经济与贸易下滑的风险明显加大。

表1 2007～2010 年世界经济与国际贸易增长态势

单位：%

区　域	2007 年	2008 年	2009 年	2010 年
世界经济	5.2	3.0	−1.1	3.1
发达国家	2.7	0.6	−3.4	1.3
美国	2.1	0.4	−2.7	1.5
欧元区	2.7	0.7	−4.2	0.3
日本	2.3	−0.7	−5.4	1.7
新兴市场和发展中国家	8.3	6.0	1.7	5.1
世界贸易	7.3	3.0	−11.9	2.5
进口:发达经济体	4.7	0.5	−13.7	1.2
新兴市场和发展中国家	13.8	9.4	−9.5	4.6
出口:发达经济体	6.3	1.9	−13.6	2.0
新兴市场和发展中国家	9.8	4.6	−7.2	3.6

资料来源：参见国际货币基金组织《世界经济展望》，2011 年 4 月 12 日。

从中国自身看，经过 30 多年的快速发展，我国对外贸易取得了突破性发展和举世瞩目的成就，中国国际贸易在世界的地位不断提高。根据海关总署统计，1980 年我国出口总额为 181.2 亿美元，世界排名第 26 位；2004 年外贸进出口总额首次突破 1 万亿美元大关，在世界排名中上升到第 3 位；2010 年，在世界排名中持续保持第 3 位的水平，这表明我国作为世界贸易大国的地位已经基本确立。但是，如前所述，国际经济与贸易的不确定不稳定因素仍然存在，国际贸易保护主义逐步抬头，许多国家把国际贸易不平衡问题归咎于中国，中国经济与国际贸易发展受到了严峻的挑战。在此背景下，谋划建设南沙新区国际自由贸易园区，对于广州应对国际金融危机和主权债务危机的进一步影响，创新我国国际贸易发展方式，促进我国国际贸易的转型升级，巩固我国国际贸易的地位，无疑具有重要的现实意义。

2. 国际贸易中心城市发展趋势与功能完善

国际贸易形态和格局发生了新的变化，对国际商贸中心建设和发展产生了很大影响。一方面，国际贸易形态逐渐向以高新技术产品服务功能、贸易功能和贸易网络转换为主导，劳动密集型产品和加工贸易方式的中间产品功能逐渐弱化，现代商贸中心建设必须以高新技术产品、现代服务贸易为基础。另一方面，随着信息功能的强化，现代国际商贸中心逐渐向以功能和网络为特征的现代贸易转变，对于城市发展而言，传统的地理位置、自然条件等因素对现代国际贸易的重要性逐渐降低，现代信息技术、高度自由化的贸易体制等成为关键。现代国际贸易中心城市的功能建设要体现出更加完备和多样化特点。现代国际商贸中心城市的功能特征主要体现在以下几方面。

（1）贸易要素配置功能。

现代国际贸易中心都具有完善的市场体系和灵活的市场机制，即交易市场品种齐全，交易机制高度市场化。如纽约就是全球最重要的贸易信息枢纽之一，通过纽约交易所等生产要素市场、商品期货市场，每天产生着难以计量的数据、信息，并通过贸易市场的实践活动，使得数据、信息升华为指导全球贸易的风向标，实现在全球范围内贸易要素的配置。

（2）贸易主体中枢功能。

现代国际贸易中心通常依托跨国公司的全球生产、营销网络成为全球贸易神经中枢。国际贸易中心正是跨国公司最为密集的地区。2007 年，世界 500 强全球总部地区分布中，东京有 47 家，伦敦有 22 家，纽约有 20 家，香港有 4 家。国际中心城市大都通过实施引进国际总部的开放型战略，发展外向型服务业，改善经营环境和法制环境，全面改造与提高投资环境与生活质量，吸引跨国公司投资与总部入驻。

（3）贸易辐射功能。

贸易的辐射功能主要表现在进出口和内贸规模较大，转口贸易在口岸贸易中占有较大比重，口岸贸易在该国贸易和世界贸易总值中占有重要地位，如新加坡 21 世纪以来的转口贸易额在总的出口贸易额中的比重逐年提高，已达 47% 以上；香港自 20 世纪 80 年代以来，就成为全球转口贸易中心，转口贸易已经占到香港整体贸易额的 96%。

（4）综合服务功能。

传统国际贸易中心城市的功能主要体现在货物的集散方面，而现代国际贸易中心城市除具有货物进出口功能外，与之相关的物流、仓储、会展、金融、保险、商业、法律等服务功能都高度发达。制度环境优越，信息基础设施良好，教育娱乐等生活环境优良。正因为如此，现代国际贸易中心城市同时也是国际金融中心、国际商业中心、国际航运中心、国际会展中心等，尤其是金融服务功能较为突出。如伦敦是主导全球金融最大的交易市场，占外汇交易额的 33% 以上，纽约占 16%，香港也占到 4% 的份额。

从国际商贸中心城市功能的共同特点看，国际商贸中心城市是具有贸易功能兼具各种综合服务功能的中心城市，而且是国际商贸城市。灵活的贸易体制机制也是不可或缺的。广州是"千年商都"，尤其需要完善作为国际商贸中心城市的贸易和相关的综合服务功能。充分依托海港、空港、信息港的集合，建立完善的虚拟网络，扩展和深化国际贸易的广度和深度。大力吸引跨国采购商、跨国渠道商、国际品牌制造商等经营主体，综合发展中间产品贸易、最终产品贸易和服务贸易。而要如此，离不开国际贸易体制机制的创新。因此，依托国际贸易园区建设，可以发挥其贸易自由、人员进出自由、金融自由和投资自由的优势，进而也可以为广州完善国际商贸中心城市的功能，建立起灵活的自由贸易体制机制发挥导向性、支撑性的作用。

（三）广州建设国家中心城市的战略抉择

1. 国家中心城市的战略选择

国务院颁布实施的《珠江三角洲地区改革发展规划纲要（2008~2020 年）》

（以下简称《规划纲要》）明确要求广州强化国家中心城市、综合性门户城市地位，建成面向世界、服务全国的国际大都市。国家"十二五"规划纲要明确将广州南沙新区开发建设提升到"深化粤港澳合作，建设中华民族共同家园"的国家战略高度。广州市委、市政府根据国家战略安排，加强国家中心城市功能建设，重点发展国际商贸中心功能。国际商贸功能的建设，必将带来大量的资金流、物流、信息流和人流，是引发资金融通、航运物流等大量衍生需求的源头。通过培育现代国际贸易产业，建设现代国际贸易中心为切入点，将会有效促进国际金融中心、航运中心和国际经济中心的形成和发展。这将有助于广州抓住服务业国际转移的机遇，在提升广州现代服务业水平的同时，进一步发挥中心城市的功能，引领和带动珠江三角洲乃至全国服务业的发展，推动金融、物流、会展、商业等相关服务业快速提升，提高服务业专业化水平。国际商贸中心建设将大大推动广州贸易便利化、市场化水平迈上新的台阶，促进国内商业中心与消费中心发展，加快珠三角、泛珠三角内外贸一体化格局的形成，推动珠江流域内需、外需共同拉动经济增长。

2. 建设国际贸易中心的战略部署

广州市第十二个五年规划纲要中明确提出"以现代服务业为主导的现代产业体系基本建立，现代市场体系更趋完善，'广州价格'影响力进一步提升，营商和贸易环境与国际全面接轨，商贸会展、现代物流、金融服务、高端商务等功能进一步增强，初步建成具有较强全球辐射力的国际商贸中心"。借鉴国际自由贸易园区的通行规则，探索建立新型保税区管理模式，优化口岸通关环境，建设按国际惯例办事、与国际市场融合、开放高效、功能完善的国际航运综合服务功能区。广州建设国际商贸中心的总体框架主要包括六个层面，即大宗商品交易与定价中心、商贸会展中心、贸易营运与控制中心、现代国际化采购交易中心、国际购物天堂与国际服务贸易中心。其中，大宗商品交易与定价中心、贸易营运与控制中心、现代国际化采购交易中心、国际购物天堂是国际贸易中心的基本功能，也是国际商贸中心的重要组成部分。

3. 强化综合性门户城市的战略抉择

广州市第十二个五年规划纲要中提出"坚持现代化和国际化发展方向，集中力量加快建设和完善一批枢纽型、功能性、网络化的重大战略性基础设施，着力增强城市国际服务功能，提升城市国际形象和影响力，建成我国南方对外开放合作的核心门户，为全面建成现代化国际大都市奠定坚实基础"。广州要打造国际门户和综合交通枢纽，发展成为亚太地区政治、经济、文化交流活动中心和交通信息服务枢纽，进一步强化在珠三角一小时城市圈的中心地位，强化在统筹珠江东西两翼产业发展和优质生活圈建设的携领作用，强化在泛珠三角地区的集聚辐射和综合服务能力，成为中国参与全球发展的世界级都会区的中心城市，离不开南沙新区真正实现开放型贸易体系，通过建立自由贸易园区主动参与国际分工，实现国内外贸易无缝接轨，提升对外开放格局，推进广州发展全面融入世界经济大环境。

二　国内外自由贸易园区发展比较及经验启示

（一）国外自由贸易园区发展比较

世界上不同国家和地区的自由贸易园区，根据各自的区位条件、基础设施和进出口贸易发展水平，建设不同的自由贸易园区，其中最为典型的有美国对外贸易区、巴拿马科隆自由贸易区、智利伊基克自由贸易区等。下面从功能定位、海关监管制度等方面对其进行比较。

1. 功能定位比较

国际上自由贸易园区数量众多，各自由贸易园区的国情不同，其功能选择也各有侧重（见表2），但基本上以转口贸易、进出口贸易、加工贸易为主体功能，以保税仓储、展示批发、商业服务性为辅助功能，是一种以贸易为主的特殊经济区域，其目的是吸引投资，发展国际贸易，并允许和鼓励外资设立加工企业、金融机构及其他各项服务，促进区内经济全面发展，扩大出口、增加就业和外汇收入。

2. 海关监管制度比较

国际上自由贸易园区的有效运转依靠一套适当的监管制度予以保障，其中海关监管制度是重点。自由贸易园区和其他区域的重大区别之一就是避免由于关税和复杂的海关手续所造成的贸易障碍，其核心思想可以概括为"一线放开，二线管住，区内不干预"。其中，"一线放开"是指境外的货物可以自由地、不受海关监管地自由进入自由贸易园区，自由贸易园区内的货物也可以自由地、不受

表2 主要的自由贸易园区类型

项目　类型	主要功能	区域特点	典型区域
自由港型	装卸、储存、包装、买卖、加工制造	对在规定的自由港范围内进口的外国商品无论是供当地消费或是转口输出，原则上不征关税	香港、新加坡、地中海沿岸的直布罗陀、红海出口处的吉布提
转口集散型	港口装卸、货物储运、货物商业性加工和货物转运	利用自然地理条件，进行集散转运	汉堡自由港和不来梅自由区、瑞士布克斯货物集散地、巴塞罗那自由区
贸工型	既有国际贸易，又有简单加工和制造	集加工贸易与转口贸易于一身	菲律宾马里韦莱斯自由贸易区、土耳其伊斯坦布尔自由贸易区
出口加工型	以出口加工为主，辅之以国际贸易，储运服务功能	加工为主，贸易为辅	菲律宾15个、马来西亚10个、韩国2个、台湾地区3个、印度2个、印度尼西亚2个出口加工区
保税仓库型	保税仓储，允许进行再包装、分级、挑选、抽样、混合、处理	主要起保税作用，允许外国货不办理进口手续就可以连续长时间处于保税状态	意大利的巴里免税仓库，雷格亨免税仓库，罗马免税仓库，西班牙的阿利坎特免税仓库
商业零售型	从事商品展示和零售业务	专门辟有商业区，从事商品零售	智利伊基克自由贸易区
自由边境区	加工工业	边境交接处开辟的工业自由区	墨西哥马魁拉多拉边境工业区

海关监管地自由运出境外；"二线管住"是指货物从自由贸易园区进入国内非自由贸易园区、或货物从国内非自由贸易园区进入自由贸易园区时，海关必须依据本国海关法的规定，征收相应的税收；"区内不干预"是指区内的货物可以进行任何形式的储存、展览、组装、制造和加工，自由流动和买卖，这些活动无须经过海关批准，只需备案。

3. 税收制度比较

税收优惠是各国和地区自由贸易园区优惠政策的主要内容之一，通常涵盖关税豁免和其他税减免两方面内容。关税方面，自由贸易园区只有货物从自由贸易园区运入国家关税领土时，才予以缴纳；货物进口到自由贸易园区，然后从自由贸易园区出口，不需要再缴纳关税。关于区内企业税收优惠方面，不同国家的税收政策不尽相同。在美国，对从美国境外进口的并以储存、销售、重新包装、分类定级、展览、制造或加工的目的而在对外贸易区保存的商品，或者在美国国内生产并以出口目的而保存于区内的商品，均免征州和地方的从价税。在土耳其，自由贸易园区内从事经营活动的自然人或法人，无论是无限责任纳税义务人或有限责任纳税义务人，只要营业收入和费用支出符合土耳其的《外汇管理条例》规定，其收入和支出可以免除所得税和公司税。在智利伊基克自由贸易园区，除免关税外，公司在经营期内免公司所得税、增值税；货物（包括生活资料）流通免除地方税。新加坡税收政策是对国内外投资资本不区别对待，对国内相关第二产业、第三产业和出口贸易公司减免税收，为了鼓励航海业发展，对在新加坡当地注册的船舶免除所得税。

（二）国内自由贸易园区与国际自由贸易园区发展比较

国内自由贸易最初的设立和发展主要是参照国际自由贸易园区的做法。1990年，从中国第一个保税区成立至今，逐渐发展形成临港保税区、保税物流园、保税港、出口加工区等不同形式的自由贸易园区，在连接国际国内两个市场和两种资源、招商引资、扩大出口、引进技术、增加就业和辐射带动区域经济发展等方面发挥了重要作用。这些不同类型的自由贸易园区在区域功能、海关监管等方面存在一定差异（见表3）。

表3　国内各类自由贸易园区的比较

类型＼比较	临港保税区	保税物流园	保税港	出口加工区
定义	指海关实施特殊监管的特定区域，除国家禁止进出口的货物外，海关对进入临港保税区的货物实施免税或保税政策，货物在临港保税区与境外之间可以自由进出，在临港保税区内自由流转，货物所有人或其代理人应向海关申报并递交有关商业单证。货物由临港保税区运入非临港保税区视同进口，由非临港保税区运入临港保税区视同出口	指临港保税区与临近港口合作，在港口划出特定区域，实行临港保税区的政策，以发展物流业为主，按"境内关外"定位，实行封闭管理的海关监管特殊区域。港口与保税物流园之间相关手续简便，实行"无缝对接"，多种运输方式有效组合，货物快速地流入流出	根据《中华人民共和国海关保税港区管理暂行办法》之规定，保税港区是指经国务院批准，设立在国家对外开放的口岸港口和与之相连的特定区域内，具有口岸、物流、加工等功能的海关特殊监管区域	指一个国家（地区）划出一定的区域，提供相应的基础设施，以优惠政策吸引外国投资，发展在国际市场上有竞争力的出口加工业

续表

类型\比较	临港保税区	保税物流园	保税港	出口加工区
设区主体	地方申请,中央审批	地方申请,中央审批	地方申请,中央审批	地方申请,中央审批
设区目的	改善投资环境、利用海关保税的条件,最大限度地利用外资、技术发展外向型经济,使临港保税区成为开放型经济的新的增长点,带动区域经济的发展	改变临港保税区和港日"区港分离"的状况,有效地发挥临港保税区的政策优势和港口的区位优势,提升港口能力,大力发展仓储和物流	要将保税港建成有较强国际竞争力的国际枢纽港,以促进本地区进出口贸易和国际物流业的发展	以开拓远洋市场为目标,利用外资和外国技术搞产品加工出口,以促进本地区工业和经济的发展
出口退税	进入临港保税区的国内货物,必须等货物实际离境后,才能办理出口退税手续。	国内原材料、物料等入区视同出口,税务部门给予办理出口(免)税手续	国内货物入港区视同出口,实行退税	国内原材料等入区视同出口,税务部门给予办理出口(免)税手续
海关监管	港口与临港保税区分属两个海关监管,以转关方式进行监管衔接。"一线、二线"同时管理("一线"指临港保税区与国外市场的卡口;"二线"指临港保税区与国内市场的卡口)	港口与保税物流园分属两个海关监管,但无须"转关"形式的二次报关,仅需备案即可实现货物的自由流转	一个海关同时具备口岸海关和区域主管海关职能,统一负责保税港区监管	港口与出口加工区分属两个海关监管,以转关方式进行监管衔接
区域功能	出口加工、保税仓储、转口贸易为核心,辅以商品展示,简单商品性加工	国际中转、国际配送、国际采购、转口贸易	仓储物流,对外贸易,国际采购、分销和配送,国际中转,商品展示,加工、制造	出口加工
立法与管理	"先设区,后立法",管理与协调由国家海关总署负责,各临港保税区设立管委会作为当地政府的派出机构,负责临港保税区的日常事务	"先设区,后立法",区港一体—保税物流园设立后,相关法规才逐渐完善	先设区,后立法	先设区,后立法

1. 相同性

国内自由贸易园区形式多样,与国际自由贸易园区发展具有一定的共性。首先，在选址方面，均选择在交通条件优越的对外运输港口的港区或港区附近。先划出一定的区域，按国际通行的标准设置隔离设施，隔离设施内（区内）、外（区外）实行不同的经济政策。其次，制定实施优惠政策。税收减免，主要是关税豁免。如区内生产性自用物品进口关税豁免、较区外更优惠的税收政策等，带有一定程度离岸经济的特征。再次，实行自由贸易。国内自由贸易园区与境外之间进出口的货物，不实行出口被动配额管理，不实行进出口配额、许可证管理，区内货物可以在区内企业之间转让、转移，这些做法与国外自由贸易园区是相似的。最后，货物监管。国内自由贸易园区与国内其他区域的货物往来都按国家进出口政策进行办理。

2. 差异性

与国际自由贸易园区相比，当前我国的自由贸易园区建设仍存在一定的差异。

（1）在设区建设目的上，国际自由贸易园区设立目的在发达国家与发展中国家虽有所不同，但其基本目的是在不影响对国内市场保护的前提下，最大限度地获取全球自由贸易给国家经济带来的好处。国内自由贸易园区是为了改善我国的投资、建设的软环境，特别是利用海关保税的独特条件，最大限度地利用国外的资金、技术发展外向型经济，使自由贸易园区真正成为开放型经济的新增长点，带动区域经济的发展。

（2）在海关监管方式上，国际自由贸易园区是"境内关外"的特殊区域，区内普遍实行一线放开、二线管住的货物监管模式，区内有较大的贸易自由度。自由贸易园区"境内关外"的性质，决定了海关对自由贸易园区的管理具有不同于海关管辖区内的管理特点。即对区内货物的储存、流动、买卖等活动基本不加干预，仅货物出区进入国内非自由贸易园区时才加以管理和监督。国内自由贸易园区是海关监管的特定区域，不是"境内关外"，而是"境内关内"，对自由贸易园区实行封闭管理，境外货物在进出自由贸易园区时，都要接受海关的监管。

（3）在管理体制上，由于国外自由贸易园区的设立属于国家行为，设区国一般都设立专门的机构，负责对自由贸易园区实行宏观经济管理与协调，管理较具权威性；国内自由贸易园区的设立由地方申请后国家批准，决定了国内自由贸易园区的行政管理体制更为复杂，在宏观管理方面，国内自由贸易园区的设立由原国务院特区办负责，但临港保税区成立后，国家并没有赋予特区办管理、协调区内事务的职责。由于国内自由贸易园区设立在很大程度上是地方政府行为，管理更多地体现为地方政府的管理，即各自由贸易园区设立管委会（管理局），作为当地政府的派出机构，负责管理区内的日常行政事务。

（4）在政策法规上，国外自由贸易园区的法制建设完善，先立法、后设区，以确保政策措施的统一性和稳定性。国内自由贸易园区缺乏以国家名义的立法，从优惠政策上看，由于实行属地原则，国内自由贸易园区的优惠政策不统一。

（三）经验启示

全球各类自由贸易园区超过1200家，规模、功能和管理模式千差万别，但是综合国际国内自由贸易园区建设发展及新的动态趋势，与当前我国自由贸易园区建设相比，两者有着许多相似之处，但也存在着不少差异，国际上自由贸易园区发展的很多经验值得我们学习和借鉴。

1. 整合资源，在先行先试上加强创新

自由贸易园区是创新的产物，制度创新是根本。国外自由贸易园区的发展经历了几百年的历史过程，法制十分完备。我国还只是刚刚起步，各类自由贸易园区的区位特点、经济基础、发展策略与发展水平都不尽相同，亟须以法律形式明确自由贸易园区的性质、地位及管理体制。从外商投资角度看，外商在自由贸易园区内经营，首先考虑的是投资风险和投资环境，是否投资的决定既取决于政策的稳定性和经济因素、基础设施条件等，也取决于经济法规的健全与否。因此，南沙建设自由贸易园区，要充分发挥国家赋予其先行先试的权力，在功能、政策、监管等方面进行整合和创新，实现从外延扩张向内涵优化转变。在功能上，继续完善保税加工和保税物流两大功能；在政策上，结合国家的特殊监管政策，加强对税收政策优惠创新。在监管上，统一海关的监管模式、作业流程、操作规范和信息化管理系统，降低监管风险，进一步提升监管效能；在法制上，打破政策趋同，保证区内政策和管理措施比区外更加优惠和便捷，进一步强化优势落差。比如，可以建立企业信用等级，海关采取风险分级管理，加大联网监管力度，实行委托管理、稽查制度等。

2. 顺势突破，合理确定自由贸易园区功能定位

从国际自由贸易园区发展来看，设立自由贸易园区功能最主要是发挥其对外

贸易中的特殊功能和作用。因此，我们应吸收世界各国自由贸易园区建设的有益做法和经验，围绕主导产业，力求贸易、物流、加工和展销功能充分发挥，使发展空间进一步上升。对于南沙新区建设国际自由贸易园区而言，必须因地制宜，充分发挥自身的区位、水陆交通设施以及与周边地区的经济联系的优势，尤其是要发挥毗邻港澳的区位优势和珠三角的几何中心，进行合理的功能拓展与定位，形成独具特色的运营特点。例如，利用南沙港口的优越条件，着眼保税仓储，突出物流功能。保税仓储功能有利于对商品进行简单的商业性加工，实现商品仓储自动化。

3. 拓展优势，明确建设自由贸易园区功能类型

从国际自由贸易园区分类来看，一般分为对外贸易区、自由贸易港、自由转运区、自由贸易特区、出口加工区等多种形态，规模不同，政策和开放的程度也就不尽一致。例如美国就把自由贸易园区分为综合性自由贸易区，称对外贸易区，主要从事贸易，以方便货物进出、加快货物流转、提高国际贸易效益、增加就业等为目的；单一性的自由贸易区，称贸易分区，主要搞加工业，以提高产品附加值、扩大出口为目的。从当前国际自由贸易园区发展趋势来看，传统的自由港和自由贸易区在继续经营贸易、仓储等业务的同时，日益重视发展加工制造业。在发达国家，传统产业逐渐被新科技、高技术密集型产业所取代。因此，根据南沙新区当前开发发展定位以及南沙产业发展定位，南沙建设自由贸易园区应该建立起以高新技术产业和现代服务业为主导的产业结构体系，依托珠江三角洲地区产业转型升级的需要，实行"服务经济出口"战略，建设综合型的自由贸易园区。

4. 集聚优势，全力打造物流中心的典型区域

南沙保税区经过近几年的开发建设，初步具备了国际上自由港、自由贸易园区的某些功能，在政策上具备一定的优势，在招商、建设、服务方面积累了不少经验。但与当前国外自由贸易园区所具备的金融服务和物流服务这两大新兴功能相比，目前还不允许并办离岸金融业务，而仓储、展示、分拨、配送、运输等物流功能则还远远没有得到发挥。其实，贸易、物流是保税区的本质功能，也是发挥区域服务辐射作用的根本途径。南沙自由贸易园区的建设，就是要借鉴国际贸易园区发展经验，通过不断拓展港区联动功能，与商务、海关、检验检疫、港口、机场等单位密切合作，打造信息化物流平台，实现数据交换、资源共享、综

合治理、集约发展；发挥行业协会等社会中介机构的作用，增强整体合力；构建与国际接轨的投资环境，形成海关监管、企业自律、政府支持和社会参与的大格局；适时拓展保税物流园区的空间，扩大区港联动的范围，使之成为开放层次最高、功能优势最全、辐射范围最广的一流自由贸易园区。

三 南沙新区建设国际自由贸易园区的必要性及可行性

（一）必要性

南沙新区地处珠江三角洲地理几何中心，方圆 100 公里内聚集着中国经济最活跃的城市群，周边有广州、深圳、珠海、香港、澳门五大国际机场，战略位置突出，具有很强的市场潜力和辐射力。推进南沙保税港区转型升级，建立国际自由贸易园区，为国家新一轮对外开放并探索发展与国际惯例接轨的自由贸易园区起到试验田的作用，对广州乃至珠三角地区外贸经济发展和企业转型升级发挥巨大的推动作用。

1. 有利于我国扩大对外开放及提升国际战略地位

建设南沙自由贸易园区既是适应经济全球化和贸易投资自由化的必然，也是立足全球舞台，寻求国家战略利益最大化的必然选择。南沙自由贸易园区建设有助于拓展我国对外开放的广度和深度，提高开放型经济水平，改变我国对外开放的格局。在南沙，可以充分利用南沙毗邻港澳优势，发挥国家赋予南沙建设成为深化粤港澳合作先行区的战略指导的优势，凸显广州在我国对外开放中的战略地位和作用，有利于在国际舞台上进一步充分发挥广州的战略作用。同时也有助于加强多领域合作，进一步实现深度参与国际分工，构筑我国参与国际竞争的桥梁，促进商品贸易和资本往来，突破商品贸易壁垒，扩大世界范围的市场信息，建立商业信息网络，提高贸易管理水平，提升我国商贸服务业的产业形态，形成国际商品集散中心，提高国家和广州在国际贸易中的地位。

2. 有利于打造国际化的经济合作平台和营商环境

自由贸易园区可以凭借其独特的优势地位成为探索我国经济、政治体制改革的突破口。一是设立南沙自由贸易园区将有利于进一步发挥广东毗邻香港优势，增强对港澳台的吸引力，有利于推动两岸三地合作交流上升到新水平，有利于创新区域合作体制机制，打造国际化的营商环境。设立南沙自由贸易园区，是在当前粤港澳合作深化状态下促进粤港澳合作交流发展的现实选择，是加快建设粤港澳合作示范区的客观要求，也是进一步发挥广东对港澳地区优势和加快广东开放开发的现实需要。二是设立南沙自由贸易园区，将有利于满足我国发展区域经济一体化战略。珠江三角洲地区正积极推进区域经济一体化建设，南沙地处珠三角的几何地理中心，理应在珠三角区域一体化中扮演核心角色，通过建立自由贸易园区，打造国际化的经济合作平台，既可以处理好珠三角内部的经贸关系，建立良好的沟通体制机制，统一对外的口径，也能够和其他的国家和区域构建起自由贸易园区或者区域安排。

3. 有利于促进珠三角外贸转型升级

港口作为海陆货物运输的结合点，已成为配置资源、调整区域产业结构的重要力量。通过对港口和自由贸易园区政策的优势资源的融合，南沙自由贸易园区的建设将对广州乃至珠三角地区经济的发展发挥强劲的优化和调节作用，依托南沙保税港区的政策优化生产流程、采购流程和仓储物流流程，促进企业科技进步，推动科技创新，调整和改造传统产业，推动新兴产业发展，提升服务业质量，从而促进区域产业结构的优化升级。同时，南沙保税港区的良好发展环境，可以使各种资源在南沙及周边地区集中，促使更多的相关公司、供应商和关联产业有效组合，延长和优化产业链，提升产业链的价值含量，极大地优化广州的产业布局。在全球航运市场经营联盟化、船舶大型化和运输干线化的趋势背景下，设立南沙自由贸易园区将有力促进广州现代物流业的发展，港区的有效结合还将带动周边地区现代物流配套服务业的发展，形成现代国际物流在口岸区域的产业集聚态势，产生规模经济和范围经济效益。

4. 有利于提高广州国家中心城市功能

国际自由贸易园区是国家稀缺政策资源，拥有国际自由贸易园区就等于抢占了对外开放的制高点。广州建设国家中心城市，不仅要提升其对内服务功能，也应提升其国际服务功能，其中最核心的就是国际贸易功能。加强南沙自由贸易建设，利用自由贸易园区的政策支持，可以充分发挥自由贸易园区的政策功能优势，着力吸引国际中转、国际配送、国际采购和临港增值服务的高附加值业务企业进驻南沙，利用完备的保税物流、仓储和保税加工功能，满足跨国公司普遍采用的零库存、即时生产等现代生产管理方式，为外向型企业发展和临港产业发展提供有力的支撑，形成与深圳、香港合作竞争的优势，在国际上逐步具备与新加坡等港口城市相抗衡的实力，从而提升广州国际竞争力。推进南沙建设自由贸易园区，使其成为南方地区重要的集装箱中转枢纽港之一，区位优势和政策优惠将大大提高南沙外资企业的吸引力，整体提升南沙对外开放的质量和水平，吸引物流、信息流、资金流等要素资源高速集聚，吸引国际知名物流企业、航运企业、加工制造业和跨国采购中心前来投资兴业，为广州地区外贸出口形成新的增长潜力。

（二）可行性

在南沙保税港区现有基础条件下建设自由贸易园区，有诸多优势。从国际经验来看，设立自由贸易园区一般需要具备的条件在此已基本具备。

1. 上升到国家战略层面

《中华人民共和国国民经济和社会发展第十二个五年规划纲要》明确把南沙新区列为深化粤港澳合作、建设中华民族共同家园的重大项目，要求南沙新区建设成为打造服务内地、连接香港的商业服务中心、科技创新中心和教育培训基地，建设临港产业配套服务合作区。国务院颁布的《珠江三角地区改革发展规划纲要》也明确提出规划建设"南沙新区"，并赋予"科学发展、先行先试"的使命。站在历史新起点上的南沙新区，已上升到国家发展战略层面及国家重大项目高度，这将为南沙新区争取建设国际自由贸易园区带来难得的历史机遇。

2. 优越的区位条件及资源

根据自由贸易园区的性质和功能，自由贸易园区的选址一般要考虑交通区位因素。南沙新区距香港38海里，距澳门41海里，方圆100公里范围内将整个珠三角城市群囊括其中，是联结珠江口两岸城市群的枢纽性节点；南沙港区拥有大型深水集装箱泊位和江海联运码头，可通过国际集装箱班轮航线通达世界各地；京珠高速公路、虎门高速公路、南沙港快速路等高快速路网将南沙新区接入珠三角地区高速公路网络，成为贯通南北、沟通珠江三角洲东西两翼的交通枢纽；与广珠铁路接轨的疏港铁路已列入铁道部"十一五"规划，将使南沙港区与珠三角地区铁路货运直接送达；周边70公里范围内有广州、深圳、珠海、香港、澳门五大国际机场，客货空运十分便捷；南沙与自由港香港毗邻，南沙客运港与香港每天对开 14 趟航班,乘船 50 分钟可抵达香港机场,70 分钟可抵达香港中环;广州地铁四号线的开通,将南沙新区与广州城区及珠三角轨道交通网络紧密连接。南沙新区优越的区位条件和四通八达的水陆空综合交通运输网络保证了南沙建立自由贸易园区具有较高的可行性。此外,南沙新区拥有丰富的土地、岸线、生态资源和良好的人居环境,全区绿化覆盖率达 44.3%,天后宫、人工湿地、黄山鲁森林公园、南沙滨海公园等大批休闲旅游景点的陆续建成,吸引了众多游客和客商前来度假旅游。同时,南沙还具备良好的生活服务配套设施,五星级酒店、三甲医院、社区服务中心、商业中心、产业员工居住区、饮食城均已建成投入使用。南沙滨海花园、南沙奥园、南沙碧桂园等一大批房地产项目陆续建成,与珠三角各中心城市相比,营商成本低廉的优势非常明显,有利于吸引港资企业和国内外优秀人士来南沙发展。此外,南沙新区以北 20 余公里的广州大学城,每年毕业大学生达 4 万多人,也为产业升级新平台的建设提供了有力的智力支撑。

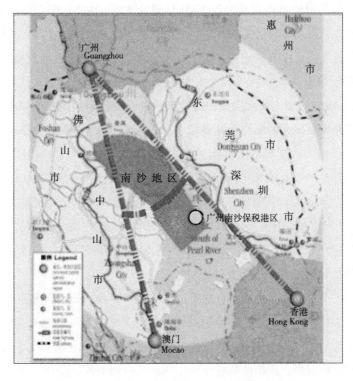

图 1　广州南沙保税港区在珠三角的位置示意图

3. 实力雄厚的经济腹地支撑

根据自由贸易园区的性质和功能，自由贸易园区的选址一般应考虑经济腹地和终端市场。具有广阔经济腹地，接近终端销售市场，不仅能减少货物的运输费、保险费等商品流通费用，增加商品的竞争能力，更重要的是便于占领和开辟新的销售市场，获取高额利润。近年来，南沙汽车、造船、能源装备等临港先进制造业和港口物流、科技创新等现代服务业高速发展。经济增长保持年均30%以上的高速度，2010年全区GDP达363亿元，是2002年的5.8倍；工业总产值达1419.13亿元，是2002年的9.3倍。随着中国科学院广州工业技术研究院、教育部与广州市共建的现代产业技术研究院、香港科技大学霍英东研究院等高水平研发机构陆续进驻，南沙新区在推进科技创新、促进区域产业发展方面已具备良好基础。南沙新区所在的广州经济实力雄厚，2010年实现地区生产总值10604.5亿元，成为全国第三个经济总量超万亿元的城市，其面积只占全省1/24和全国的1/1291，而经济总量接近全省的1/4，约占全国的1/34。广州外向型经济发达，2010年对外贸易规模突破1000亿美元大关，达到1037.76亿美元，其中，商品出口总额483.8亿美元，商品进口总额553.96亿美元，吸收来自58个国家和地区的外商直接投资项目980个，全年实际使用外商直接投资金额39.79亿美元。截至2010年底，世界500强大企业累计已有174家进入广州，共设立411个项目，投资总额178亿美元。南沙新区自由贸易园区的核心腹地珠江三角洲地区是世界规模最大的制造业基地之一，是国内三大经济圈之一，其面积仅为5.48万平方公里，占全国国土面积的0.57%，常住人口为5611.51万人，占全国总人口数的4.09%，2010年实现GDP 37388.22亿元，约占全国GDP总量的9.4%。因此，南沙新区拥有珠三角地区腹地辽阔的辐射空间，接近原材料市场并拥有广阔的销售市场，具有立足珠三角、辐射华南及泛珠三角、影响东南亚、连通海内外的区位优势和战略地位，为南沙新区自由贸易园区建设奠定了坚实基础。

4. 良好的监管基础和服务支撑条件

南沙港区及龙穴岛四面环水，通过新龙大桥和蒲州大桥、万龙大桥等5条对外通道与南沙其他区域连通，陆域相对独立，便于设立闸口、封关运作、海关及检验检疫监管。已建成的口岸公共查验区为自由贸易园区监管设施建设奠定了基础。区港池面积较宽，连接的陆域面积广阔，是广州及珠三角西部城市、粤北城市等通向海洋的必经之路，水陆交通四通八达，众多国际航线通达世界各地，是设立自由贸易园区的理想之地。区内由海关按照"一线放开、二线管住、区内自由、入港退税"的原则，实行封闭化、信息化、集约化的监管，由海关、检验检疫、边检、海事、保税港区管委会等单位共同组成口岸联合监管协调委员会，借鉴国际通行做法创新口岸监管制度，为企业提供较为便捷的通关、检验检疫通道。区内联检商贸服务中心内设立海关、边检、检验检疫、海事、工商、国税、地税窗口，可为企业提供一站式服务，实行集中审批、限时办理、跟踪服务制度，申请人提交的申请材料齐全且符合法定形式，可当场审批。对需要核实相关情况的，也会在三个工作日内办结。联检商贸服务中心内还设有金融、物流、航运、法律等专业服务机构，可为企业提供运营上的相关服务。便利高效的区域监管环境和服务支撑条件，将为贸易自由化发展奠定良好的基础。

5. 粤港合作的新载体

南沙新区是国家重点发展区域，目前已经拥有国家级经济技术开发区、高新技术开发区、保税港区等国家级特殊经济功能区，已具有一定的政策优势，国家、广东省及广州市从规划、建设用地、资金、重点建设项目等方面一直给予南沙新区大力支持。此外，南沙新区因具有连接粤港澳的区位优势和承托深化粤港澳合作基础，已经成为粤港澳合作的重要平台。国务院批准实施的《粤港合作框架协议》和《粤澳合作框架协议》把南沙新区列为深化粤港澳合作的重点区域，要求南沙率先探索深化落实 CEPA 及其补充协议的政策措施，建设实施 CEPA 先行先试综合示范区，这将使得南沙新区的开放水平、营商规则、思想观念等诸多方面率先实现与港澳对接，这为南沙自由贸易园区建设创建了良好的营商环境。

6. 良好的发展大环境

"十二五"及今后一段时期，我国发展仍处于可以大有作为的重要战略机遇期。当今世界，和平、发展、合作仍是时代潮流，世界多极化、经济全球化深入发展，科技创新孕育新突破，国际环境总体上有利于我国和平发展。介于当前世界经济结构进入调整期、世界经济治理机制进入变革期、产业转型处于孕育期、新兴市场国家力量步入上升期等特点，我国努力把握在全球经济分工中的新定位，积极创造参与国际经济合作和竞争新优势，努力增强我国参与能力，经济增长仍将在高位运行，这将为南沙国际自由贸易园区建设赢得较为有利的宏观发展环境。按照《全国主体功能区规划》，珠三角被列为国家层面的优化开发区域，意味着其未来的发展方式更注重内涵的挖掘，增长方式的先进性，有利于珠三角加快转型升级，实现高质量增长。按照商务部、人力资源社会保障部、海关总署发布的《关于建设珠江三角洲地区全国加工贸易转型升级示范区的指导意见》，设定力争用3年左右时间使示范区加工贸易初步实现四个转变，提出了创新加工贸易管理模式、优化加工贸易产业布局、加快加工贸易经营模式转化、加快出口基地和外贸公共服务平台建设、促进加工贸易延长产业链、加强转型升级融资保险支持、积极推进保税物流体系建设、培育转型升级示范企业等一系列措施，以加快促进珠三角加工贸易转型升级，南沙新区作为珠三角地区转型升级的重要平台，创建国际自由贸易园区大有可为。

四 南沙新区国际自由贸易园区建设的总体思路

(一) 功能定位

以南沙保税港区为基础，参照国际上自由贸易园区的成功经验，建设在国际上有一定影响力的集国际物流、国际贸易、国际金融、信息集成等多功能、综合性的国际自由贸易园区，并最终将政策范围覆盖到整个南沙新区。

——国际物流功能。利用自由贸易园区货物进出口不课征关税、不受进口配额限制、通关简便、可缩短进仓时间，争取商机及将商品储存、整理、分装、加标签、或改换标示，然后再予转运，可以减少货物运送的时间及资金的积压，吸引世界货物来区内储存，选择适当时机销售进入国内市场，或转售到其他地区，获得最高附加价值。国际性实物商品的集中展示、交易地，是包括国际贸易和国内贸易在内的大流通市场，使国际贸易中的一定比重得以在区域完备的生产体系中获得交易。

——国际贸易功能（商品集散功能）。成为全球多种实物商品和全国各地进出口商品物流集散的桥头堡和转运中心；建设集交易、展示、出样、订货于一体的国际贸易服务体系和环境，开展国际贸易、货物代理以及国际商品的展示、展览、展销活动，增强对泛珠三角等广阔经济腹地的辐射力。通过营建中转贸易、国际配送、国际采购等中心，优化资源配置，形成综合服务功能。吸引企业，集中采购国内外商品，对国际货物进行分配、分销等业务，也可根据要求进行综合处理或国际中转，集聚物流和航线，建设广州国际航运中心。

——信息集成功能。成为世界级商品信息交流中心、各类大宗商品定价中心、各类新品信息发布中心、信息服务中心，成为国际客商获得我国、亚太地区乃至全球贸易态势的参照系。

——辐射吸引和资源整合功能。以国际贸易和综合服务需求为龙头，通过其辐射吸引作用系统，整合全球范围内的金融、物流、制造业等资源，逐步通过制度创新、流程创新、商务模式创新和价格发布影响国际市场。

——经济发展推进功能。南沙自由贸易园区建设是推进广州城市经济转型的重要手段，是广州为全国提供服务、提升国际竞争力的重要平台。

——综合服务功能。南沙自由贸易园区要以中间产品贸易、转口贸易和离岸服务等服务功能和信息网络为特征，在世界贸易体系中发挥中枢功能的作用。其不仅是国际商品展示、批发、交易中心，而且是国际品牌荟萃和消费流行发祥的国际购物天堂，是国际化的零售批发交易中心、口岸贸易中心、物流配送中心等多项功能的综合体。

——国际金融功能。自由贸易园区的外汇资金不适用设区国既有的外汇管理办法，不受国内外汇管理政策影响，本身有独立的金融体系、外汇操作系统。资金可自由出入，各种货币可自由买卖及汇兑，区内企业开设的账户可自由与境外账户支付外汇，且对区内银行业之各种限制减轻或取消，各项税赋予以免除，以吸引国内外金融机构来自由贸易园区从事大规模国际金融活动，便于国外资金之吸收，繁荣国内工商业，进而促使金融中心的形成。

——休闲观光功能。自由贸易园区本身即是多元化活动的区域，除了发展工业、贸易等活动外，还可发展相关活动吸引人流，从事消费、休闲、观光之需求。南沙应充分发挥其环境资源优势，规划建设提供休闲观光活动场所，如大型购物区、观光游乐区等，强化休闲观光功能。

（二）发展目标

到 2020 年，基本建成全球国际贸易要素在空间实现高度集聚，在全球具有重要影响，在东亚及东南亚地区具有较强国际贸易资源配置能力，对外基本形成以广州为中心，连接港澳台，辐射东亚、东南亚及印度洋周边地区，国际贸易影响力和辐射度遍及全球，在全球贸易网络体系中发挥重要的要素集聚、集散中心和枢纽中心作用；对内基本形成以广州为中心，联结珠三角辐射泛珠三角地区，与国内其他地区形成合理分工、紧密合作，具有面向全国的贸易辐射能力和贸易服务能力，呈双扇面放射型的现代国际贸易网络体系。

——国际国内贸易规模不断做大，国际贸易及与此相关的各产业间的生态关系高度协调，新兴贸易内容和现代贸易方式不断扩展，高能级贸易主体集聚，基本形成多元化的国际贸易产业形态，可提供金融、航运、信息等多方面服务，形成以现代服务业为主体、可完成多元贸易业务所要求的现代国际贸易产业体系。

——贸易体制和政策创新程度较高，贸易体制创新不断强化，成为全国先行先试的典范；国际航运中心、金融中心和现代信息技术手段的支撑作用不断显现；贸易便利化程度和贸易环境不断优化；基本形成服务优质、功能完备、制度完善的现代国际贸易服务体系。

（三）发展重点

——发展多样化的贸易服务新业态。现代国际贸易发展催生了多样化的贸易服务新业态，使国际贸易的主体形态也日渐多样化。从国际贸易中心城市贸易形态发展来看，传统国际贸易中心以最终产品为主，现代国际贸易中心是中间产品贸易、最终产品贸易和服务贸易的综合，而且服务贸易的比重将越来越大。从伦敦、纽约和香港等国际贸易中心发展来看，国际服务贸易，尤其是金融和物流服务的比重将逐步增大。同时，跨国采购商、跨国渠道商、国际品牌制造商，甚至包括跨国制造商等的参与，使贸易内容、贸易方式具有多样性。南沙要以港口物流、离岸金融和其他诸如会展业等服务行业的发展奠定其建设自由贸易园区的基础，增加服务贸易在国际贸易中的比重。

——大力发展与国际贸易相关联的现代服务业。国际自由贸易园区建设离不开区内产业的发展，特别是离不开现代服务业的发展。南沙要想建成真正的广州国际贸易中心核心功能区，就必须大力发展域内相关现代服务业，特别是扩展与国际贸易相关联的各类延伸服务业。实践证明，实物贸易量并非是国际贸易中心的决定性因素，提高国际贸易中转量、发展贸易金融、强化贸易信息发布等支持性服务功能才是衡量国际贸易竞争力的核心要素。为此，南沙要紧紧抓住新一轮国际产业战略转移的机遇，充分利用两个市场、两种资源，进一步提高对外开放水平和利用外资质量，大力发展金融、现代物流、信息服务、商贸、会展旅游、专业服务等现代服务业，以及以知识应用为特征的创新创意产业，进一步优化布局，完善功能，提升南沙的综合竞争力。

——强化枢纽功能区建设。现代国际贸易新业态对自由贸易园区的枢纽结构提出了新要求。传统国际自由贸易园区主要依赖海上运输，港口是重要的枢纽，但现代国际贸易园区是深水港、航空港、信息港的集合。由于中间产品在不同国家之间生产，产品的附加值不同，所依赖的贸易设施就不同。高附加值的中间产品通过航空运输的方式，中低附加值的产品则通过海上运输和公路运输方式，而服务产品则通过信息传输方式。南沙要充分发挥其拥有一流口岸及毗邻珠三角五大国际机场的优势，尤其要加快促进信息产业的发展，加强信息功能建设，使其各种形态的贸易枢纽同步发展，不断增强枢纽功能。

——加强虚拟化功能建设。现代国际贸易业务运行的虚拟化对企业组织形态的网络化提出了新标准。传统国际贸易主要依赖实体贸易网络，现代国际贸易以虚拟网络来支撑实体贸易网络，并通过虚拟网络选择不同的实体贸易网络，虚拟贸易网络决定了现代国际贸易的广度和深度。南沙应制定引导措施，鼓励中小企业利用第三方电子商务平台开展电子商务交易，重点扶持大宗商品 B2B 电子交易，做大做强煤炭、石油交易所、大宗农产品中远期交易市场，吸引大宗商品中远期电子交易市场向南沙集聚，吸引国内外电子商务运营企业特别是总部型的电子商务运营企业落户南沙，使南沙成为中外电子商务运营企业的总部集聚地和运营中心。

（四）建设思路

以经济、金融、贸易、航运四位一体融合推进南沙国际自由贸易园区建设，是推动区域经济发展转型的一项系统工程，需要在时空上点、线、面联动。

——全方位推进泛珠三角地区商业贸易中心建设。按照现代国际贸易发展的趋势，联手泛珠三角地区各省市，加强江海联运商贸业硬件和相关服务功能的跨地区、标准化、信息化、系统化软件设施建设，进一步做大做强广州口岸进出口贸易和服务，建成泛珠三角地区商业贸易中心。

——积极推进临港国际门户区建设。重点是加快广州南沙临港经济区开发建设，与临港产业集聚区建设相呼应，同时借助南沙大开发的改革先行先试动力，划出实施自由贸易港区的政策边界，形成具有强势竞争力的海港国际门户外向型高端产业集聚区和高端加工贸易自由港区。

——做大做强商品交易市场。重点推动"现代大宗商品交易市场"、"会展市场"、"产权技术交易市场"三个交易市场建设,努力将其打造成为最大的商品、会展和技术交易市场,为发展国际商务提供基础平台。

——努力营造良好的服务环境。提升商品交易服务、资本市场服务、转口贸易营运服务条件,从系统的政策设计角度,加快推进商贸法规实施环境、商务交易信用履行环境、管理和服务技术创新支持环境、国际商务复合人才成长培养环境的建设。

五 南沙新区国际自由贸易园区建设的对策建议

(一) 加强组织领导

抓住南沙新区发展上升为国家战略高度的重要契机,成立南沙新区国际自由贸易园区建设专项工作领导小组,切实加强组织领导,明确将南沙新区国际自由贸易区建设作为广州"十二五"时期推进国际贸易中心建设的战略举措,组织国内外知名专家学者调研考察,对南沙设立自由贸易园区进行可行性研究,按照自由贸易园区的总体要求,积极探索推进南沙保税港区的功能定位、产业布局、基础设施标准、管理体系建设向自由贸易园区转型的路径思路,编制形成南沙新区国际自由贸易园区建设专项规划,为南沙新区国际自由贸易园区建设的顺利推进提供规划支撑与保障。相关部门要全力配合做好协调工作,明确工作分工,落实工作责任,切实抓好落实,形成上下一心共同谋划推进南沙新区国际自由贸易园区建设的良好氛围。

(二) 争取国家支持和立项

当前,我国外贸出口形势依然严峻,设立自由贸易园区是我国外贸改革和经济转型的一个趋势。在我国和周边国家谈判建立了多个自由贸易园区的基础上,在境内(长江三角洲、环渤海地区、珠江三角洲等经济发达地区)设立自由贸易园区,进一步释放国际影响力、提高经济控制力,必将成为我国的国家战略。因此,在当前国家推出保税区向自由贸易园区转型改革试点时机日趋成熟的背景下，要立足《珠三角规划纲要》赋予的先行先试政策，在省的支持和指导下，积极主动与国务院及相关部委进行沟通协调，提交南沙新区建设自由贸易园区的研究报告，积极争取国家支持批准南沙新区设立国际自由贸易园区，率先开展相关领域的改革试点，先易后难实现相关政策的逐步突破，争取一些国际上自由贸易园区的通行规则，获得一部分优惠税收和特殊监管政策，进而向完全的自由贸易园区逐步"趋近"和完全等同，推动广州国际贸易中心建设。

（三）创造自由贸易环境

世界重要贸易中心在初期发展阶段，大多是凭借优良的港口、便捷的交通、齐全的设施、广阔的腹地等因素成长起来。虽然这些因素仍然影响着贸易中心的发展，然而，随着国际贸易中心城市间竞争的日趋激烈，自由贸易环境的营造、政策的透明度和灵活性、法制的健全和规范程度、政府的工作效率和管理水平，甚至城市的文化特色等这些正式和非正式的制度安排，都将成为吸引国际贸易商的关键因素。随着广州国家中心城市建设的进一步推进，国际商贸中心地位的逐渐增强，南沙作为广州下一轮发展新的核心区，应借鉴国际通行做法，学习香港、新加坡先进经验，进一步加强贸易制度和环境建设，探索海关特殊监管区域的政策和制度创新，积极申请离岸贸易和离岸金融试点，探索和完善面向港澳的便利签证制度和使用范围，积极争取旅游购物免税制度，建立免税商品购物区等，近期可先行对注册在南沙保税港区内的企业从事国际航运、仓储、装卸搬运业务取得的收入免征营业税，区内企业交易免征增值税和消费税等优惠政策，不断提高贸易便利化程度，促进贸易自由化发展。

（四）建立国际化营商环境和政策

国际贸易中心城市往往奉行自由贸易政策，并且环境优越，交通便利，商业发达，各项事业发展全球领先，如香港被誉为购物天堂，纽约作为国际大都市其文化功能独占鳌头，广州在这方面还存在 定差距。因此，广州南沙新区建设国际自由贸易园区要做好整体功能设计和科学规划，做好重点区域开发和重点项目建设的各项工作，完善各功能区的商业配套服务，加快现代化基础设施建设，加强各项社会事业建设。在国际做事规则方面，要注重借鉴香港地区、新加坡等办事规则和运行机制，引进国际标准管理体系，使政府运作更进一步向现代政府和国际惯例的要求靠拢，营造规范高效的公共管理服务环境，近期以创建粤港合作先行区为契机，积极探索在成立企业、取得许可证、人才引进、征用土地、融资、跨境交易、保护投资者、履约、结算等营商环境方面与港澳接轨，并逐步向国际自由贸易园区标准看齐，营造便利高效的自由贸易营商环境，提供企业低成本配套政策，形成符合国际惯例的自由贸易园区发展环境。

（五）大力集聚国际贸易要素

贸易要素的集聚是国际自由贸易园区发展的关键，重点要加强招商引资，着力吸引五类机构进驻。第一类是国际贸易总部机构。近期要争取吸引贸易经营和贸易服务集团等重量级国际机构在南沙发展。第二类是新型国际贸易组织和机构。密切关注国内外贸易组织和机构的设立情况，特别注意吸引跨地区的国际贸易组织，及时把新设的国际贸易机构引过来。第三类是香港国际贸易机构。第四类是外资电子商务和网络运营公司。第五类是知名贸易中介配套服务机构。

（六）加强国际合作

立足广州，落实国家经济发展战略布局，加强与珠三角地区及国内经济中心城市的互动合作，推动国内一批有潜力企业在南沙这一国际贸易平台参与国际竞争，走向国际舞台；以深化粤港澳紧密合作为突破口，进一步加强和促进与国内外贸易组织、机构及世界各自由贸易园区之间的合作与联系，积极探索保税区向自由贸易园区转型发展的方向和途径，加强与东盟及国际先进城市的交流与合作，加快形成国内国际双向拓展的合作格局，扩大广州国际贸易影响力，凸显广州国际贸易中心的地位。

参考文献

商务部/海关总署：《商务部、海关总署关于规范"自由贸易区"表述的函（商国际函〔2008〕15号）》，2008年5月9日。

卞彬：《我国保税港区发展及其功能创新和整合研究》，《探索》2009年第3期。

李友华：《境外自由贸易区与中国保税区比较研究》，吉林大学出版社，2006。

仇燕苹、宣昌勇：《国外自由贸易区的发展对我国保税区转型的启示》，《云南财贸学院学报（社会科学版）》2007年第1期。

李泊溪：《中国建立自由贸易区是改革开放的新推进》，《经济研究参考》2009年第10期。

赖明勇、龙国键：《推进自由贸易区战略全力应对金融危机》，《经济界》2009年第3期。

黎奔：《建立海峡两岸自由贸易区的可行性研究》，《商业文化（学术版）》2009年第6期。

杨雪：《贸易发展趋势与我国的外贸战略调整》，《商业时代》2007年第2期。

刘艳、姚荣东：《外贸进一步发展的短期和长期战略探索》，《商场现代化》2007年第4期。

《珠江三角洲地区改革发展规划纲要（2008～2020年）》，http：//news. xinhuanet. com。

《广州市国民经济和社会发展第十二个五年规划纲要》，http：//www. gz. gov. cn。

Research on Establishing International Free Trade Zone in Nansha District of Guangzhou

Yang Zaigao   Chen Laiqing

Abstract：Nansha District is key to the "Going-south" strategy to build Guangzhou into the national central city. It is strategically important to establish international free trade zone in Nansha District to set up a platform for international competition, promote global commodity and capital flow, establish world commodity information network, speed up the internationalization process of Guangzhou and enhance Guangzhou's competitiveness.

Key Words：Guangzhou；Nansha District；International Free Trade Zone

B.6
中新合作：苏州经验与广州模式[*]

王子昌　邱志军^{**}

摘　要：新加坡吸取了苏州工业园建设的经验教训，在广州知识城的建设和开发中采取了企业主导、以盈利为主的合作开发模式。这种模式使广州知识城建设少了一个强有力的建设性的外部推动因素，同时也增加了广州知识城建设可能遭遇的风险。

关键词：中新知识城　苏州工业园　经验　模式

一　研究背景

本文尝试从对比的角度，参照新加坡主导时期苏州工业园的经营模式，对广州中新知识城建设的模式及其可能遇到的问题进行分析。苏州工业园从1995年开工建设至今积累了丰富的经验教训，中新知识城正是在吸取苏州工业园经验的基础上确立自己的经营模式。苏州工业园的经营模式在实践中遇到哪些问题？中新双方又是如何借鉴其经验的？这些问题对中新知识城的建设无疑将有着重要影响。之所以选择从这一角度对中新知识城进行分析和研究，是因为当前关于中新知识城的分析和介绍在这一方面还存在许多"盲点"。

2009年3月，中新双方从提出中新广州知识城设想到各个具体建设项目的逐步展开，虽然媒体给予了及时和重点报道，但关于中新知识城模式的报道仍有许多不明确的地方。学界对中新知识城的分析和研究现在还处于起步阶段，研究

---

* 本文为广东省教育厅重大课题"深化广东—东盟战略合作的背景、模式及对策研究"的阶段性成果。

** 王子昌，博士，暨南大学国际关系学院教授；邱志军，广州市社会科学院研究实习员。

主要集中于从概念出发，提出中新知识城建设应该着力的一些领域。一是从知识的概念出发，认为培育和促进知识经济的发展，最主要的应该是通过企业分配等制度建设，培育"通用性知识"的创造和生产、传播和应用（马国书，2010）。①二是从培育知识经济所需要的一般条件出发，提出广州知识城在软硬件建设上所需要注意的几方面（杨英，2010）。② 笔者曾经以新加坡主导时期苏州工业园建设的经验和教训为基础，提出广州中新知识城应该注意的几方面，如新加坡成功经验的局限性等，③ 由于是对苏州工业园案例的研究，对广州知识城的运作模式基本没有涉及。为了弥补这方面研究的不足，本文以前面的研究为基础，对中新知识城的建设与运作模式做一重点分析。

本文的分析将重点放在新加坡方面，即新加坡对苏州工业园失败教训的总结及其对广州中新知识城运作模式的选择。中新知识城以新加坡作为样板来学习新加坡如何做，对期间的学习方式和最后的学习效果如何有着至关重要的影响。

二 苏州工业园管理模式对中新知识城建设的启示

从 1994 年 5 月奠基到现在，苏州工业园的开发与经营可以分为两个时期，1994 年到 2000 年新加坡主导时期，2000 年以后中国政府主导时期。在新加坡主导时期，新加坡对苏州工业园的作用可以分为两方面，一是新加坡政府向苏州工业园管委会传输新加坡成功的行政管理模式和经验，即所谓的"软件传输"部分；二是以新加坡人为主的开发公司对工业园的开发与管理。软件传输方面的成功是在新加坡主导时期苏州工业园管理的一个亮点，因此在中新知识城的建设中，新加坡把软件传输作为与中国广州政府合作的一个主要任务。

（一）苏州工业园："软件传输"经验

1."软件传输"内容

新加坡的行政管理模式可以概括为精英主义和廉洁高效，具体说，是通过严

---

① 参见马国书《对"广州知识城"创建成"知识经济特区"的建议》，《城市观察》2010 年第 3 期。

② 参见杨英《广州知识城：新兴产业"孵化器"》，《城市观察》2010 年增刊。

③ 参见王子昌《新加坡发展模式的输出与借鉴：苏州工业园案例研究》，《东南亚研究》2011 年第 5 期。

格的选拔和科学的管理精英，保证行政决策科学和执行的高效以及官员的廉洁。在新加坡主导时期，工业园开发公司模仿新加坡的做法，采取了严格的精英主义行政管理模式。新加坡领导人认为，治理的关键在于选拔出精英人才和管理好精英人才。

首先是精英的选择。精英的标准主要有两个，第一个标准是考试，更具体地说是中国的高考。新加坡领导人认为，能在中国的高考中胜出的肯定是精英。因此在选拔人才时，中新双方达成一致，管委会招雇的人才必须是中国教育部直属的36所综合院校的毕业生，这是最重要的一个考量标准。第二个标准是精英必须要有几年在相关领域工作的经验。除此以外，要能被开发公司选中还必须英语流利，必须经过由专家组织的相关的心理测试，最后是公司面试。①

其次是对精英人才的管理。为了让选拔出来的精英熟悉新加坡的管理模式，新加坡政府举办了多期培训班，对管理人员进行培训。此外还参照新加坡的制度建立和健全了政府公积金制度、公屋（公共住房）制度等。其制度设计的目的在于解除公司管理人员的后顾之忧，使其不至于为一些小利而影响公司的形象和效率。

2. "软件传输"的作用

软件传输方面新加坡取得了成功。很多大企业就是因为对新加坡管理模式的信任，选择到苏州工业园进行投资。阿里克休斯于1999年6~9月对苏州工业园内82家全部运营企业中的56家进行了调查和访谈，访谈的一个重要目的在于弄清楚是什么因素促使他们选址苏州工业园。通过访谈和问卷调查发现，新加坡因素是他们选址苏州工业园的非常重要的因素。在这里，新加坡因素意味着良好的基础设施和政府服务。关于这一点两个被访者的评价很有代表性：

"我们相信中新苏州工业园开发官员和新加坡政府的话，即这里（苏州工业园）将会有和新加坡一样高质量的基础设施。1994年，我们所有的只是计划和

---

① Han Minli, "The China-Singapore Suzhou Industrial Park: Can the Singapore Model of Development Be Exported?", The Thesis Presented To the Department of Political Science, National University of Singapore, 2008.

承诺，但是我们相信，如果是新加坡承诺了我们什么事情，我们就会得到它。"①

"我们选择来这里（苏州工业园），因为我们知道有软件传输。在江苏无锡也有一个新加坡工业园，但是那个工业园并没有软件传输计划。因此，即使无锡工业园有良好的基础设施和一些新加坡管理人员，但制度和政策基本上还是中国的。现在对我们来说，那就是一个潜在的问题。我们比较喜欢和新加坡的制度和政策打交道，不仅是因为我们与他们熟悉，而且是因为他们清廉和透明。"②

（二）中新知识城：移植"软件传输"

1. 战略层面

在中新知识城的建设中，新加坡把软件传输作为与中国广州政府合作的一个主要任务。新加坡方面从战略的高度认识"软件"建设，认为软件传输是广州知识城建设的关键。新加坡交通部部长、外交部第二部长吕德耀（Lui Tuck Yew）认为："软件是使广州知识城实现其充满活力、独一无二的世界级城市愿景的主要驱动力量。只有具备了这种软件，广州才能产生其知识密集型企业、天才和技术人员的吸引力。正是这一软件使广州知识城与世界其他城市相区别。因此将中国的、新加坡的和世界的软件相结合，使其适应知识城的需要至关重要。"③ 星桥国际首席执行官许庆和（Ko Kheng Hwa）对此进一步解释道："软件可以使广州产生持久的竞争力。正是由于不停地学习和消化世界上各种实践的精华，将其与新加坡的环境相融合，并辅之以本土的软件创新，新加坡才得以形成其卓越的软件。星桥愿意将新加坡这些宝贵的软件移植到广州知识城。"④

---

① Alexius Pereira. *State Collaboration and Development Strategy in China-The Case of the China-Singapore Suzhou Industrial Park*, *1992 – 2002*, London and New York：Routledge Curzon, 2003, p. 87.

② Alexius Pereira. *State Collaboration and Development Strategy in China-The Case of the China-Singapore Suzhou Industrial Park*, *1992 – 2002*, London and New York：Routledge Curzon, 2003, p. 91.

③ "Guangzhou Knowledge City Launches 'Software' Collaboration Initiative with Singapore"，星桥国际网站。

④ "Guangzhou Knowledge City Launches 'Software' Collaboration Initiative with Singapore"，星桥国际网站。

2. 具体做法

知识城建设中的软件传输，就是将新加坡城市建设和管理的具体做法和经验移植到广州知识城，这一点在双方关于软件合作的具体项目中体现得特别明显。2011 年 6 月 30 日，新加坡星桥（Singbridge）国际有限公司、广州市开发区联合与新加坡政府发起了一个广州知识城"软件"合作项目。依据该合作项目，这里所谓的"'软件'指的是规划、开发和管理城市的政策、程序与方法，其涉及城镇的设计、环境、基础设施、经济与社会发展"。①

依据双方签订的合作协议，新加坡主要通过培训和合作向广州知识城进行软件传输。培训即对广州开发区的官员进行培训，具体方式是将广州开发区的官员送到新加坡，让其就饮用水供应、城镇设计、电子政府和社会发展等课程接受新加坡相关部门的培训，具体内容见表 1。

表 1　2011 年 6 月 30 日中新软件传输协议中的培训项目

新加坡机构	培训内容
公用事业局(Public Utilities Board)	水供系统和水资源利用的规划、开发与管理
城市复建局(Urban Redevelopment Authority)	指导受训人员发展有关制定和落实城镇总体规划、设计和开发控制流程的相关原理和知识技巧
南洋理工大学(Nanyang Technological University)	与受训人员分享新加坡在社区发展、公屋管理、劳动力技能提升、草根参与、扶助低收入群体方面的经验
新加坡国立大学系统科学研究院(The Institute of Systems Science of the National University of Singapore)	分享新加坡在电子政府战略规划制定、实施、重建与治理方面的实践与创新经验

资料来源：根据新加坡星桥国际有限公司 2011 年 6 月 30 日的新闻通告（"Guangzhou Knowledge City Launches 'Software' Collaboration Initiative with Singapore"）翻译整理而成。

根据该协议，合作即新加坡和广州知识城进行项目合作，综合广东和新加坡的经验，明确和落实中新广州知识城的核心工作。该协议确定的软件传输的合作项目共有五项，涉及智慧城市、图书馆系统、绿色建筑和社区设计、家庭服务以及学校课程设计等。合作机构与内容见表 2。

---

① "Guangzhou Knowledge City Launches 'Software' Collaboration Initiative with Singapore"，星桥国际网站。

表2 2011年6月30日中新软件传输协议中的合作项目

合作机构	合作内容
IDA 国际（IDA International）	设计信息通信技术在政府、企业和社会广泛应用的总体规划,使广州知识城成为智慧之城
新加坡国家图书馆董事会（The National Library Board of Singapore）	就图书馆系统和知识建设的总体规划制定、开发与运营进行合作,以支持广州知识城知识密集型企业和知识工人的需要。具体包括战略规划制定、图书馆管理、图书馆能力开发与培训等。新加坡国家图书馆董事会将承担知识城起步区1区和5区的社区图书馆的设计工作
华侨中学（Hwa Chong Institution）	在广州玉岩中学建立附属分支机构,派师生到那里深入生活。玉岩中学选派管理人员和教师到新加坡华侨中学学习其管理哲学、课程设置、教学标准等,选派学生到华侨中学进行生活体验。并决定将合作延伸到在广州知识城设立的附属学校
BCA 国际有限公司（BCA International Pte Ltd）	帮助广州知识城开发一套"绿色建筑/社区的标准和指导原则"以指导广州知识城的设计、施工、运营与维护
德教太和观（Thye Hua Kwan Moral Society,新加坡规模最大的慈善组织）	与地方政府一起在广州知识城经营一体化的具体服务中心,中心提供一手的公交站点信息与咨询服务,社会调查与辅导,移动社会工作服务,同时还为家庭、青少年及幼儿、残障人士、老年人及其护工提供开发性、预防性和矫正治疗性服务项目

资料来源：根据新加坡星桥国际有限公司2011年6月30日的新闻通告（"Guangzhou Knowledge City Launches 'Software' Collaboration Initiative with Singapore"）翻译整理而成。

三 苏州工业园合作模式对中新
知识城建设的启示

中新知识城采取什么样的合作模式，更具体地说，中新双方在中新广州知识城投资开发公司的具体权利义务如何，这一点对未来广州知识城建设有着十分重要的影响。

（一）苏州工业园：合作模式的经验教训

有研究对广州知识城和苏州工业园的运作模式进行了概括和对比，认为广州知识城与苏州工业园采取的是不同的运作模式，广州知识城建设采取的是"企业先行，政府支持"的模式，[①] 而苏州工业园建设采取的是"政府主导、企业运作"的模式。苏州工业园模式就是指政府把苏州工业园作为国家间合作的一项战略任务，作为一个政府项目交由企业执行。在广州知识城建设中，新加坡之所以采取了与苏州工业园不同的开发模式，是因为新加坡很好地吸取了其在苏州工业园开发建设方面的经验教训。

1. 苏州工业园模式

苏州工业园于1994年奠基。按照当时的规划，中国新加坡合作区域规划为70平方公里，首期开发8平方公里。按照协定，苏州工业园实行开发主体与管理主体相分离的开发管理模式。工业园的开发由中国—新加坡苏州开发公司负责开发，而工业园的管理则由苏州工业园管委会负责。中新苏州开发公司是一个合作制股份企业。其中新加坡投资财团占65%的股份，中国投资财团占35%的股份。中新苏州开发公司负责工业园区的整体规划和基础设施的投资开发，并负责项目的招商引资工作。公司则主要通过土地转让、基础设施收费、厂房物业租售等获取收益。作为工业园的管理机构，苏州工业园管委会主要负责自然资源的调控、行政许可、提供企业所需的服务以及与相关政府部门和机构的协调工作。

在新加坡主导时期的苏州工业园建设中，新加坡一方采取了大包大揽的运作模式。在苏州工业园一期8平方公里的建设中，新加坡一方不仅制订了工业园设计方案和具体的建筑施工方案，同时具体运作工业园的物业管理。

苏州工业园开发公司对工业园的管理严格借鉴新加坡的管理模式，高标准建设，高规格要求。作为工业园开发主导方，从工业园奠基开始，新加坡一方就按照高标准建设工业园。一个例子就是新加坡对苏州工业园地基的规划和建设。开发公司在平整工业园的土地时，依据新加坡专家的研究建议，在低洼地区夯填地基5米。这样做虽然耗时、耗力、耗财，但开发公司认为要确保工业园装有精密设备的厂房万无一失，就必须这样做（黄朝翰，2009）。作为开发公司的主导方，新加坡也严格按照自己的标准选择进园企业。开发公司对不同类别资本采取不同的态度。开发公司把引进欧美日高新技术公司作为招商引资的主要目标。与

---

① 《知识城运作模式》，广州知识城官方网站。

此相对，不论中国（包括台湾和香港）的企业规模有多大，经营范围有多广，都不在他们考虑的范围之内。

2. 经验教训

由于坚持严格的高标准，新加坡在工业园的先期建设中投入了大量的成本，这不仅造成了进入苏州工业园的企业的高成本，而且也阻碍了一些成本敏感性企业的进入，而这又进一步影响了工业园物业的出租和经营，使得工业园开发公司经营长期亏损，最后不得不让出开发公司的主导权。可以说，正是由于对苏州工业园赋予了太多的政治使命，才使得工业园开发遭受了这种种曲折。对此一位受访者曾经这样说道："如果这是一个企业，那么我们必须赚钱赢利，这够直接了吧。如果这是一项政治任务，那么赚钱赢利就不那么重要。我猜你可能会说，1994 年开始时苏州工业园既是一个商业企业也是一项政治事业。这成了困扰我们基层人士的一个问题。现在这一混乱已经被理清了。我们苏州工业园开发公司可以没有任何牵绊地轻装前进了。"①

（二）中新知识城：企业主导模式

苏州工业园的失败，使得新加坡在广州知识城的建设中采取了相对谨慎的合作模式。广州知识城的模式是"通过商业运作模式而不是国家指定项目去操作，规划做好之后，发展的方向由企业自己决定"。② 更具体地说，政府只是就大的合作提出方向，批准相关的城市发展和产业规划，具体论证和引进、开发和管理则由企业负责。这一点在广州知识城的发展历程中体现得特别明显，政府和企业各自在广州知识城的作用见表3 及表4。

通过广州知识城发展历程的简单介绍，可以看出：虽然中新双方力主企业主导，广州知识城的开发并不像媒体所概括的那样，以企业为主导，知识城的开发还是有着比较浓的政府色彩，至少是在中方，特别是在招商引资这一块，在知识城奠基后的 8 次招商引资行为中，政府官员带队的有 5 次。

① Alexius Pereira, *State Collaboration and Development Strategy in China-The Case of the China-Singapore Suzhou Industrial Park*, 1992 – 2002, London and New York: Routledge Curzon, 2003, p. 158.

② 《中新合建 30 平方公里知识城或纳入广州开发区》，http://sxmsg. focus. cn/news/2010 – 12 – 23/1142408. html。

表3　广州知识城建设模式

政府指导和支持	企业经营与运作
1. 提出方向:2008年9月,广东省委书记汪洋率团访问新加坡,坦陈广东面临产业转型升级的"成长的烦恼",希望能够借鉴新加坡在城市建设与产业发展方面的先进经验,在广东打造一个标志性的合作项目的设想。 2. 确定方向:2009年2月16~20日,新加坡教育部兼新闻、通讯及艺术部高级政务部长吕德耀,贸工部政务部长李奕贤率领19名政府官员和50名企业高层组成的商务考察团访问广东,并实地考察了广州开发区科学城北区。其间,汪洋书记会见了代表团,并就加大合作、设立"知识城"事宜达成了共识。 3. 参加奠基仪式:2010年6月30日下午,中新广州知识城项目在广州开发区九龙大道举行签约奠基仪式。中共中央政治局委员、广东省委书记汪洋,新加坡国务资政吴作栋出席仪式并致辞。 4. 列入国家合作议程:2010年7月23日,知识城项目列入中新双边合作联委会第七次会议议题,王岐山和黄根成两位副总理分别代表中新两国中央政府表态支持知识城的发展。 5. 成立政府领导小组:2010年8月20日,广州市成立推进粤新合作"知识城"项目建设领导小组,由省委常委、广州市委张广宁书记任组长。 6. 明确行政权限:2010年10月22日,广州市万庆良市长颁布政府令,授予知识城管委会市一级管理权限。 7. 成立领导机构:2010年12月25日,中新广州知识城管委会正式揭牌,广州市委常委凌伟宪书记任管委会主任。 8. 批准城市规划:2011年1月24日,《中新广州知识城总体规划(2010~2020年)》获市政府正式批准。 9. 批准项目:2011年3月14日,国家发改委正式核准了知识城起步区项目。 10. 领导参加招商:到2011年12月底,广州知识城招商引资共进行了8次招商引资活动,每一次都由广州市领导参加。	1. 进行可行性研究:广州开发区管委会与新加坡吉宝企业集团签署《关于合作建设"知识城"项目的备忘录》,确定"知识城"选址、可行性研究等事项。 2009年4月14日,新加坡吉宝公司和广州开发区正式启动"知识城"项目可行性研究工作。双方组成百人团队,分为"城市规划"、"产业规划"等六个专课组正式对接。2009年7月,知识城可行性研究工作正式完成。 2. 商业项目谈判:2009年7月14日,知识城项目商业谈判启动。 3. 项目建设:2010年12月23日,知识城起步区道路和安置区建设正式动工。 4. 签订合资合同:2010年11月13日,中新双方签署中新广州知识城投资开发公司合同,广州知识城将由中新广州知识城投资开发有限公司开发和运作。该公司由新加坡星桥国际广州知识城有限公司和广州市开发区旗下的广州知识城投资开发公司合资组成。合资公司注册资本40亿元人民币,中新双方各出资50%,新加坡一方以现金形式注资,中方的50%由开发区提供的土地折算构成。 5. 成立合资公司:2011年9月15日,中新广州知识城投资开发公司成立,广州开发区副主任崔新宇为公司董事长,新加坡郑汉杰(Tay Hun Kiat)为公司总经理。 6. 公司引资招商:以公司名义进行招商

资料来源:根据广州知识城官方网站所列广州知识城大事记。

表4　中新广州知识城招商活动列表

招商活动地点和时间	参加的政府领导
2011年1月23~26日,中新知识城新加坡招商会	广州开发区管委会副主任、中新广州知识城管委会副主任崔新宇
2011年3月中旬,中新广州知识城美国招商推介会	萝岗开发区管委会主任、萝岗区委书记凌伟宪

招商活动地点和时间	参加的政府领导
2011 年 5 月 28 日～6 月 8 日,中新广州知识城欧洲招商会	—
2011 年 6 月 7 日,广州知识城香港招商会	广州开发区管委会副主任、中新广州知识城管委会副主任崔新宇
2011 年 7 月 12～13 日,中新联合国际招商小组赴上海	—
2011 年 7 月 26 日,广州知识城日本东京招商会	广州市市长万庆良,开发区管委会主任凌伟宪
2011 年 10 月 23～28 日,广州知识城日本招商会	—
2011 年 11 月 20 日～12 月初,广州知识城沙特阿拉伯、欧洲招商会	开发区管委会主任、中新广州知识城管委会主任、萝岗区委书记凌伟宪

资料来源：本文作者根据媒体关于广州知识城的招商报道编制而成。

四 对中新知识城建设的深层次思考

（一） 深入理解新加坡合作预期的转变

通过以上的分析可以看出，新加坡对苏州工业园和广州知识城的预期是不同的。新加坡是把工业园作为一个政治任务来对待的，要在苏州再造一个小新加坡，为此在开发公司中新加坡要求了 65% 的股份，目的就是要在具体的建设中，严格按照新加坡的高标准打造苏州工业园。从中国这一方面来说，这正是我们所需要的，事实证明对我们是有好处的。1997 年苏州遭受特大洪水侵袭，由于按照高标准建设施工，苏州工业园基本上没有受到什么损失，新加坡也为自己的正确决策感到自豪；与之相对照，中国按自己标准建设的苏州新区则损失惨重。这一事件说明，在城市规划和建设方面，新加坡确实值得我们学习。要学习新加坡认真实干的精神，把城市规划和建设当做一种长远的事业，不贪一时功利。

或许因为自己主导时期苏州工业园开发经营的亏损，新加坡对广州知识城采取了一种相对务实的预期。在新加坡领导人那里，广州知识城是一桩生意、一个买卖，或者说首先是一桩生意、一个买卖，按照他们的说法，中新知识城是私人利益驱动的（driven by the private sector）。① 因此同样重视软件传输，性质却有不同。在苏州工业园的建设中，软件传输是为了再造新加坡的需要，而在广州知识城，软件传输也变成了生意的一部分，或者说，首先是一种生意，是一个卖点。在开发公司中，新加坡寻求的不再是作为其实行理想保证的65%的股份，而是一种保证其利益的50%的股份。

采取务实预期的新加坡的行为对广州知识城的开发会有什么影响？要回答这一问题，一是要正确认识新加坡城市规划成功经验的整体性。新加坡城市规划的成功应该从其政府管理的整体的角度去把握。新加坡成功的经验可以概括为精英决策、精养严管。精英决策才能保证决策和规划的前瞻性和科学性，精养就是所谓的给官员高薪，严管就是指对官员的一言一行都实行严格的管制。精养使各级和各部门官员不必要贪，不轻易起贪念，严管使官员不敢轻易起贪念，这样才能将精英决定的城市规划有效执行。因此，新加坡对广州知识城建设采取务实的预期，对广州知识城来说，很难说是一个福音。起码说广州知识城建设少了一个进行科学规划和有效执行规划的外部的有影响力的制约因素。

（二）正确对待"企业先行"开发模式

要正确对待"企业先行"，或者说知识城开发背后的利益驱动。所谓的企业先行，就是把知识城的规划、基础开发和管理交给企业去做，更具体地说，交给中新知识城投资开发公司去做。根据中新知识城投资开发公司合同，开发公司负责建立国际招商网络，为知识城的产业引进、项目招商提供管理和推广服务；负责知识城的总体开发，包括各类产业园区及配套项目的开发；参与投资、建设、营运和管理知识城的基础设施和部分配套设施，如内部路网、雨水、污水、中水管网和配套的学校及邻里中心等。②

正确对待"企业先行"企业主导开发，首先要认识到知识城开发不仅仅

---

① Kor Kian Beng, "A new model for Sino-S'pore project", http：//www. pmo. gov. sg/content/pmosite/mediacentre/inthenews/seniorminister/2010/July/a_ new_ model_ for_ sino-sporeproject. html.

② 《知识城开发进入新阶段　中新广州知识城投资开发公司合资合同签署》，《创业导报》http：//www. 020lg. com/articles/article－4561. aspx。

是一种简单的企业经营行为，还是一种涉及城市规划发展和未来产业发展的公益行为。企业经营首先要考虑的是投资的收益，特别是短期的收益，而作为公益的城市规划和产业规划则考虑的是以后几十年、甚至是上百年的影响。企业经营成败是正常之事，失败了可以重来，一旦城市开发失败，就很难改造。因此，对企业主导的知识城开发模式要有所限制，在规划制定和建设实施方面，让公众有更多的知情、参与和监督权，这是公共产品的生产所要求的。

其次要认识到企业和政府面对的激励和约束不同。政府也会短视和可能贪污腐败，但政府毕竟要受意识形态的制约，要在一定程度上接受公众的监督，在制定决策时要受到各种利益集团的牵制、要平衡各方的利益；而企业受到的制约少得多，在以上几个方面几乎不受什么限制，只注重经济收益而置其他于不顾。因此，相比于政府主导下的城市经营和开发，企业主导下的城市规划和开发可能会给广州未来的发展带来更大的风险，必须从长计议广州知识城的开发。政府必须对开发企业施加严格的限制，利用好自己的审批权限，对自己看不清楚、把握不准的，宁肯缓办甚至不办，也不要贪一时功利，不要给后代子孙留下遗憾。

正是由于汲取了在苏州工业园建设方面的教训，新加坡在广州知识城合作项目中采取了相对务实的预期。新加坡的做法固然可能会减少与中方政府之间的矛盾，却也使广州知识城的规划和建设少了一个强有力的外部制约因素，其所采取的企业主导模式也增添了广州城市和产业规划与建设的风险，中方政府应该在建设中更加谨慎。

Sino-Singapore Cooperation: the Experience of Suzhou Industrial Park and the Mode of Guangzhou Knowledge City

Wang Zichang   Qiu Zhijun

Abstract: Singapore learned from the experience and lesson gained in the construction of Suzhou Industrial Park, and took a cooperative development model which emphasizes "enterprise lead, profit earning" in Guangzhou Knowledge City development. Under such a model, a strong constructive external pushing factor is absent in the construction of Guangzhou Knowledge City, and meanwhile possible risks to the project are increased.

Key Words: China-Singapore Guangzhou Knowledge City; Suzhou Industrial Park; Experience; Mode

B.7
广州与东盟经贸关系分析[*]

李皖南[**]

摘　要：广州作为改革开放的前沿阵地，在过去的十多年中与东盟经贸关系快速发展，取得了积极的成效，但同时由于诸多原因，广州与东盟经贸关系还存在一些不足。本文从辩证的角度，分析了广州与东盟经贸关系中的成绩与问题，剖析其中的原因，并根据国内外形势分析了广州与东盟经贸关系的前景。

关键词：广州　东盟　经贸关系

2008 年，国家发改委发布《珠江三角洲地区改革发展规划纲要（2008～2020 年）》，明确提出广州要深化与东盟的合作，发挥广州作为国家中心城市和"首善之区"的功能，将广州建成面向世界、服务全国的国际大都市。2010 年 1月 1 日，中国—东盟自由贸易区全面建成，这是中国第一个对外自由贸易区，也是东盟作为整体对外实施的第一个自由贸易区，受到双方的高度重视，在中国—东盟关系的发展史上具有里程碑意义。根据中国—东盟自由贸易区框架下的各项协议，中国与东盟之间不仅要实现货物贸易自由化，而且还要实现服务贸易自由化和投资自由化，这无疑会进一步深化中国与东盟的经济关系，同时也为广东与东盟的经贸关系带来新格局，更给广州市开放型经济带来新的发展契机和新的挑战。从战略上考虑，广州市应抓住中国—东盟自由贸易区建成所带来的机遇，进一步扩大和深化对外开放，促进产业结构优化升级，提高人民生活水平。本文主

---

*　本文写作得到了广州市外经贸局的大力支持，在此感谢。

**　李皖南，经济学博士，暨南大学国际关系学院副教授。

要分析 21 世纪以来广州与东盟经贸关系所取得的积极成就，指出其中存在的不足与问题，并对其前景进行展望。

一　广州与东盟经贸关系的成效

21 世纪伊始，中国政府就提出了建立中国—东盟自由贸易区的构想。在中国—东盟自由贸易区十年的建设进程中，广州与东盟的经贸关系快速发展，取得了许多成效。

（一）广州与东盟相互贸易成效

1. 贸易规模不断扩大，增长显著

根据统计，2000～2009 年，广州与东盟的双边进出口总额从 13.83 亿美元增加到 81.91 亿美元，增长 4.9 倍，高于广东省与东盟的平均增长幅度（4.6 倍）。其中，出口额从 4.43 亿美元增加到 31.18 亿美元，增长 6.0 倍，年均增幅 60%；进口额从 9.4 亿美元增加到 50.73 亿美元，增长 4.4 倍，年均增幅 44%。出口增幅大于进口增幅。

2005 年，中国与东盟《货物贸易协议》开始实施，并启动降税进程，这为广州与东盟的贸易扩大带来了积极的效应。2005～2009 年，广州与东盟双边贸易额增长分别为 10.11%、24.18%、13.94%、20.70% 和 9.26%。尽管 2009 年受到国际金融危机的影响，广州对东盟出口下降，但进口增长 16.56%，带动全年贸易总额增长 9.26%。

2010 年是中国—东盟自由贸易区全面实施的第一年，广州与东盟贸易额大幅增长，产生了积极的贸易创造效应，全年实现进出口总额 120.05 亿美元，增长 46.59%，大大高于广东全省 30% 的增幅。其中，向东盟出口 40.26 亿美元，增长 29.1%；从东盟进口 79.79 亿美元，增长 57.32%。

2011 年，在外部经济不景气的情况下，广州与东盟贸易总额达到 128.5 亿美元，增长 7%。其中，广州对东盟出口 48.03 亿美元，增长 19.3%，这一增速高于广州与欧盟（27 国）的出口增速（11.8%）和广州与美国的贸易增速（9.1%），也高于广州与亚洲国家的贸易平均增速（17.5%）；2011 年，广州从东盟进口 80.47 亿美元，增长 0.85%。

2000～2011 年广州与东盟进出口贸易额见表 1 和图 1。

表1 2000～2011年广州与东盟进出口额统计

单位：亿美元，%

年份	进出口	增幅	出口	增幅	进口	增幅	广州逆差
2000	13.83	—	4.43	—	9.40	—	-4.97
2001	14.45	4.49	6	14.78	8.45	-1.75	-2.45
2002	18.87	30.56	7.02	17.11	11.85	40.09	-4.83
2003	30.26	60.37	8.55	21.74	21.71	83.21	-13.16
2004	39.86	31.74	11.74	37.34	28.12	29.53	-16.38
2005	43.89	10.11	15.30	30.29	28.59	1.68	-13.29
2006	54.50	24.18	20.44	33.61	34.06	19.13	-13.62
2007	62.10	13.94	26.05	27.45	36.05	5.84	-10.00
2008	74.96	20.70	31.44	20.72	43.52	20.72	-12.08
2009	81.91	9.26	31.18	-0.84	50.73	16.56	-19.55
2010	120.05	46.59	40.26	29.10	79.79	57.32	-39.53
2011	128.5	7.0	48.03	19.3	80.47	0.85	-32.44

资料来源：2000～2010年的数据来自广州对外经济贸易合作局，2011年的数据来自广州海关。

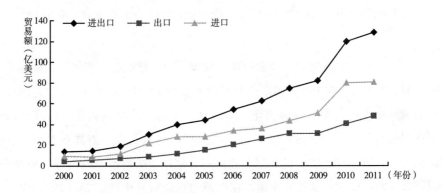

图1 2000～2011年广州与东盟贸易额

资料来源：2000～2010年的数据来自广州对外经济贸易合作局，2011年的数据来自广州海关。

2. 东盟在广州对外贸易中的地位呈上升趋势

2000年，在广州对外贸易份额中，东盟只占5.9%。在中国—东盟自由贸易区建设过程中，东盟的地位快速上升。到2009年，东盟在广州对外贸易中的比重上升为10.7%，其中，对东盟出口额占全市对外出口总额的8.3%，从东盟进口额占全市进口总额的12.9%。2010年，东盟在广州对外贸易中的比重再度上

升到 11.6%，出口比重维持 2009 年的 8.3% 水平，进口比重上升为 14.4%，比
2009 年增加了 2 个百分点，创造了东盟在广州对外贸易历史中的最高比重。
2011 年，东盟在广州对外贸易中的比重维持在 11% 的水平（见图 2）。目前，东
盟已经成为广州第五大贸易伙伴。

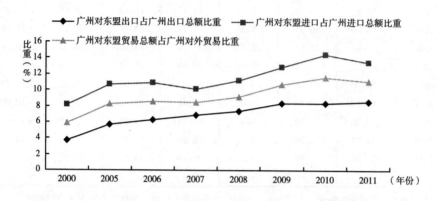

图2 2000~2011 年广州与东盟贸易占广州对外贸易比重

资料来源：2000~2010 年的数据来自广州对外经济贸易合作局，2011 年的数据来
自广州海关。

东盟各个成员国新加坡、马来西亚、泰国、印度尼西亚、菲律宾、越南是广
州的主要贸易伙伴，6 个国家占广州与东盟贸易的 97.27%。但 10 年间各成员与
广州的贸易比重却发生了显著变化。2000 年，新加坡、马来西亚、印度尼西亚
三国在广州与东盟贸易中占 83%，马来西亚所占比重最大，而其余东盟国家所
占比重很小。2003 年，泰国的比重迅速提高，超过印度尼西亚的份额。2009 年，
泰国超过马来西亚和新加坡的比重，在广州与东盟贸易中达到 24.57%，成为广
州最大的东盟贸易伙伴，这与广州市政府对泰国市场的大力开拓有着重要的关
系。2009 年，马来西亚和印度尼西亚分别是广州第二、第三东盟贸易伙伴，分
别占比 23.33% 和 17.72%。新加坡在广州与东盟贸易中的比重波动明显，2009
年所占份额 17.45%。越南所占贸易份额也是逐年上升，2009 年为 9%，超过了
菲律宾（6.48%）。2010 年，上述 6 个国家比重增幅发生了变化，新加坡、越
南、菲律宾比重大幅上升，新加坡从 2009 年的 17.45% 上升到 2010 年的
24.50%，一举超越马来西亚成为广州的第一大东盟贸易伙伴，越南从 2009 年的
9% 上升到 2010 年的 16.05%，超过了泰国比重，而马来西亚、印度尼西亚、泰

国的比重相应下降。2011年，马来西亚重新崛起成为广州的第一大东盟贸易伙伴，占广州与东盟贸易额的22%，而其余东盟国家的贸易比重有不同程度的下降（见图3）。

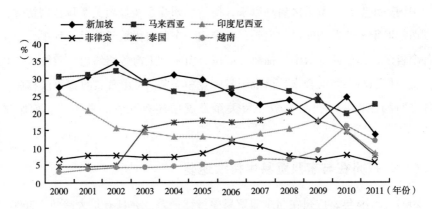

图3　2000~2011年东盟各国在广州与东盟贸易中的比重

资料来源：2000~2010年的数据来自广州对外经济贸易合作局，2011年的数据来自广州海关。

3. 广州与东盟贸易占广东与东盟的贸易比重稳中有升

2000年，广州与东盟贸易占广东与东盟贸易比重10.35%，到2009年上述比重上升为12.94%。从2000~2009年的发展趋势上看，广州与东盟的贸易占全省与东盟的贸易比重比较平稳，变化不大。但进入2010年后上升幅度增大，2010年广州与东盟贸易占广东与东盟贸易比重约为15%，2011年这一比重为13.79%。

4. 贸易商品结构不断优化

广州—东盟的贸易商品中，制成品尤其是资本和技术密集型商品比重在上升。2000年，广州对东盟出口中前三大商品是机电设备、纺织原料、化学工业，三大商品所占比重51%。但到2009年，广州对东盟出口的前三大商品包括机电设备、纺织原料、车辆航空器，三大商品所占比重59%。说明广州对东盟出口的制成品比重上升。广州从东盟进口商品结构，2000年，广州从东盟进口的前三大商品为矿产品、机电设备、木制品，三大商品所占比重为60%。到2009年，广州从东盟进口的前三大商品为机电设备、矿产品、动植物油等，三大商品比重为63%。可以看出，广州与东盟之间的贸易结构不断优化。在与东盟商品贸易结构中，机电产品（大类）的进出口增长显著，带动了产业内贸易的上升。

二 广州与东盟经贸关系中存在的不足及原因

中国—东盟自由贸易区启动以来,虽然广州与东盟经贸关系日益密切,在贸易方面都取得了长足的发展。但是,在中国—东盟自由贸易建设过程中,中国国内各个省区市如广西、云南、福建、广东、山东、上海等纷纷出台政策,各显神通,希望加强与东盟的合作,出现了省际竞争态势。[①] 在激烈的竞争过程中,由于各方面的原因,广州与东盟经贸关系发展中还存在着一些不足,面临诸多挑战。

(一) 广州在与东盟贸易中持续逆差

2000~2010 年,广州在与东盟贸易中持续逆差,并且有扩大趋势。2000 年,逆差为 4.97 亿美元,2009 年逆差为 19.55 亿美元,2010 年逆差大幅增长,达到了历史最高位,为 39.53 亿美元,比 2009 年增长 102%。2000~2009 年,广州与东盟的贸易逆差累计额达 110.33 亿美元,占广东与东盟的贸易逆差累计额(1106.57 亿美元)的 9.97%。2011 年,广州与东盟贸易逆差虽有减低,但仍达到了 32.44 亿美元(见图 4)。

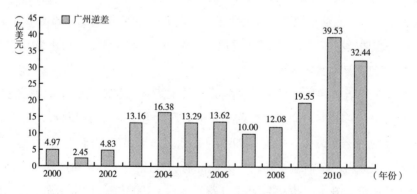

图 4 2000~2011 年广州与东盟贸易逆差

---

① 李皖南:《中国—东盟自由贸易区框架下广东与东盟经贸合作的思考》,《南洋问题研究》2011年第 3 期。

广州与东盟贸易逆差主要体现在两大类，第一，初级产品的逆差大，2009年矿产品逆差达到11.4亿美元，动植物产品和油类逆差6.5亿美元；第二，机电产品逆差大，2009年达到5.5亿美元。①

广州这两类产品的逆差原因在于：第一，资源禀赋差异使得自然资源匮乏的广州需要从东盟国家进口大量的煤、天然橡胶、石油等资源密集型商品。第二，东盟国家的农产品贸易具有竞争优势，使得广州的农产品逆差扩大。第三，广州的加工贸易方式导致广州处于国际产业转移链下游，这决定了广州从东盟逆差方式进口原材料及零配件，在国内加工组装，然后再以顺差方式出口到美国、欧盟等国家，这与广东省的逆差原因大体一致。而这三方面问题的解决不是一朝一夕的事情，可以预测，在未来较长的一段时间内，广州与东盟国家的经贸往来仍将处于逆差状态，并有扩大的危险。

（二）广州与东盟产业内贸易层次不高

虽然从纵向上看，广州与东盟产业内贸易在上升，但广州与东盟产业内贸易总体水平较低，而且劳动密集型和原材料密集型的产业内贸易指数远远高于资本、技术密集的产业内贸易指数。例如，2009年，广州与东盟食品、饮料等产品的产业内贸易为74%；贱金属及其制品的产业内贸易为76%；植物产品的产业内贸易达到了71%；革、毛皮及制品，塑料橡胶及其制品，纺织原料及纺织制品，木浆及纸制品等产业内贸易都上升到50%左右，这些大多属于劳动密集型、资源密集型或低技术密集型等产品，产业内贸易普遍比较高。相反，资本和技术密集度含量较高的车辆、航空器、船舶及运输设备等产业内贸易2009年仅为16%,② 可见，在中国—东盟自由贸易区的建成过程中，虽然提高了广州与东盟的贸易额，但是贸易层次没有得到提高，尤其是资本和技术密集型的贸易层次没有得到大幅提高。

实际上，广州出口商品中还存在许多属于附加值低、加工程度浅、技术含量少的低档次劳动密集型工业制成品，或半加工品和初级产品，许多还是来料加工和装配制成品。广州对东盟出口商品虽然也有部分属于资本密集型和技术密集型产品，但与

---

① 根据广州市外经贸局提供的资料整理而成。
② 根据广州市外经贸局提供的资料整理而成。

东盟对广州出口相比差距依然很大，尤其是技术密集型产品。这导致广州在开展与东盟贸易时制成品竞争力难以提升，同时带来贸易逆差，置广州企业于被动的地位。

中国—东盟自由贸易区建成后，东盟除了将继续发挥在农产品、资源密集型产品方面的优势，一些东盟国家的先进制造业的优势也会对广州形成新的挑战，如新加坡、马来西亚、泰国等国家的电子业、化工业、生物制药业、精密工程、交通工程业、汽车制造业、金融服务业、创意产业等都具有较强的竞争力，这虽然会使得产业内贸易层次在一定程度上提高，但会增加广州的贸易逆差。

（三）广州与东盟贸易占全国与东盟贸易比重不高

2000 年，广州与东盟的贸易占全国与东盟贸易比重的 3.49%。但在中国—东盟自由贸易区的建设进程中，广州与东盟贸易占全国的比重没有上升，相反出现了略微下降，到 2008 年，在全国的比重下降到 3.24%。2009 年虽然止住了下降趋势，但是也只有 3.85%。

在全国范围内出现贸易比重不高的原因在于：过去十年中，广东全省包括广州市对东盟的重视不够，没有分享到中国—东盟自由贸易区建设进程中的额外收益。相反，国内其他兄弟城市认识到了中国—东盟自由贸易区所带来的机遇，努力开拓与东盟的经贸关系。如广西南宁争取到中国—东盟博览会的主办权，南宁·中国—东盟国际商务区也于 2011 年建设完毕，打造成为中国—东盟贸易洽谈、成交、结算中心。南宁努力把自己打造成面向东南亚的"西南门户"，[1] 争做中国走向东盟的"桥头堡"和中国—东盟的物流中心和区域商务中心；云南昆明等城市利用泛湄公河流域合作，积极融入到东盟合作中去；上海、福建等省市也提出了自己的"东盟战略"，努力切割东盟这块蛋糕。[2] 但是，在全国都重视并加强与东盟合作时，广州却没有及时意识到与东盟合作的重要性。当广州意识到东盟的重要性时，其他城市已经捷足先登。也就是说，兄弟城市强有力的竞争和广州自身意识滞后的主客观双重原因导致广州与东盟贸易份额难以大幅提升的现实，这与广州作为"国家中心城市"的定位不符。

---

① 《借东盟政策红利广西雄心勃勃》，http://www.vn163.cn/maoyi/20101010/27727.html。
② 李皖南：《中国—东盟自由贸易区框架下广东与东盟经贸合作的思考》，《南洋问题研究》2011年第 3 期。

（四）广州吸收东盟外资的相对比重下降

东盟虽然是广州吸收外资的重要来源地，但是东盟投资占广州吸收外资总额的比重一直不高，而且还出现了下降趋势。到 2009 年，东盟投资只占广州吸收外资总额的 2% 左右，也就是说，广州实际吸收的外资中，只有 2% 左右是来自于东盟国家。累计投资方面，截至 2009 年底，东盟在穗累计直接投资项目 724个，合同外资 19.8 亿美元，实际使用外资 14.1 亿美元，仅占全市外商直接投资项目、合同外资及实际使用外资的 3.6%、2.6% 和 3.0%。①

此外，2005 年以来，广州吸收东盟外资占广东全省吸收东盟外资的比重也呈下降趋势，尤其是在实际利用外资方面。2005 年，广州引进东盟的实际外资占全省比重达到 21.11%，但是到 2009 年，这一比重只有 12.32%，下降了近一半（见表2）。

表2 2005～2009 年广州和广东吸收东盟投资

单位：万美元，%

指 标	协议利用外资				实际利用外资			
	2005 年	2008 年	2009 年	2010 年	2005 年	2008 年	2009 年	2010 年
广州利用东盟外资	13687	10393	3557	—	8744	10433	7900	—
广东利用东盟外资	88703	36689	36089	60216	41416	76897	64124	64206
广州利用东盟外资占广东的比重	15.43	28.33	9.86	—	21.11	13.57	12.32	—
广州吸收外资总额	—	591857	372308	497384		362272	377329	397862
东盟占广州吸收外资比重		1.76	0.96	—		2.88	2.09	

资料来源：2005～2009 年数据根据广州对外经济贸易合作局提供资料整理；2010 年数据来自《广州统计年鉴2011》。

上述两个相对比重出现下降的原因在于：一是随着广州产业升级转变，欧美日等发达国家增加了对广州的投资，稀释了东盟的比重。二是由于重视力度不够，其他省份加强了对东盟外资的引进力度，这转移了东盟对广州的投资。南宁

---

① 根据广州外经贸局提供的资料整理而成。

等兄弟城市基础设施不断完善、市场配套服务体系日益规范、投资环境日益优化，同时出台一系列针对东盟投资的优惠政策，对外资的吸引力增强，导致原本投资广州的资金外流；加上广州本身的劳动力成本上升、能源压力日益增大，同样导致了部分外资的流出，广州对东盟外资占有份额降低。

（五）广州对东盟投资不足，没有发挥走向东盟的领军作用

在中国企业"走出去"的过程中，广州对外投资的历程相对较早，发展相对迅速，截至 2010 年，广州境外企业达到 489 家，投资总额达到 242679.6 万美元。但是在同一时期，东盟没有成为广州对外投资的重点，相反，广州对东盟投资却起步晚，直到 2001 年才开始在越南投资，而且规模小。截至 2010 年，广州在东盟投资的企业只有 49 家，投资总额只有 5550.91 万美元，占广州对外投资总额的 2.3%。此外，广州对东盟投资行业主要集中在产业链低端、利润较低的领域。在广州投资东盟的 49 家企业中，虽然生产类投资占据了投资总额 3/4，但是在生产类企业中，仅贤成（柬埔寨）纺织联合企业有限公司一家企业的投资额占据投资总额 68%，其他项目的投资都是小规模的低端投资。①

2010 年，广州对泰国、柬埔寨、越南、印度尼西亚、新加坡新建了部分企业，虽然新增企业数占广州在境外投资企业数的比重为 10.34%，但是东盟新增的投资额只占广州新增境外投资额的 1.78%（见表 3），这足以说明广州在东盟的投资属于小规模投资，投资额不足。

表 3　2010 年广州对东盟投资情况

国　　别	新增企业数（个）	新增中方投资额（万美元）
泰国	1	245
柬埔寨	1	200
越南	2	—
印度尼西亚	1	280
新加坡	2	107
广州在东盟投资小计	9	832
广州对东盟投资占广州对外投资比重（%）	10.34	1.78

资料来源：《广州统计年鉴 2011》。

---

①　根据广州外经贸局提供的资料整理。

在中国—东盟自由贸易区建设过程中，广州企业没有充分利用自由贸易区机会，在区域生产网络构建中没有形成广州自己的特色和网络，更没有广州主导权。如果广州企业能够积极主动地构筑生产网络，则会成为中国对外投资的领军。相对发达国家来说，中国在东盟国家的投资规模小，投资行业的辐射性和扩散性都不够，生产和销售网络没有完全建立起来。欧美日发达国家在东盟经营多年，在关键的领域如油气勘探和开发、资源开采与利用、高新技术产业等方面都控制着主动权。例如，美国、英国、荷兰的石油公司基本上垄断了印度尼西亚、文莱、马来西亚等国的石油和天然气开发与加工；日本的企业则基本控制了东南亚各国家用电子电气产品的生产和销售。① 广州市是能源消费大市，从东盟国家进口，资源产品价格却掌握在发达国家跨国公司手中，没有定价权使得广州在与东盟的贸易中很被动，广州企业要想在东盟立住脚跟、壮大力量，不得不面对来自欧美、日、韩等国家企业的激烈竞争。

根据问卷调查资料显示：目前广州企业投资东盟较少的原因在于，第一，除少量实力强大的企业已经对东盟投资外，真正具备投资东盟有实力的企业较少，大部分企业面临资金短缺问题；第二，对东盟政策的了解不足，缺乏有效的风险评估；第三，广州企业在东盟缺乏相应配套产业链条和高端技术环节，也缺乏相应技术和管理人才，更缺乏跨国经营的知识和经验；第四，不同的文化传统、理念、欠稳定的政局阻碍投资东盟的热情。

三 广州与东盟经贸关系发展展望

广州与东盟经贸关系尽管存在着上述不足，但是也面临着来自国家、广东省及区域等不同层面的系列机遇，这些机遇将为广州与东盟经贸关系提供广阔的前景。

首先是来自国家层面的机遇。2008 年，国家发改委发布《珠江三角洲地区改革发展规划纲要（2008~2020 年）》（以下简称《纲要》），将广州发展定位上升到国家战略层面，明确指出：广州市要强化国家中心城市、综合性门户城市和区域文化教育中心的地位，增强文化软实力，提升城市综合竞争力和辐射带动能

---

① 李皖南：《中国—东盟自由贸易区框架下广东与东盟经贸合作的思考》，《南洋问题研究》2011
年第 3 期。

力。将广州建设成为广东宜居城乡的"首善之区",建成面向世界、服务全国的国际大都市。所谓国家中心城市,就是要将广州建设成为在经济、文化诸方面具备引领、辐射、集散功能的城市。这就要求广州充分发挥自身的核心优势,并培育新的竞争优势。与此同时,《纲要》还强调广东要加强与东盟等国际经济区域的合作,推动更高层次的对外开放与交流。

其次,广东省重视与东盟的合作为广州市发展与东盟关系提供了难得的平台。2010 年 5 月 24 日,广东省委办公厅和省政府办公厅联合发文《关于深化与东盟战略合作的指导意见》,提出广东要全面对接中国—东盟自由贸易区,深化与东盟战略合作。广州作为省会城市,也面临促进产业结构升级转型、转变经济增长方式的重要任务,在国际金融危机对欧美等传统市场严重打击的情况下,广州也应及时配合省委省政府,利用中国—东盟自由贸易区建成后的机遇,积极拓展东盟市场,扩大与东盟经贸关系。

再次,中国—东盟自由贸易区的建成为广州提供了战略机遇。2010 年 1 月 1 日,中国—东盟自由贸易区全面建成,中国与东盟六个老成员国(新加坡、马来西亚、泰国、印度尼西亚、菲律宾、文莱)间的 93% 贸易商品关税降为零,实现货物贸易自由化。中国与东盟四个新成员国(柬埔寨、老挝、缅甸、越南)则将在 2015 年实行零关税。同时根据中国与东盟签订的三大协议,即《货物贸易协议》《服务贸易协议》、《投资协议》,中国与东盟之间不仅要实现货物贸易自由化,而且还要实现服务贸易自由化和投资自由化。在全球经济尚未完全复苏的国际经济大环境下,中国—东盟自由贸易区的各项协议的实施对广州来说具有特殊意义。根据广州与东盟经贸关系的积极成效与存在的不足,结合广州推动国家中心城市的建设,未来广州与东盟经贸关系发展可以在以下三方面有所作为。

(一)广州与东盟货物贸易数量和质量将得到进一步提升

根据《中国—东盟货物贸易协议》,零关税商品在东盟六个老成员国覆盖率会越来越广,而且东盟新成员国也会于 2015 年加入零关税行列。从理论上看,自由贸易区中的双方贸易壁垒的消除,带来贸易创造效应。目前,广州对东盟出口只占广州出口总额的 8.3%,还有很大的提升空间。中国—东盟货物贸易自由化后,为广州具有竞争优势的产品出口提供了更好的机遇,如机电、纺织、家具、轻工类产品、医药保健品等出口的数量会进一步提升。与此同时,我国降低关税同样对东盟各国产生出口刺激作用。新加坡的炼油、石化产业世界领先，马来西亚、印度尼西亚拥有丰富的石油、天然气、煤炭、天然橡胶、木材等资源，文莱以能源作为支柱产业。未来，资源短缺的广东会进一步增加对这些国家石油、石化、木材、纸浆等产品的进口。此外，东盟国家也会继续发挥农产品优势，如印度尼西亚、马来西亚和泰国的咖啡、棕榈油、椰子油、榴莲等。① 随着收入提高和需求的增加，广州进口东盟农产品将继续保持快速增长态势。

此外，广州对东盟出口产品的质量也会在竞争中得到改善。近年来，东盟不少国家制定了更高的环保、技术标准。东盟新成员国劳动力价格更低廉，广州的劳动密集型产品没有特别优势。广东在推动自身产业结构升级的同时，会培育具有发展潜力和较高技术含量的产业和产品向东盟出口，在更高层次上推动出口结构升级和外贸增长方式转变。

（二）广州与东盟服务业领域合作将会得到深入发展

在中国—东盟自由贸易区框架下，服务业领域的合作是中国与东盟未来合作的重点领域，也是未来广州与东盟合作的重点，需要重点开拓。2007 年 7 月 1 日正式实施的《中国—东盟服务贸易协议》是规范我国与东盟服务贸易市场开放和处理与服务贸易相关问题的法律文件。它参照了 WTO《服务贸易总协定》的模式，包括定义和范围、义务和纪律、具体承诺和机构条款 4 个部分，共 33 个条款和 1 个附件。附件中列出了中国与东盟 10 国的具体承诺减让表。根据《中国—东盟服务贸易协议》规定，中国在 WTO 承诺的基础上，在建筑、环保、运输、体育和商务服务等 5 个服务部门的 26 个分部门，向东盟国家做出了新的市场开放承诺，具体包括进一步开放上述服务领域，允许对方设立独资或合资企业，放宽设立公司的股比限制等内容。东盟各国也在 WTO 承诺基础上做出了新的开放承诺。在《中国—东盟服务贸易协议》的制度框架下，中国与东盟各国的市场开放承诺都高于 WTO，这有利于进一步拓展双方服务部门的互利合作，实现优势互补，增强竞争力。

《中国—东盟服务贸易协议》的实施对广州的积极影响主要体现在：有利于

---

① 李皖南：《中国—东盟自由贸易区框架下广东与东盟经贸合作的思考》，《南洋问题研究》2011 年第 3 期。

双方服务部门的互利合作,扩大服务贸易,增强竞争力。广州的服务业竞争力高于东盟多数国家,但低于新加坡等先进国家,东盟先进国家在教育培训、物流产业、服务外包等方面具有较强的国际竞争力。因此,广州要充分利用中国—东盟服务贸易自由化的机遇,深入推进与东盟各国的服务业领域的战略合作,发挥广州作为国家中心城市的功能,辐射东南亚,影响东南亚。比如,可以利用与东盟合作扩大广州国际商贸中心的辐射面和影响力。因为,广州已经具备亚洲第一、世界第二的会展面积等硬件条件,也拥有广交会等在全国举足轻重的展会品牌。但是广州会展业的国际化程度不高,在东盟国家并没有得到广泛认可,对于东盟国家影响较大的会展还是南宁的中国—东盟博览会。东盟国家中的新加坡、马来西亚、泰国的会展业也非常发达,尤其是新加坡每年举办6000个商业会展,2008年占据全亚洲举行的会展总数的1/4,创造GDP 60亿新元,带动了当年40%的旅游收入。新加坡的会展业具有很强的竞争力,吸引了大批跨国公司的进入,国际上最大的会展公司励展集团亚洲总部就设在新加坡。因此,广州可借助与东盟合作平台,在东盟国家扩大广州展会的宣传,引进东盟先进国家的会展经验,吸引著名跨国公司的进入,带动广州国际商贸中心的建设,并扩大其辐射面和影响力。

在服务业方面,广州还可以利用与东盟合作推动广州亚洲现代物流中心的建设。广州地处中国—东盟自由贸易区的接合部,地缘优势突出,与东盟之间的海上运输距离短,具备与东盟通航的海域优势和海运价格竞争力优势,广州完全可以发展成为中国—东盟自由贸易区转运中心。同时,根据《纲要》加强建设南沙新区,发挥南沙港江海联运的功能优势,将南沙港打造成面向东盟、面向世界重点发展的广州核心海港。东盟先进国家如新加坡的物流业也非常发达,经验丰富,可以借鉴。因此,广州市政府相关部门可以加速建设通往东盟的海上和航空运输通道,并做好通关、仓储业、物流配套开发;利用越南、新加坡等国的区位优势,建立分销中心,发展跨境物流服务;学习新加坡吸引国际一流的物流业跨国公司进驻南沙等地,将广州打造成亚洲现代物流中心。

(三) 中新知识城项目将成为广州吸收东盟高级资本的催化剂

《中国—东盟投资协议》于2009年8月15日举行的第八次中国—东盟经贸部长会议上签署,并于2010年2月生效。《中国—东盟投资协议》为中国与东盟各国间相互投资提供了制度性保障。《中国—东盟投资协议》共计27项条款,涉及投资待遇、透明度、投资促进与便利和争端解决等内容。其中有关投资待遇的国民待遇、最惠国待遇等投资待遇条款，是确保投资双方公平、公正和非歧视待遇方面的重要条款。通过相互给予投资者国民待遇、最惠国待遇和投资公平公正待遇，提高投资相关法律法规的透明度，为双方创造更为有利的投资条件和良好的投资环境，并为双方的投资者提供充分的法律保护。《中国—东盟投资协议》要在中国—东盟之间"建立一个自由、便利、透明及竞争的投资体制"，促进双方区域内的相互投资。因此《中国—东盟投资协议》提出了用"投资促进"的方式来实现"投资便利化"。据估计，《中国—东盟投资协议》生效后，中国与东盟的相互投资将有望增长60%。《中国—东盟投资协议》的实施将对广州与东盟的相互投资起到重要的促进作用：不仅将吸引东盟资本到广州投资，还将带动广州资本走向东盟。

随着广东"双转移"战略的深入推进，珠三角地区腾笼换鸟、向资本和技术密集型产业转型是大势所趋，广州的产业升级也是迫在眉睫，首先要发展高端制造业。在吸引外资方面，也要相应吸收资本和技术密集型的产业。东盟国家中的新加坡、马来西亚、泰国等国的资本和技术密集型产业有一定的先发优势，尤其是新加坡具有比较充裕的资本和成熟的技术对外投资。知识城项目是新加坡在中国的第三大旗舰工程，也是粤新合作的示范项目，得到新加坡的高度重视。知识城将发展知识经济，建设国际一流水平的生态宜居新城。知识城项目将成为推动全市乃至全省经济结构转型升级的重要平台。广州可以组团到东盟国家召开洽谈会、交流会，宣传广州新的发展战略和投资环境，依托中新"知识城"等重点合作项目，借助新加坡全球招商网络资源，建立广州特色的面向全球的高端产业招商体系；吸引高附加值、高科技含量的企业到广州投资，推进高端产业向知识城聚集，促进广州产业转型升级。

（四）广州对东盟国家的投资将得到进一步扩大

目前，广州企业对东盟的投资规模还很小，与东盟对广州的投资严重不对称。中国—东盟自由贸易区建成后，双方资本流动的障碍会逐渐减少，东盟存在大量投资机会，值得广州多方面鼓励企业到东盟投资。

但广州资本不会对东盟所有国家的投资都增加，而是在东盟某几个成员国的资本投资加强。因为东盟国家市场千差万别，不一定每个国家都适合广州资本。

虽然新加坡、马来西亚和泰国的市场环境较好，但发达国家和地区的资本早已大量进入，市场竞争非常激烈，对于广州企业来说，投资这些国家的竞争优势不大。相对来说，尽管印度尼西亚有一定的排华现象，但目前印度尼西亚的投资机会和投资环境适中，尤其是印度尼西亚外岛地区（爪哇岛以外的印度尼西亚各省），适合广州资本重点开拓。原因在于：第一，印度尼西亚是东盟人口最多、面积最大的国家，市场容量大，劳动力价格低。第二，印度尼西亚自然资源非常丰富，棕榈油、橡胶和胡椒产量均居世界第二，锡、煤、镍、金、银等矿产量居世界前列，但大部分自然资源分布在印度尼西亚外岛，如苏门答腊的煤、石油、天然气，西加里曼丹岛的矿产资源等，这些资源类商品正是广州所需要的。第三，发达国家和地区的资本主要集中在印度尼西亚爪哇岛，对印度尼西亚外岛投资少，这对广州资本来说是利好因素。第四，印度尼西亚外岛华人多，华人经济比较发达，如印度尼西亚棉兰华人占20%，很多是广东籍。第五，印度尼西亚实行地方自治，地方各省政府的权力比较大，发展经济需要大量资本，与其进行谈判，比较容易达成协议。第六，印度尼西亚一直与广州保持着良好的经贸关系。此外，印度尼西亚苏北省与广东已经结成友好省份，这为双方加强经贸合作提供了便利。

东盟新成员国如越南、缅甸、老挝、柬埔寨的经济发展程度低，目前急需大量资金支持，存在有大量的投资机会，也比较适合广州投资。随着东盟内部经济一体化进程的加速，广州到东盟投资还可以利用东盟内部一体化网络，将产品辐射到东盟其他国家，从东盟一国走向十国，培育新的经济增长点。

On the Economic and Trade Relations
between Guangzhou and ASEAN

Li Wannan

Abstract: Economic and trade relations between Guangzhou and ASEAN grew rapidly in the past decade, and there also exist many problems. Taking a dialectical view, the study analyzes the economic and trade performance and existing problems, examines their reasons, and explores into the prospect based on the situation analysis.

Key Words: Guangzhou; ASEAN; Economic and Trade Relationship

城市形象篇

City Image

B.8
广州城市外交途径探索

广州市外事办公室课题组 *

摘　要： 全球化浪潮催生了以城市为交往主体的城市外交。近年来广州大力开展城市外交，形成了国际友好城市、国际组织多边交流、国际盛会提升城市影响和深化外事管理推动城市国际化水准等工作机制。

关键词： 广州　城市外交

城市外交指的是城市及其附属机构、市民等代表城市与其他国家、城市及其附属机构、市民间相互接触，促进和加深理解与交流，构建一种稳定的安全环境，促进双方的和平、发展和共同繁荣。[1] 全球化浪潮催生了以城市为交往主体的城市外交，随着全球化的纵深发展，各国城市广泛展开国际交往，寻找发展的

＊　课题组成员：邓昌雄，广州市外事办秘书处处长；郭蕾，广州市外事办秘书处副处长；姚宜，广州市社会科学院国际问题研究所副研究员。

[1]　周士新：《上海在世博会中的城市外交》，《2010 年上海社科年会文集》，2010。

宝贵机遇，为本地企业和团体实现国际利益争取机会。广州作为我国首先改革开放的城市之一，充分利用自身条件，发挥有利的地缘优势和政策优势，在扩大对外交往、提升城市竞争力和国际影响力等方面做了有益探索。近年来，广州城市外交的推进取得了良好成绩，形成了友城交往双边外交、国际组织多边交往、国际盛会提升城市影响，以及深化外事管理推动城市国际化水准等工作机制，为加快推进广州国家中心城市建设和国际化发展创造了有利条件。

一 友好城市双边外交

（一）友好城市的起源

友好城市是指一个国家的城市与另一个国家的城市之间建立起的联谊与合作关系，西方国家习惯称之为"姐妹城市"（Sister City 或 Twins City）。友好城市的建立起源于第一次世界大战之后。当时英国约克郡凯里市的官员出访法国的普瓦市，英国官员看到战争给当地人民带来的巨大灾难，城市内断壁颓垣、一片废墟，于是提出两市结好、协助普瓦市重建家园的建议。这是世界上第一对友好城市的产生。第二次世界大战后，友好城市在国际上得到了迅速发展并正式成为一种普遍适用的、有组织的国际交往活动。友好城市的建立，对于第二次世界大战期间敌对国家政府以及人民的和平发挥了重要作用。这种以发展友谊为目的的城市间的结好形式带来的城市间政治联盟和经济合作具有深远意义，例如欧洲早期友城关系的建立对于今天的欧洲联盟就起到了某种程度上的奠基作用。

我国友城活动开始于1973年，从天津与日本神户结好开始，到2011年底已有383个城市与129个国家的1270个城市结成了1817对友好城市。① 友城工作机制为促进我国城市与国外城市间的相互了解与友谊，增强经济、文化、科技等方面的交流与合作，推动双方共同繁荣与进步发挥了重要作用。

（二）广州友城体系建设概况

通过政府间的外交关系，与其他国际城市结为友好城市，是推进城市外交，

---

① 《友城统计》，中国国际友好城市联合会网站。

增进城市间国际经贸、文化、社会、科技等方面交流的有利途径。广州实施"友城拓展战略",在综合考虑城市地位的相称性、交流合作的互补性、地区分布的广泛性、国家交往的均衡性等多种因素的基础上,根据经济、社会和地理环境等特点,有计划地选取有利于开展交流合作的城市结为友城。此外,在过去中国对外友协"单个国家、一个友城"的政策下,广州为了与同一国家的不同城市发展城市友谊,采取了灵活的城市结好方式,在缔结友城关系之外增加了友好合作交流城市,例如在英国,除了友城布里斯托之外,还与伯明翰建立了友好合作交流城市关系。

广州市友城的发展基本上可以划分为四个阶段。

第一阶段:1979~1989年。友城建设发展迅速,借助中日邦交正常化和中美建交的良好机遇,广州先后与日本福冈市、美国洛杉矶市等市缔结友城关系。在此期间,友城间交往的形式较为单一,主要是由政府或专业团体组成的团体互访与人员互访。

第二阶段:1989~1996年。受政治因素影响,广州城市对外交流处于低迷阶段,友城结好基本停滞,没有发展新的友城。

第三阶段:1996~2004年。友城交往恢复并高速发展。1996年由广州与日本福冈共同组织的第二届亚太城市首脑会议在广州成功召开,为拓展国际城市合作交流带来了新机遇。广州借此积极推进友城建设工作,以接近一年一个城市的速度发展友好城市,先后与韩国光州市、瑞典林雪平市等结为友城关系。其中2004年10月与秘鲁阿雷基帕市结成的友城关系,标志着广州的友城网络全面覆盖了世界六大洲。

第四阶段:2004年至今。友城建设在扩大交往范围的基础上,创新交往形式、纵深交往水平、提高交往规格。这一阶段,一是随着友城数量的不断增多和广州市对外影响力的增强,友城高层来访数量和规模频创历史新高;二是配合友城高层代表团的到访,组织策划大型双边、多边的友城交流活动成为亮点和重点;三是配合广州国家中心城市发展战略、建设面向东南亚的国际大都市的目标需要,加强与东盟国家城市交往。

运用灵活、创新的建交框架,广州市的友城体系以友城为立足点,由点至面、点面结合,不断拓展城市外交关系,积极推进友城、友好合作交流城市以及友城框架下的友好城区、友好港口、友好学校、友好医院等交流关系的覆盖面。

目前，广州市已经缔结了友城 31 个、友好合作交流城市 13 个，初步建立起"友城—友好合作交流城市—友好城区—友好单位"的立体国际交往网络，其范围覆盖了世界六大洲，包括大部分发达国家和部分发展中国家。城市外交网络建立并逐步完善，为广州扩展对外关系、参与国际交流与合作提供了广阔的舞台（见表 1）。

表 1 2011 年广州市友城体系架构

类　型	地区	城市（城区）
友好城市(31)	亚洲(10)	日本福冈市、菲律宾马尼拉市、韩国光州市、印度尼西亚泗水市、泰国曼谷市、斯里兰卡汉班托塔区、阿联酋迪拜、科威特科威特城、日本登别、土耳其伊斯坦布尔
	欧洲(11)	法国里昂市、德国法兰克福市、英国布里斯托尔市、瑞典林雪平市、意大利巴里市、俄罗斯叶卡捷琳堡市、立陶宛维尔纽斯市、芬兰坦佩雷市、英国伯明翰市、西班牙巴伦西亚、俄罗斯喀山、
	美洲(6)	美国洛杉矶市、加拿大温哥华市、秘鲁阿雷基帕市、巴西雷西腓市、哥斯达黎加圣何塞、阿根廷布宜诺斯艾利斯
	非洲(2)	南非德班市、津巴布韦哈拉雷
	大洋洲(2)	澳大利亚悉尼市、新西兰奥克兰市
友好合作交流市(13)	亚洲(3)	日本大分市、越南胡志明市、吉尔吉斯比什凯克市
	欧洲(3)	俄罗斯哈巴罗夫斯克市、西班牙巴塞尔那、德国杜塞尔多夫市
	美洲(4)	美国关岛、巴西萨尔瓦多市、古巴哈瓦那市、墨西哥墨西哥城
	非洲(2)	埃及亚历山大市、摩洛哥拉巴特
	大洋洲(1)	澳大利亚墨尔本市

资料来源：广州市外事办公室。

（三）友城交往的作用与影响

国际友城体系建设是对城市外交渠道的拓展和资源的整合，城市之间的交流与合作为广州带来了城市发展的新思路、新理念，为广州在文化、教育、环保等多个领域提供了可资借鉴的成功样板。广州大力开展友城交流有助于拓宽城市对外宣传渠道，提高广州的国际知名度，推动广州城市国际化发展。

第一，全面展示广州软实力，促进城市国际形象提升。

通过友城的桥梁，广州不仅与六大洲的许多重要城市保持和发展了常规的城市外交关系，更重要的是在其所在国建立了一个展示城市文化和形象的窗口，将广州推向世界政治、经济和文化的舞台，为充分展现广州城市深厚的历史文化底蕴、改革开放和社会主义现代化建设的巨大成果，以及促进世界认识广州、了解广州提供了渠道。例如，2003 年、2005 年连续在法国里昂举办的"广州文化周"系列活动，广州市长与里昂市长互访，两市双向互动、对等交流，卓有成效地宣传了广州城市建设发展的成果，展示了广州城市文化品牌，深化了两市在经贸、文化、教育、科技、体育、旅游等方面的交流与合作，扩大了广州的国际影响力。

第二，推动进一步对外开放，加快广州经济社会国际化发展。

根据优势互补原则，广州在友城交往中实行资源分类，积极实施"请进来、走出去"战略，通过"友城搭台，经贸唱戏"的国际交往方式，使友城交往活动走上友城共建、渠道共享，一方结好、多方受益的良性循环轨道。一是通过双边经贸交流活动以及友城文化等交流平台，发展"友城经济"，推动双边经济和社会共同发展；二是通过交流、考察和培训等多种形式，学习借鉴友城在城市管理和社会发展方面的先进经验和做法，为广州现代化大都市建设注入新的动力；三是通过友城间教育、医疗、卫生、科技等领域的合作项目，引入发展理念、技术与智力支持，极大地促进了广州在相关领域的服务水平。

第三，带动民间友好往来，拓展广州城市国际化深度。

民间对外交往与交流是衡量城市国际化程度的一个重要指标。随着经济社会的发展，民间对外交往需求日益扩大，友城交流不仅是城市间官方交往的平台，也为不断深化的民间友好往来创造了渠道。借助友城网络，对外交往从政府领导人互访、政府部门和机构代表团互访，扩大为友城人民间的互访与交流，例如"友城之旅"和"相约广州"两个民间交流品牌活动，让普通市民参与到对外交往中来，以友城交流带动民间友好往来，一是满足了广州市民日益增长的对外交往需求，二是拓宽了民间往来的渠道。民间交流作为友城关系的亮点，有利于提升市民对友城工作的关注度与参与度，有利于增强广州市民的国际化城市意识。

二 国际组织多边交往

（一）广州与国际组织的交往概况

国际组织是在多边外交基础上发展起来的一种国际交往，是政府间交往和民间交往的重要推进器。与多边外交的复杂性相适应,国际组织的形式和类型也多种多样,既有政府间的国际组织,也有致力于发展民间外交的非政府间国际组织。积极参与非政府间国际组织的各项活动,与国际城市多边组织建立合作关系,发展国际民间交往是广州深化城市外交、提升国际地位的主要途径之一。

目前,广州已经与 120 多个区域性国际民间组织、国外友好团体(机构)建立了友好关系,并加入了世界大都市协会、世界经济论坛、国际公园协会、世界城市与地方政府组织(UCLG)、亚太城市首脑会议等具有广泛国际影响力的世界性国际组织。与国际民间组织的交往与合作已成为广州对外交往的重要方式。

第一,交往范围广,合作领域多样。

通过对外友好协会,与国外城市发展双边民间友好关系是广州拓宽对外交往渠道、获取境外资源的主要方式。目前广州已经与美国、日本、加拿大、法国、南非、德国、印度等 30 多个国家的对华友好协会建立了良好的互动关系,并借传统的人缘优势与美国、加拿大、澳大利亚、法国、菲律宾等国的华人团体建立了广泛联系。随着经济社会的飞速发展,广州与国外民间组织的友好合作领域不断扩大,在经贸发展、文化教育、体育艺术等各个方面的来往与活动日益活跃,成为广州对外交往工作新的着力点。广州先后与 33 个国家和地区 110 多个区域性民间组织和友好团体(机构)建立了友好合作关系。这些组织和团体遍布世界五大洲,是广州开展对外民间友好工作的重要海外资源,也是广州实施“走出去”战略,与国际社会进行经济、文化和科技交流与合作的有力支持。

表 2　2011 年广州与境外组织合作情况

单位:个

地　区	亚洲	美洲	欧洲	非洲	大洋洲
数　量	15	5	8	3	2
合作领域	友好关系	文化、教育	经济、贸易	体育、艺术	
数　量	83	9	22	6	—

资料来源:广州市人民对外友好协会境外友好关系名录。

第二,发展迅速,多边交往深化。

进入 21 世纪以来,广州新建立或新发展友好合作关系的友好组织有 30 多个,不仅实现了数量的增加,而且在地区、国家、合作领域、交流层次等方面不断突破，为对外交往工作的深入开展创造了条件。广州在城市间合作之外，把握国际多边交往的发展新趋势，积极开展与国际性多边组织的交往，借承办世界大都市协会 2000 年广州董事年会及特别大会暨国际研讨会的契机，充分利用国际组织搭建的交流平台，积极拓展对外交往的新渠道和新形式，先后加入了国际公园协会、世界经济论坛、世界城市与地方政府国际组织（UCLG）等具有广泛国际影响力的世界性国际组织，有力地促进了广州对外交往能力的提升，将广州的现代化大都市的城市形象推上了国际舞台。特别是 2007 年广州当选 UCLG 联合主席城市，是我国城市首次在具有全球影响力的国际组织中进入核心领导层，标志着我国城市在国际多边组织中的影响力显著增强。

第三，形式多样，合作不断深化。

充分利用境外资源，加强国际组织和友好团体的合作与交流，是广州在城市外交实践中取得的经验总结。经过多年发展，广州与国际组织合作的形式多样，深度和广度不断加强。一是在积极参与活动的基础上，争取在国际组织内部的发言权和影响力，拓宽对外交流渠道、把握和充分利用国际间合作发展新趋势。广州多次派出高规格的代表团参加国际城市多边交流活动，例如连续多年参加世界大都市协会董事年会和国际研讨会；2004 年作为创始会员参加 UCLG 成立大会。二是主动参与国际组织主办的国际性评选和竞标，塑造现代化大都市的国际形象，提高城市国际声誉。例如，2001 年参加了评选并成功摘取了"国际花园城市奖"，为广州赢得了花园城市的国际美誉；2002 年成功获得联合国改善人居环境最佳范例（迪拜）奖，进一步提升了广州"历史名城—现代化大都市"的国际形象；2004 年广州申亚成功并在 2010 年成功举办亚运会，更彰显了广州城市外交取得的不凡成果；2011 年荣获"国际可持续交通奖"，是中国首个获此奖项的城市。三是实施"引进来"战略，邀请具有广泛国际影响力的国际组织来广州举办活动。广州在成为世界大都市协会董事会成员之后，成功邀得 2000 年董事会暨国际研讨会的举办权，该会作为广州改革开放以来承办的规模最大、规格最高、内容丰富、国际影响范围大、成效显著的一次国际盛会，其成功举办不仅标志着广州与国际性组织的交往进入新的历史阶段，也使广州的对外交往能力得到了极大提升；2009 年成功举办"UCLG 世界理事会会议暨广州国际友城市长大会"，来自 60 多个国家和地区、210 多个城市和地方组织逾千名代表出席会议，标志着广州城市外交日趋走向成熟。

（二）国际组织交往战略的作用与影响

国际组织是国际交往的最高形式，随着全球经济一体化进程的加快，国际组织的规模越来越大，组织越来越完善，在国际社会的影响力也越来越强，国际组织已成为城市间交往的重要渠道。

第一，有利于深化广州与国际社会交流与合作。加强与国际组织的交往，充分借助国际组织搭建的交流平台，是广州拓展对外交往范围，开展城市外交的新渠道和新形式。广州 2000 年承办的世界大都市协会董事年会，使广州与世界大都市协会及会员城市、其他国际组织的交流与合作跃上新台阶，为广州 2004 年加入 UCLG 这一世界最大的国际城市间合作组织创造了有利条件。通过参与 UCLG 各种交流活动，广州加强了与德国、巴西、韩国等国家在经贸、文化、教育等方面的联系与互动，极大促进了广州城市国际形象的推广和国际影响力的增强，特别是 2007 年广州市长当选为 UCLG 联合主席，首创中国城市市长当选该组织领导人的先例。依托 UCLG 和世界大都市协会平台，广州将于 2012 年颁发面向全球城市的"广州国际城市创新奖"，再次首创先河，为推动城市外交的纵深化发展做出了创新性探索。

第二，有助于广州在资金、技术、信息、对外关系等各个方面获得有益的城市国际化发展资源。国际组织是超越国际和地区等地域局限的组织形式，其理念与技术往往代表了国际社会的最新发展趋势。通过与在各自领域、行业具有领先性、综合性、权威性优势的国际组织合作，广州可以获得广泛的国际资源。例如，与世界经济论坛建立了良好稳定的合作关系，为充分利用论坛的会员资源、全力推介广州打下坚实基础，有力地推动了广州的对外招商引资工作；通过举办中国—东盟企业家交流研讨会这一高层次的国际多边专题交流会，加强了广州与东盟各国的互动关系，整合了广州对东盟各国关系的资源，有力推动了广州作为国际性现代化大都市"影响东南亚"发展战略的实施。

第三，积极参加国际组织举办的评选和竞标活动，有助于提高广州的国际声誉、增强广州的国际影响力，加快广州城市基础设施建设、城市生态环境改善和市民素质提高的步伐，促进广州国家中心城市和国际化大都市形象的提升。通过参加国际公园协会举办的"国际花园城市奖"和联合国改善人居环境最佳范例（迪拜）奖评选活动，广州全力推进城市交通改造和环境基础设施升级，加强城市和文化建设，尤其是申亚成功后举办 2010 年亚运会，使得广州城市面貌焕然一新，在国际上树立起广州历史文化名城和适宜生活居住、适宜创业发展的现代化生态城市的新形象。

三　国际盛会提升城市影响

（一）广州举办国际盛会概况

国际盛会是各种跨国家和区域的国际性会议、论坛、展览、展销、文化庆典、体育赛事等活动的总称，主要宗旨在于通过文化交流、产品展示、技术传递、形象推介、竞赛表演等多种形式，实现物流、人流、资金流、技术流和信息流在国际范围内的聚集和扩散，进而促进举办国家或城市在经贸、文化、科技和城市建设等方面的发展，塑造形象，扩大影响，推动国家或城市的现代化和国际化进程。

国际盛会是城市外交的重要资源，也是广州在对外开放不断扩大和经济社会持续发展过程中实现建设国际化大都市战略目标的推动力量。改革开放以来，广州以广州出口商品交易会（简称"广交会"）为龙头，大力开拓经济贸易、文化教育、体育艺术、社会发展等各方面的国际盛会资源，通过举办各种类型、规模的国际盛会，将广州推向国际经济和文化舞台的最前沿，取得了极大的城市外交效果。

当前广州已经形成了涵盖多种行业和领域、形式多样、内容丰富的国际盛会格局，在举办规模和层次上取得了长足进展。仅 2011 年度，广州就举办各类盛会 100 余项，其中包括广州博览会等综合性展览和国际陶瓷工业展览会等行业性展览，广州国际设计周、国际艺术博览会、国际纪录片大会等文化艺术交流活动，亚太市长论坛等高规格国际会议，广州国际旅游文化节等形象推介活动。特别是 2010 年亚运会的成功举办，为广州赢得了世界的目光与赞赏，标志着广州已成为国际城市中的一支重要力量。

（二）举办国际盛会的影响及作用

第一，以广交会为龙头促进广州国际会展业整体提升。国际会展业作为新兴的产业形态具有全方位的综合功能，不仅对现代城市的整体经济有着巨大的推动作用，也是城市外交的重要窗口和城市国际化发展的强大推进器。有着辉煌历史的广交会是广州会展业的代表，也是我国规模最大、商品种类最齐全的综合性国际贸易盛会。广交会在2006年由"出口商品交易会"更名为"进出口商品交易会"，成功吸引了更多海外企业和国际知名品牌商品参展，其国际影响力进一步增强。以广交会为龙头，大力扶植广州博览会、广州国际汽车展、国际设计周等特色品牌展会，促进其规模效应和品牌效应不断扩大，从而提升广州的城市国际影响力。

第二，以亚运会为代表举办高端国际盛会。近年来，广州城市外交注重以高端国际盛会推介城市和提升广州国际形象，申办亚运会就是新思路的具体实践。申亚取得成功，是国际社会对广州综合实力的肯定，也是广州城市外交工作取得的最大成就。亚运会的成功举办，成为广州向世界展现国家中心城市和国际大都市魅力的窗口，极大促进广州城市整体形象的提升和国际影响力的扩大。深度挖掘高端国际盛会资源，借高端国际盛会聚拢的境外媒体、国际宾客、资讯信息以及由此带来的国际关注，成为广州城市外交的宝贵资源。

第三，以举办国际盛会增强城市实力。国际盛会的举办对城市的道路交通、公共设备、场馆建设、生态环境、信息通信等基础设施和市政建设有很高要求，近年广州大力推进基础设施建设和城市改造工程，极大提高了交通运输、信息传输和对外接待能力，从硬件上增强了国际大都市的聚散力和辐射力。国际盛会涉及的事项和人员多、内容和情况复杂，既是对城市管理和服务水平的重要考验，又不断促进城市进行制度创新，打破部门、行业和地区壁垒，在大型活动的组织和管理上吸收国际先进经验，进一步加强信息化建设，提高电信网络等通信服务水平，推动政府管理水平的不断提升，从软件上为提升广州的城市国际化水平提供有力支持。

四　创新外事管理机制

随着经济全球化的纵深发展和我国对外开放进程的进一步深化，地方外事面临的内外部环境发生了深刻变化，地方外事工作的内涵和外延也随之调整拓展，从传统的以外事接待为主转向新的发展目标，即"服务国家总体外交战略的同时围绕本地区外向型经济社会发展，维护国家安全和利益的同时保障地方社会稳定"。在这一要求下，外事管理工作作为城市外交的重要组成部分，面临着新的挑战与考验。

广州是我国对外开放的前沿阵地，外向型经济发达，对外交往与合作发展迅速。随着城市国际化程度的日益加深，国际人员、货物和信息流动频繁，外事工作领域不断扩大，工作对象趋向多元化，涉外事务呈现前所未有的复杂性，尤其是在穗外国人数量急剧增加，外国人管理服务已成为广州外事管理工作面临的一项重要任务和挑战。据广东出入境管理部门统计，截至2007年底，居住一年以上外国人数达2.2万人，入出境外国人达377万人次；①2008年底《广州日报》报道广州常住外国人数量已超5万人，其中可统计的非洲人有2万人，以上数据尚未包括数量不详的非法入境人群，而非官方统计数量高达20万人之多。目前在穗外国人数量众多，成分复杂，"非法入境、非法居留、非法就业"的三非问题和其他犯罪问题突出，成为广州外事管理面临的独特的艰巨任务。

在外国人管理问题日益突出的情况下，广州创新外事管理机制，以进一步提高在穗外国人管理服务水平。

第一，加强境外人员管理。在开展在穗外国人情况调查基础上，采取系列措施，如设立外籍人员管理工作联席会议、全市五十个街镇建立外国人管理服务站、将外国人法治宣传教育列为年度普法工作重点、成立公安分局外国人管理办公室、将散居外国人纳入流动人员管理服务范畴等具体措施，提高对在穗外国人的管控能力。

第二，提高对外服务水平。由市政府牵头成立"改善广州涉外环境联席会议"，办公室设在市外事办，多个职能部门参与，针对服务在穗外国人能力提升实施多项改善措施，如开设广州电视台英文频道、政府网站增设英文窗口、提高服务窗口外语能力、制定《外国人服务手册》等。

除以上已经采取的具体措施外，广州也正在建立相关地方法规、设立外国人专有管理服务信息体系和管理体系、充实基层涉外管理资源等方面取得新的突破。面对新形势下的挑战，在外国人管理服务方面广州的外事管理工作可以说是走在全国

---

① 《五十个街镇将建外国人管理服务站》，2008年4月16日《羊城晚报》第10版。

城市前列，正在形成一套完整的工作机制，丰富了外事管理内容，促进了外事管理水平的整体提升，为广州对外开放和城市国际化的进一步深化提供了保障。

经过 20 多年的探索和经验积累，广州的对外交往活动得到广泛开展，城市外交已深入城市治理与发展的各方面。同时也应看到，目前广州城市外交工作中尚存在不足，在友城交往的持续深化和参与人员、机构的覆盖范围方面有待提高，在多边交往中面临如何持续发展、提升在国际组织中的核心影响力等问题，举办具有重大国际影响的高端盛会方面与北京、上海等城市尚有差距，在外事管理服务方面仍需创新机制加快建设等。此外，国内经济社会和国际环境的快速发展变化也为广州的城市外交带来新的挑战。这些都是广州进一步拓展城市外交亟须解决的问题，另外，随着广州国家中心城市建设的深入进行，打造国际商贸中心和世界文化名城两大战略目标的不断推进，广州的城市竞争力和国际化程度将获得极大提高，城市利益和国际行为能力不断增强，必将带动广州城市对外交往范围的扩大、程度的深化和途径的多元化，从而取得城市外交的新突破。

参考文献

杨勇：《论广州城市外交》，《云南行政学院学报》，2008。

《五十个街镇将建外国人管理服务站》，2008 年 4 月 16 日《羊城晚报》第 10 版。

赵雪芳：《我国地方外事管理模式创新研究》，http://www.docin.com/p-147805268.html。

周士新：《上海在世博会中的城市外交》，《2010 年上海社科年会文集》，2010。

Developing City Diplomacy of Guangzhou

Study Group of Guangzhou Municipal People's Government Foreign Affairs Office

Abstract：Guangzhou promotes city diplomacy with four strategies：building up international sister-city relationship, developing multilateral communication via international organizations, enhancing city influence by big international events and strengthening city-level foreign affair administration.

Key Words：Guangzhou；City Diplomacy

B.9
广州城市外宣工作思路与策略创新

姚宜*

摘　要：城市外宣工作包括政府信息传播与城市形象推介两方面内容。当前广州"大外宣"格局已基本形成，但也存在城市品牌形象模糊、国际知名度不高等问题。广州外宣工作宜采取整合营销传播战略、内外联动传播战略和多渠道传播战略，实施全媒体、全员发动和城市营销等策略创新。

关键词：广州　城市外宣战略　策略创新

一　广州城市外宣工作内涵

城市外宣工作的首要任务是确立对外宣工作的战略认识。新形势下广州的城市外宣工作在形式、内容乃至战略地位上均已远非传统宣传工作可比拟。首先，城市外宣工作不再仅仅是一个宣传政策、报道新闻的传播工具，更是一项包括城市政治、经济、文化、外交等多种重要功能的战略性系统工程，其目的在于促进广州与国际社会全方位交流与合作，强化广州作为国家中心城市的城市形象和国际影响力，提升广州的综合竞争力和城市软实力。其次，随着全球化的推进和国际传播的发展，广州与世界的双向交流迅速增加，对外宣传加快向对外传播转变。从以上认知出发，广州城市外宣应包括以下两方面工作。

（一）政府信息传播

政府信息指的是"各级人民政府及其职能部门以及依法行使行政职权的组

---

* 姚宜，广州市社会科学院国际问题研究所副研究员。

织在其管理或提供公共服务过程中制作、获得或拥有的信息"（《广州市政府信息公开规定》），城市外宣工作中的政府信息传播就是政府利用多种媒介，尤其是报纸、广播、电视、网络等大众媒介进行与公众利益相关的对外信息传播。加强政府信息对外传播，有助于把握舆情、提高政府决策效率，塑造民主管理、务实高效、公开透明的政府形象，有助于消解部分国外媒体对广州的不实报道产生的消极国际影响，因此城市外宣工作要将政府信息传播作为首要任务。具体来说，就是要建立健全信息公开制度，强化舆情搜集与分析，畅通对外传播渠道，创新传播方式，加强对外媒体的引导服务，提高对外沟通协调能力以及对紧急突发事件信息传播的疏导应对能力。

（二）城市形象推介

城市魅力源于城市形象，宣传推介城市形象就是打造城市品牌，放大城市价值，提升城市竞争力。面对日趋激烈的区域城市竞争，广州城市外宣工作的另一核心任务就是要高起点策划、全方位展示、持续不断地开展城市形象宣传，凸显广州国家中心城市的地位与影响，进一步提升广州的国际知名度、美誉度和影响力，带动城市综合实力与国际竞争力的不断壮大。

城市外宣工作中的城市形象推介，首先是精准定位、打造城市品牌形象，结合广州的历史文化、城市品牌形象现状和国家中心城市的发展目标，总结广州城市发展的核心竞争力，提炼城市文化的核心价值，形成广州特有的城市品牌形象，做到既容纳城市的历史文化精髓，又体现城市市民的生活方式，融会文化与经济共同发展的原则，以广州独有的特性作为支撑城市品牌定位的核心点，形成明确清晰的品牌形象认知。

其次是进行持续、广泛的城市形象推广，从经济形象、人居形象、环境形象和政府形象等多方位出发，形成城市品牌传播工作的长远规划，分阶段制定城市品牌推广计划，明确城市形象推介的目的、内容、策略、程序与时间安排、费用预算等，整合媒介资源优势、扩展完善推广渠道并定期进行宣传效果评估。

再次是充分发挥重大节事活动的聚媒效应、名片效应和口碑效应，提高城市的知名度、美誉度和认同度，进而提升城市品牌形象。从城市外宣的角度看，举办重大活动不仅是"办活动"更是"办城市"，例如 2010 年广州亚运会就是一次对外传播和形象展示的重大契机和着力点，是对广州经济社会、发展成就和城市形象、人文环境的整体宣传。

二　广州城市外宣工作现状

对外宣传工作是一项战略性、全局性很强的工作，对城市经济发展和社会全面进步有着重要影响。改革开放以来，广州外宣工作多形式多渠道"大外宣"格局基本形成，新闻发布制度逐步建立和完善，文化外宣及各项外宣事业取得了新发展，为广州国家中心城市和国际化大都市建设营造了客观友善的国际舆论环境。2010年广州亚运会的成功举办及其对外宣传，更使广州的国际知名度、关注度和美誉度有了明显提高。

（一）结合对外经贸活动加大宣传推介

广州是一个千年商都和我国改革开放的前沿阵地，具有良好的投资环境和区位、资源、人力等方面的优势，围绕经贸活动，加强经济外宣，是广州城市外宣工作的重要内容。一是在"登门造访，以情引商"的工作思路下，外宣部门每年组织招商团在国外举行招商活动，将对外文化交流与经贸招商活动有机结合起来，一方面有助于境外投资者进一步了解广州，增强对广州投资的信心，另一方面有助于进一步拓宽对外交流渠道，为推进广州的经济国际化战略，加快形成全方位、多层次、内外融通的对外开放格局营造良好的舆论环境。二是结合广州快速发展的会展业，在广交会、广博会和国际物流节等具有较广知名度的国际性展会期间，把握国外受众对中国经济的兴奋点，抓住其对中国文化的兴趣点，加大对广州城市历史文化、民情风俗的宣传，取得了良好的宣传效果。

（二）充分发挥友城的外宣功能

友好城市网络是广州开展外宣工作的一个重要渠道。随着广州与各友好城市在政治、经贸、文化、教育等方面的合作交流日渐增多，外宣部门依托友城，多方联络，提升了对外宣传和对外交往的深度与广度。

结合政府与民间交流，以文化互动为纽带，打造"广州日"品牌，是深化友城外宣、推动文化外宣步上新台阶的经验总结。例如，中法文化年在友城里昂举行的广州文化周活动中，广州外宣承办《珠江华彩·罗纳风情》摄影图片展，从一条河流的历史也是一座城市的文明发展史的理念出发，抓住广州、里昂共同特点，设定了以两个城市的流域为视角，以河流文化为主线，再现两岸的自然风光，人文景观和城市风貌的展览布局，给里昂人民认识自己和了解广州一个直观的视角形象感受，为文化周增添了色彩。

（三）围绕文化核心丰富外宣内容

文化是一种不可代替的资源，深厚的文化底蕴既是经济资源更是宣传资源。广州外宣工作围绕展现岭南文化这一核心，丰富外宣形式、充实外宣内容，力争全面、深入展示中国南大门广州的城市风貌与魅力，既有代表本土传统文化精神的民乐、歌舞和手工艺术，又有反映当代广州文化风貌的多种艺术表现形式；既有生动的文艺演出，又有静态图片展示；既有突出文化交流主旨的各类文化艺术活动，又有全面描述广州建设成就、自然风光的图片展览和反映广州经贸、旅游发展的电视片展播。通过这些富有文化味的活动，向国际主流社会宣传推介广州，展示广州富有特色的历史文化和城市现代化进程的新面貌，增进了中外相互了解和文化交流。

（四）强化与国内外媒体全方位互动

加强与国内外主流媒体的交往和联系，通过及时、恰当的信息发布，掌握对外宣传先机，主动站在媒体宣传的角度向世界介绍、营销广州。一是通过召开新闻发布会，组织公关活动，制作有针对性的出版物和外宣品，主动发布信息，应对媒体，影响和引导舆论及公众；二是主动和中央电视台、CNN、NHK等有国际影响力的媒体合作，选送适当的新闻材料和纪录片，向世界介绍、宣传广州；三是开通国内首家区域性全英文电视频道，为广大在穗外籍人士提供了解广州政治、经济、文化和生活等信息的窗口和渠道；四是向海外相关部门投放、邮寄广州宣传印刷品，组织翻译、出版与广州相关的图书资料，督办和发展广州地区的英文报纸《英文早报》并开办"广州生活"英文网站，向国外网友介绍广州；五是加强与新华网、新浪网等知名网站和友好城市网站的联络，定期、不定期地在知名网站播发广州政治、经济、文化、旅游、城建等方面的工作成就和信息，客观介绍广州取得的成就和优越的投资环境，树立良好的城市形象。

（五）加强舆情收集与研判

加强舆情搜集和分析，了解国外受众的关注点和兴趣点，把握国际舆论的热点和走向，是科学开展外宣工作和保障宣传效果的首要工作。广州外宣部门从2002年起联合广州大学图书馆，对国内外新闻媒体报道广州的新闻进行收集和研究，建立起了大型数据库"媒体眼中的广州"，通过掌握与广州相关的舆情动态，了解国内外受众对广州的兴趣点及其思维习惯，对外宣产品和内容加以甄选并策划包装，力求既阐明立场又亲切自然，进而达到宣传的预期效果。

三　广州城市外宣工作的优势与不足

（一）丰富的历史文化和人文资源

广州是南国重镇、千年商都，是我国古代海上丝绸之路的发祥地、岭南文化的中心地、近现代革命史的策源地和当代改革开放的前沿地。岭南传统文化精粹、时代文化元素和独特的现代都市文化在这里交织融通，形成了广州特有的禀赋和潜质，也为广州的城市外宣工作提供了丰富资源。此外，广州是著名侨乡，华侨人数居全国大城市之首。据统计，广州的海外华侨华人106万人，分布在世界130多个国家和地区。数量众多、社会地位不断提升的海外侨胞在宣传广州、推介广州中发挥着重要作用，形成了外宣工作的宝贵民间资源。

（二）广阔的友好交往网络

由众多友好城市、友好交流合作城市和友好城区构成的城市外交体系是广州向世界展示城市形象的窗口和发挥城市作用的舞台。广泛的对外友好网络为广州城市外宣工作提供了广阔平台，依托友城间的定期和不定期经贸、文化、体育和民间团体交流，外宣工作的内容得以拓宽深化，形式更加多样灵活，宣传效果得到增强。在友城交往的基础上，广州积极开展与国际组织的合作，例如广州是世界城市与地方政府联盟（UCLG）的创始会员和联系主席城市，在这个具有广泛国际影响力的国际组织中具有举足轻重的作用。广泛的双边城市外交和多边国际合作交流，是广州外宣工作相较于其他城市的优势所在。

（三）国际盛会影响广泛

国际盛会是城市国际化发展的重要途径，为城市带来大量的人流、信息流和媒体关注度。经过多年发展，广州已形成涵盖多个领域和行业，多规格、多形式的国际会展格局，当前每年举办的各类国际性展会、赛事、展览、博览、论坛等超过100多项，为广州城市外宣工作带来良好契机。例如每年两次的广交会，为广州带来数以十万计的海外客商；2010年广州亚运会的举办，使广州整个城市成为国际社会的关注焦点，城市每个角落、每个市民都成为对外宣传的窗口和节点，广州外宣工作经历了严峻考验也获得了宝贵经验。

（四）城市国际知名度有待提高

相关调查研究表明，与北京、上海等国际化大都市相比，广州虽然是中国第三大城市，但国际媒体关注度和曝光率相对较低。《南方都市报》近期进行的调查显示，相对于广州当前的英文名称Guangzhou，旧称Canton的国际知名度更高。使用Google等搜索引擎以"Guangzhou"进行新闻关键词搜索可以发现，广州的国际关注度在2010年亚运会期间达到顶峰，此后随着亚运会影响的逐渐衰退出现下滑，虽然这是新闻传播的常态表现，但也表明广州外宣工作仍面临着艰巨任务和挑战。

（五）城市品牌形象较为模糊

20世纪90年代以来，广州曾在不同时期提出过"花城商都"、"岭南历史文化名城"、"美食之都"、"购物天堂"等城市形象宣传口号，这些定位都未能全面、深刻地概括出广州的城市形象。近期，广州致力于国家中心城市建设，打造国际化大都市和世界文化名城，鉴于对外传播原理和国外受众的文化背景和认知，这些发展目标难以成为对外宣传的城市品牌口号。长期以来广州的城市品牌定位较不确定，导致工作缺乏抓手，对外宣传的统一性和连贯性受到影响，广州的国际面貌模糊。另外，以争夺眼球为特征的西方媒体则一贯乐于报道负面新闻，造成了国际社会对广州的曲解与片面认识。因此，在深入分析广州的历史发展、城市功能和特质的基础上，结合后亚运时代广州城市形象的凝练升华，明确城市定位，打造城市品牌形象，是广州外宣工作的当务之急。

四　广州城市外宣战略研究

从城市外宣工作的内涵出发，运用传播学、市场营销学的理论和实证研究结果，结合广州外宣工作实际，提出广州城市外宣战略如下构想。

（一）整合营销传播战略

引入市场营销学概念，在对外宣传中实施整合营销传播战略，即以外宣受众为核心组织外宣行为与活动，综合协调地使用大众传播、人际传播与组织传播相结合的传播方式，实现宣传信息的统一、传播目的的统一和城市形象的统一，建立与外宣受众的双向沟通，传递政府对外信息，树立城市品牌形象。

上述主要传播方式各有其特点：人际传播传递和接受信息的渠道多、方法灵活，信息反馈量大、速度快，双向性强、互动频度高；组织传播因组织的强制力而具有内部协调、指挥管理、决策应变和达成共识等重要功能；大众传播则在信息传播的覆盖面、公开性方面具有不可比拟的优势，是目前广州对外传播的主要方式。

近期一项针对外国人媒介使用习惯的调查发现，国外受众在到达广州之前对广州的认知最经常的是通过人际传播的方式，其次是母国媒体，中国媒体的影响则十分微弱。这一研究表明，广州外宣工作要调整思路，在细分外宣对象和受众的基础上选择不同的传播渠道，采取不同的传播方式，做到有的放矢、事半功倍。在整合营销的战略框架下，关注人际传播、综合多种传播方式进行政府信息发布和城市形象推介，是扩大对外宣传范围、提升对外宣传效果的一项重要战略。

（二）内外联动传播战略

更新传播观念，尊重信息流动的客观规律，把握新闻传播的发展趋势，突破传统"内外有别"的宣传报道模式和宣传管理思维，统筹宣传大局，实施内外联动传播战略。

具体来说，就是要加强对国内外传播势态、受众心理和舆情动态的调研分析，主动设置议题、因势利导；切实完善政府新闻发布制度，建立常态的突发事件新闻报道机制；加强部门合作与沟通，保障信息发布的权威性与时效性；提高政府官员新闻素养，推动新闻发布模式由单向宣导向双向沟通转变；促进传播内容、传播方式和媒介形象的国际化，增强广州媒介的对外传播实力，集中力量打造几个具有广州特色的对外传播旗舰媒体。

全球化和互联网时代的到来以及境内外国受众的增多使新闻和宣传的技术基础、传播手段和社会、历史语境发生了根本变化，传统宣传模式中的"内宣"、"外宣"已越来越不合时宜，内外有别、讲求不同口径的内宣外宣界限日益模糊。随着信息传播渠道多元化和传播环境内外一体化的加强，外宣机构已经失去了对信息的垄断和权威性地位，对内宣传和对外传播之间的信息鸿沟迅速缩小，二元宣传结构在一定程度上已被打破，城市外宣工作的理念和模式亟待全面更新。针对外国人媒介使用习惯的调查显示，国际受众对中文媒体的使用程度与英文媒体相差并不大，中文媒体已经越来越多地成为国际受众获取广州相关信息的重要来源。这一研究发现使外宣工作中"国际受众主要依赖英文媒介"的惯性思维显得陈腐过时，另外也有力地证明了"内外有别"、内外宣传截然分开的工作方式已经不适用于当前形势。突破二元结构，统筹内宣外宣大局，实施内外并重、联动发展的传播战略，是当前广州宣传工作实现科学发展、创新发展所必须进行的首要任务。

调研发现，目前广州对外传播主要阵地的"三英"（广州电视台英文频道、广州生活英文网站、广州英文早报）受众定位不清、传播观念和技巧陈旧、节目、栏目质量不高，并未发挥应有的外宣作用，甚至有研究指出英文早报已基本丧失对外传播功能。这一结论与课题组对外国受众媒介使用习惯的调查结果相吻合，即使在穗外国人也较少使用以上媒体（除了广州电视台英文频道有一定使用频次）。虽然外国受众以中文媒体作为信息源的比例正在上升，英文媒体仍具有极大重要性，是境内外国受众接触率最高的媒介，仍然在对外传播的工作中承担着主要的任务。从这一角度出发，重塑和提升广州英语媒体的外宣功能，切实增强广州本土媒介的对外传播能力，是广州对外宣传取得良好效果的重要保障。

（三）多渠道传播战略

实施多渠道传播战略，有效整合对外传播资源，丰富官方传播渠道和传播方式，增强宣传渠道影响力；充分发挥民间传播作用，强调发动与引导，积极拓展对外表达渠道和国际传播空间。

就当代国际传播环境角度而言，官方传播由政府控制的传媒进行标准意义上的"对外宣传"，声音单一、空间狭小，难以被接受和信任。相较之下，非官方或民间传播作为国际认同的一种传播价值理念，能更灵活、更有效地进入国际传播领域。从传播效果来看，民间传播在利用国内外大众资源的同时，可以直接作用于其他国家的基层民众，从而大大提高对外传播效能。目前广州城市外宣实践仍以官方传播作为主导，进入国际社会的传播渠道狭窄、方式单一、效果有限，难以在国际主流传播市场上发出自己的声音；民间对外传播渠道虽日益受到重视，但外宣机构尚未形成引导和拓展的规划和工作机制，民间渠道的巨大能量尚待启动。因此，要整合外宣传播资源，必须官方与民间结合互补，实施多渠道传播战略。

五　广州对外宣传策略创新

（一）全媒体策略

运用全媒体策略，融合报纸、广播、电视、网络和手机等多种媒体手段和平台，构建多落点、多形态、多平台的传播体系；综合运用文字、图像、图形、动画、声音和视频等多样化的表现形式，全方位、立体地展示传播内容。在以多方式、多层次的传播形式满足受众细分需求的同时，更及时、多角度地达到传播目的。

1. 广播电视媒体策略

推行"借船出海"的运作方式。第一，通过业务合作和内容提供与国际媒体建立合作关系。目前广东省的广播电视媒体已做了很好的探索，如广东电台制作《广东英语新闻》和《今日广东》广播节目提供给日本 NHK"亚洲英语新闻交换网"和英国"世界广播网"向亚太地区及全球传播，广东电视台与韩国广播公司光州台双方每年轮流主持一次会议讨论节目制作和交流，客方派出摄制组到主方摄制 60 分钟左右反映当地经济社会发展和人文景观的专题节目回国播出，并复制一份给主方使用。

借鉴省媒体运作经验，广州的地方电视英语频道可以利用与姐妹城市之间的文化交流平台进行节目交换，通过在法国里昂、美国洛杉矶、加拿大温哥华、澳大利亚悉尼等重要友城的媒体宣传平台，一方面把外宣窗口移至对象国受众，增强针对性和时效性，扩大影响范围；另一方面节目的多次使用也节约对外传播成本。因此要积极开展与国外媒体的多层次、多形式的节目合作，开展双边或多边的新闻素材和节目互换，组织国际合拍，互办电视节等。

第二，通过合资合营传媒和频道，把广州广播电视对外传播的运作机构前插到目标国家和地区，实施"走出去"工程，一方面做好广州电视台英文频道等在香港、澳门、东南亚乃至美洲、欧洲等地的落地工作，一方面借鉴广东电视台组建马来西亚"家娱"频道和香港"点心卫视"等境外电视频道的经验，主动与海外投资机构和资本合作开办境外电视台，探索联合发展、互利互赢的新的发展模式和对外传播途径。

第三，联合网络、手机电视新媒体形成产业化发展，拓展境外媒体市场、开阔对外传播空间。利用多渠道多方式在对外传播中寻找合作机会、探索新的合作模式如宽带网、手机电视等。

支持鼓励联合制作、合作经营，创新对外传播内容的生产、集成和运营；支持引导民间传媒和民营影视，开拓国际影视节目市场，弘扬岭南文化、广州形象。一是继续推行制播分离，充分利用社会力量进行节目制作；二是建立完善各种合作机构和交易平台，如广州国际纪录片大会等平台及广播电视产品贸易公司等中介代理机构。

重视发挥英语媒体的传播优势。利用国内外国受众英语媒体接触率高的优势，加强对国内外国受众的宣传力度。如在国家级英语电视频道如 CCTV－9 设置广州专栏，播放广州城市形象广告；另外应着力推进广州电视英语频道在市内三星级以上宾馆的落地，增加外国公众接触机会。

2. 报刊媒体策略

巩固提高报刊媒体的信息权威性，充分发挥报刊媒体在信息引导、价值观提倡以及舆论监督中的重要功能；以反映广州的地域特色、体现岭南文化穿透力为宗旨，根据受众需求细分丰富内容板块；英文报刊尤其要改变以往翻译新闻的做法，在报道内容、形式上做到符合国外受众阅读和思考习惯；加强与境外主流媒体合作，借助网络传播等现代技术，实现编辑策划和印刷发行等出版环节向传播对象国前移，保障信息发布的即时性；通过设置论坛，邀请海外主流媒体记者来广州交流，或在对象国策划媒体事件吸引外媒注意等；扶持海外华文媒体，建立新闻交换共享、交流培训等合作机制；设立专项基金，用于奖励、鼓励对宣传广州城市形象有突出贡献的海外华文媒体；加强与有较大影响力的国家级或其他省市英语报刊的合作，扩大广州报刊媒体的宣传半径，提高对国内外国受众的针对性和宣传效果。如在《中国日报》（海外版）开辟广州专栏，或在发行中附送广州专页，或刊登广州城市形象广告；与上海、北京、深圳等国际化程度较高城市的地方英语报刊合作，互设城市专版，集中、定时地发布城市动态和信息。

3. 网络媒体策略

发挥网络宣传迅速、便捷、灵活的优势，紧跟热点新闻事件、即时发布信息，特别是在发生紧急突发事件时抢占舆论主动权；加强内容建设，利用网络媒体信息量大、关联性强的特点，形成与其他媒体的错位报道、深度报道、系列报道；借助网络媒体互动性强、技术手段强的优势，做好舆情搜集分析，深入研究国际受众的心理及需求；设立政府网络发言人，及时发布政府信息，避免和纠正危害广州城市形象的网络虚假和错误消息的传播扩散，疏导网络舆论；建立网络发言人宣传效果评估机制，弥补或改进实践中的不足和问题。

4. 手机媒体策略

充分发挥手机媒体覆盖率广、受众精确、强制性传递及成本低廉的优势，打造公共信息发布平台，进行特殊事件、重要信息、紧急情况的即时发布；利用手机媒体沟通迅速、人性化的特性，引导舆论、加强政务信息公开；加强监测与管理，杜绝虚假信息、不良信息和低俗信息的传播失范。

5. 其他媒体策略

利用公交电视、出租车触摸屏、车身广告、宣传手册、地图、明信片、邮票、电梯广告、户外广告板、社区宣传栏等多种传播途径进行软硬宣传。

（二）全员发动策略

将政府部门、民间组织和市民群众等社会全员作为广州对外传播和城市形象塑造的受益者和主体参与者，采取全员发动策略，激发全员身份认同与城市自豪感，鼓励包括国内外访客在内的各类群体通过有意识作为，以人际、组织、群体等传播途径进行对外传播和友好交流。

1. 政府公关策略

针对政府总体规划与重大活动及时出台对应的宣传方案；完善日常新闻发布机制，从传播的内容、数量、方式和节奏四个角度切实推行；加强舆情搜集与分析，密切关注信息传播动向，做好危机预警工作；提高紧急危机事件的应对能力，建立常态的危机管理机制。善于组织利用国内外新闻媒体，做好媒体公关，增强政府对外传播能力；设计提供内容有趣、形式新颖、具有亲和力的宣传品和出版物，增强对外传播有效性；根据政府工作推进策划不同规格、多种形式的活动与事件，提高国内外公众注意力；通过公益广告、形象广告等方式进行政府形象公关；大力推进政府网络公关，扩大信息服务范围、丰富和优化政府英文网站板块与内容。

2. 民间组织策略

支持鼓励民间组织投入广州对外宣传和联络工作，强化其对外沟通、合作和展示功能，搭建广州对外传播的民间平台；重点培育一批在对外交流中表现突出的优秀民间组织和活动品牌；强化指导与监督，加强民间组织国际交往的规范化建设。

3. 市民活动策略

加强教育与培训，提升市民文明素质、增强市民外宣意识、扩大市民对外交往能力；整合群众资源，鼓励和引导市民群众开展自发性的对外友好交流活动；培育公民意识、志愿意识，提升全民外语水平，打造广州市民的国际公民形象。

4. 来穗访客策略

服务性信息是在穗国际受众的主要信息需求。因此，广州应重点做好信息服务，优化提升广州生活英文网，重新定位、丰富内容、优化功能，将其改造成为一个涵盖交通、餐饮、购物、旅游、住宿、休闲娱乐、通信、医疗等各方面服务信息，为国内外旅游、商务、会展等访客提供互动和交流渠道的全方位、综合性的城市信息发布中心；重视人际传播的重要作用，加强面向国内外访客的便民服务，妥善处理投诉与纠纷，做好反馈意见收集处理将市内高级宾馆作为广州城市形象信息的投放重点，同时收集入住国外公众对广州城市印象及建议的信息。

（三） 城市营销策略

引入城市营销策略，以营销的理念经营城市，通过地区营销、地区促销、销售城市等营销方式凸显政府阳光高效、产业发展、人居环境和旅游文化等城市形象。发掘城市核心价值，从品牌识别、城市图像和城市品牌化三个方面入手进行广州城市品牌定位；以主体化、品牌化、针对性、公益最大化为指导思想，通过节庆营销、展会营销、体育演艺营销、公关营销等多种营销手段，强化广州城市知名度、优化广州城市形象。

（四） 文化传播策略

利用粤语文化圈优势和岭南文化及其他文化的交集，提炼和推进对广府文化的认同，增加广州城市形象的质感和厚度；以文化为重点设计外宣品、策划大型活动、制作广播电视节目；发挥语言和侨谊在对外传播中的重要媒介和资源功能，以广州历史、文化传统等具有浓郁地方特色的节目拉近与血缘相通的海外观众的距离，培养受众忠诚度；激活文化体验、开发和发展体验经济，例如西关风情＋传统美食、动漫星城 Cosplay＋购物、亚运主题游等，优化城市形象，提升传播效能；发挥文化引领功能，提升广州城市文化软实力，扩大城市文化影响力和辐射力。

参考文献

陆地、高菲：《如何从对外宣传走向国际传播》，《杭州师范学院学报》2005 年第 2 期。
刘涵喆：《打造提高国际传播力的境外舆论平台——美国援助外媒计划对我外宣工作的启示》，《军事外宣》2009 年第 11 期。
邱世兵：《当前我国对外宣传中存在的问题及对策研究》，2006 年华中师范大学硕士论文。
祝东颖：《充满潜力的中国文化外宣》，《对外传播》2009 年第 7 期。
言靖：《传播视野下的舆论形成机制研究》，《新闻知识》2009 年第 2 期。
郭海强：《确立对外宣传战略构建全球传播体系——浅谈我国外宣工作的未来发展》http：//www.wyzxsx.com/Article/Class20/200711/26764.html，2007 年 11 月。
郭坦：《从"新北京新奥运"到"同一个世界 同一个梦想"——奥运外宣工作的几点认识》，《新闻传播》2008 年第 4 期。

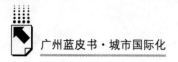

Strategic Innovation for the
External Publicity of Guangzhou

Yao Yi

Abstract: City external publicity includes the dissemination of government information and the promotion of city image. The "big external publicity" structure has taken shape in Guangzhou, but there still exist problems such as ambiguous city image, low international recognition and so on. Guangzhou shall take the following strategies in its city publicity: integrated marketing strategy, external-internal integration strategy and multi-channel strategy, and implement strategic innovations for universal launch and city marketing.

Key Words: Guangzhou; City External Publicity; Strategic Innovation

B.10
借力亚运　重塑广州世界名城

刘江南[*]

摘　要：亚运会成功举办有效提升了广州城市国际化进程，对复兴广州世界名城和国际商贸中心起到加速催化作用，尤其是提升了广州的社会管理、经济发展、城市形象和民众幸福感，充分体现了"亚运效应"。在后亚运时期，继承和借力亚运物质和文化遗产，有利于广州进一步加快国家中心城市、国际商贸中心和世界文化名城的建设。

关键词：广州　亚运　世界名城

世界名城是城市国际化建设的重要目标，是国际化大都市的形象表现，具有丰富的内涵。广州正致力于将自身建设成为世界主要的金融中心，跨国公司总部所在地，国际性机构的集中地，高度发达的服务业中心，强劲的现代制造业基地，重要的世界交通网络枢纽，以及相当规模的城市人口等多个方面。广州的国际化进程已经在提速，重铸世界名城的梦想正在实现，尤其是2010年亚运会的举办，更是让广州誉名在外。

一　亚运对广州世界名城建设的推动作用

（一）大型赛事的推动作用

1. 提升城市知名度

纵观历次国际赛事，重大国际体育赛事的举办能迅速提升举办地的知名度

---

* 刘江南，教授，博士，原广州市体育局局长。

和美誉度，尤其是媒体通常会集中大量的资源篇幅进行宣传报道，高频率、多层次、多渠道、大规模的宣传报道以及赛会所引起的社会广泛关注和聚焦，往往会形成巨大的轰动效应，从而大大提高举办地的国际形象。从世界范围看，巴塞罗那、悉尼、首尔（汉城）等城市，均在举办奥运会后获得巨大国际声誉和影响力。我国北京由于成功举办了奥运会，其国际形象与举办奥运会之前相比得到了极大改善；上海世博会的成功举办，更为上海的国际形象添色加彩。

2. 创造丰厚的经济效益

举办重大国际体育赛事为举办地旅游业及其他关联产业的契机。重大国际体育赛事举办期间，除众多的体育赛事参加人员、随队工作人员、记者以外，还将吸引大量的旅游客源，创造巨大的直接经济效益（见表1）。以北京奥运会为例，赛会期间北京迎来了来自200多个国家和地区的1万多名运动员及教练员、6000多名官员要人和两万多名媒体记者，2008年接待境外游客440万人次，奥运期间迎来近60万人境外游客，巨大的人流直接创造了颇丰的经济收入。截止到2009年3月15日，北京奥组委收入达到205亿元，支出为193.43亿元，收支节余超过10亿元，北京旅游收入超过45亿美元。

表1　奥运会的经济效益

单位：亿美元

年份	举办地点	收入	年份	举办地点	收入
1984	洛杉矶	1.5	1996	亚特兰大	17.21
1988	汉城	4.97	2000	悉尼	13.82
1992	巴塞罗那	20.80	2004	雅典	25.25

资料来源：参见罗秋菊《世界大型体育赛事活动对旅游业的影响及对中国的启示》，《商业研究》2008年第4期。

3. 引领产业快速发展

体育产业的产业关联作用突出。重大国际体育赛事除了带动当地旅游业，还带来一系列相关产业的发展，如建筑、交通、娱乐、购物、通信、广告、金融等相关行业的发展，对城市的经济发展带来多种牵动效应，成为带动相关产业经济发展新的增长点。以北京奥运为例，投资2800亿元，其中64%用于基础建设，在筹备奥运的 7 年里，投资和消费市场的总需求超过 3 万亿元人民币。① 北京依托奥运会，"十五"期间的建筑投资达 8500 亿元左右，是"九五"期间的 1.5 倍。直到 2015 年，北京的基本建设投资最低也能保持 5% 的增长速度。据统计，北京奥运会筹备期间每年为中国 GDP 增长贡献 0.3% ~ 1%，为北京 GDP 增长贡献 2%。

4. 催生良好政治效应

体育作为社会文化的组成部分，既受政治的制约，具备一定的政治功能，又相对独立，具有相当大的自由空间。奥运会、亚运会等重大国际体育赛事的成功举办在很大程度上可满足民族自尊心，增强自豪感，激发起巨大的爱国热情；作为具有巨大影响力的特殊事件，重大国际体育赛事已成为各国人民瞩目的重要社会活动，如奥运会、亚运会、世界杯等，赛事的意义远远超出竞技场，超出赛事本身，其政治影响力已超出赛事本身。体育已经成为社会发展和人类文明进步的重要标志；已经成为综合国力和社会文明程度的重要体现；已经成为推广文明生活的重要途径；已经成为推动经济和社会发展的重要力量和沟通世界、联系世界的一种重要桥梁。可以说：体育所产生的巨大精神力量和凝聚效应，很显然是与政治互动的结果，这对于致力于构建和谐社会的中国人民来说尤为重要。

5. 加快主办城市国际化进程

重大国际体育赛事对促进主办地区国际合作与交流和加快国际化进程有着极大的影响，能够增进主办国与其他国家之间的沟通、协调，以便更好地加强体育及文化、经贸等更多领域的国际交往和相互交流。特别是从 20 世纪 80 年代开始，电视传媒的全球化、知识信息网络化、全球贸易自由化和体育赛事管理与运行机制趋同化都有了空前发展，世界各国的体育联系日益加强，相互依赖性日益增强。体育资源高度流通，世界体育全球化囊括世界所有国家和地区，体育在地球上每一个角落相互渗透，呈现出全方位的发展状态，世界各个国家都可以感受到奥运会、亚运会等重大体育赛事的巨大影响力。

（二）亚运会对广州名城建设的推动作用

大型体育赛事对主办国（城市）所带来的积极影响和促进作用，体现为

---

① 易剑东：《大型赛事对中国经济和社会发展的影响论纲》，《山东体育学院学报》2005 年第 6 期。

"影响力就是生产力，主办权就是发展权"。① 体育赛事尤其是奥运会、亚运会等重大国际体育赛事是注意力经济，能够产生巨大的辐射力、影响力和吸引力，注意力资源的相对集中给举办城市和国家带来阶段性加速发展，因此影响力就是生产力。体育赛事尤其是奥运会、亚运会等重大国际体育赛事的经济影响是一种需求冲击，能对城市经济发展产生巨大牵动效应，成为带动相关产业经济发展的新的增长点。主办城市的主办权就是获得相关的土地开发、重大项目的立项、重大资金的投放等等；在申办赛事的过程中，申办城市须向赛事拥有者做出郑重承诺；在申办成功后，主办城市要兑现各种承诺，达到举办赛事的各种标准，就必须有超常规的发展，因而主办权就是发展权。2010 年广州亚运会作为重大国际综合性体育赛事，受到亚洲甚至是世界各国和人民的广泛关注，成为广州完成"大变"的催化剂，其巨大的影响力造就了一个全新的广州。

1. 经济发展逆势提速

广州自申办亚运取得成功后即开始了大规模的筹建活动。在一批亚运大项目的带动下，2005 ~ 2009 年广州市全社会固定资产投资年均增长 12.9%，比 1999 ~ 2004 年平均增速提高了 5.7 个百分点。2008 年广州市全社会固定资产投资更是突破 2000 亿元，2009 年达 2659.85 亿元，比 2004 年翻一番。② 2008 年爆发的金融危机愈演愈烈，全球经济复苏不确定性增加，但广州以迎亚运为契机，采取了强有力的保增长政策措施，借助亚运投资建设，加快了城市基础设施和亚运场馆建设，赛会总投资超过 1200 亿元人民币，尤其是拉动了建材、建筑、环保、信息等行业的需求。广州整体经济逆势提速，并以高于全国、全省和北京、上海等国内主要城市的速度实现全年经济增长目标。2010 年前三季度，亚运及其相关工程占广州固定资产投资的 30% 左右，对广州 GDP 贡献率达近 20%，对全年 GDP 贡献约 1600 亿元。③（见图 1）

2. 加速产业转型升级

正是由于借助亚运契机，广州保持了紧追北京和上海的步伐，并利用金融危

---

① 刘江南：《影响力就是生产力、主办权就是发展权——论亚运会与广州城市发展》，2009 年 1 月 11 日《中国国际体育产业高峰论坛》。

② 刘静、文森、李展敏、张柳辉：《广州亚运带来无限商机 亚运效应将持续 8 ~ 10 年》，2010 年 11 月 30 日《南方日报》第 8 版。

③ 肖欢欢、高鹤涛：《广州：国家中心城市地位奠定 调高第三产业比重》，2010 年 11 月 17 日《广州日报》。

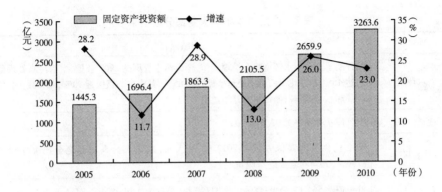

图1　广州亚运阶段固定资产投资总额及增长速度

机之"机"，在中心城区加大产业结构"腾笼换鸟"优化升级的步伐，加快产业结构调整速度。为此广州市加快了"退二进三"的产业结构调整速度，促使工业经济快速向服务业经济转型，2010年底服务业占据整体62%以上；转移和淘汰一些落后的制造业企业，特别是对环境污染较大和带有危险性的企业相继搬离广州中心城区，关停、转移、淘汰各类企业达到6119家。这些企业在搬迁的同时，淘汰了过时的技术和设备，提升了产业技术、环保和规模要求，使企业的技术水平、装备水平、研发力量都有较大的提高。

3. 城市面貌"十年大变"圆满实现

成功举办亚运会和首届亚残运会，城市实力大幅增强，城市国际形象和影响力大幅提升，形成了推动广州后亚运时期又快又好发展的新优势。城市建设和管理日臻完善，水环境、空气环境、人居环境、交通环境和无障碍环境显著改善，城乡绿道网建设成绩斐然（见表2）；城市新中轴线、珠江两岸景观带和一批标志性建筑群彰显大都市文化魅力，初步实现"天更蓝、水更清、路更畅、房更靓、城更美"。近年来广州在城市建设和环境保护等方面所做的大量工作也得到了外界的认可，先后获得"国际花园城市"称号和"联合国改善人居环境最佳范例（迪拜）奖"、"中国人居环境范例奖"。

4. 促进世界文化名城建设

亚运会、亚残运会不仅是一次体育盛会，也是一次文化盛会，特别是展示岭南文化的最佳平台。在亚运会筹办期间，广州开展了系列丰富多彩的活动，展示中国文化、岭南文化和广州城市的魅力。举办亚运会，增强了广州的城市文化生

表2　广州"十年"大变部分成绩单

项　目	成绩内容
水环境	共开展了581项水环境综合治理工作,全市污水管网达2907公里,生活污水处理能力达465.18万吨/日,集中处理率提升到85%,其中中心城区近90%,每日减少直排珠江污水80万吨;西江引水开始通水
空气质量	空气质量优良率为97.6%
社会保险	全市社会保险参保人数达2012.92万人次,退休人员人均养老金比上年提高8.36%,人均养老金达2229元/月
人居环境	升级道路564.67公里;整饰建筑31190栋,总整饰面积达3440.84万平方米;160个社区中实施雨污分流改造

产力、竞争力和辐射力,促进广州文化大发展、大繁荣,为早日实现"世界文化名城"打下了良好基础。亚运会对广州文化的影响并不会随着亚运会的闭幕而结束。亚运会闭幕后,广州即制定了《广州建设文化强市培育世界文化名城规划纲要(2011~2020)》,为后亚运时代的广州文化发展绘就了蓝图,要借亚运成功举办的契机,持续放大后续效应,擦亮历史文化名城品牌,塑造现代都市文化形象,推动城市文化传播,扩大文化交流合作,提升城市文化品位,扎扎实实地向着世界文化名城的目标迈进。

5. 提高民众幸福感

举办亚运会、亚残运会,是广州重铸世界名城复兴之路的点睛之笔;同时,筹办亚运会的实践,是贯彻落实科学发展观的一次具体行动,是对"包容性增长"的实际注解,尤其是极大提升了民众的幸福感。广州在筹办亚运会的过程中,提出了"让亚运成果惠及广大市民"、"以亚运为契机提高市民幸福感"等理念,仅2009年广州一般预算安排用于民生和各项社会事业的资金就达到220.5亿元,占财政支出的73.6%。[①] 为了办好亚运会,广州市大力推进火车南站、机场等重大交通枢纽,以及城市道路设施建设;大力加强水环境和空气质量的综合整治;大力加强人居环境的综合整治,使城市建设向前跨越10年。调查显示,六成(60.1%)的受访广州市民对亚运会的总体评价高于90分,近三成(27.1%)打满分,最后的总评分为83.9分。民意调查还显示,

---

① 崔丽、林洁:《"亚运惠民"为广州科学发展点睛》,2010年10月27日《中国青年报》。

亚运会开幕后广州居民的归属感上升到历史峰值，超过八成常住居民"乐意一直在广州居住"。①

二　建设面临的机遇和挑战

（一）机遇

1. 全球经济更加青睐中国

金融危机爆发后，其后续影响不断扩大，欧债危机、美元量化宽松政策等进一步给世界经济造成巨大波动，全球经济进入复苏的慢轨道。后金融危机时代，随着经济全球化及区域经济一体化发展，国际竞争日趋激烈，世界主要国家积极抢占产业发展的战略制高点，国际政治经济格局、国家战略部署及区际竞争格局处于重要的调整期、变革期。得益于我国巨大的内需市场和稳定的政策，危机期间我国经济受到影响较小，其国际地位在应对国际金融危机中快速上升，全球资本和人才不断东移，与发达经济体的市场互补性显著增强，人民币国际化进程不断加快。作为全球竞争中的最有力者，特大城市在竞争合作中的作用越来越重要，成为集聚人才、资本、技术等高端要素的前沿阵地。可以看到，这一"危"中之"机"有利于广州进一步发挥国家中心城市和综合性门户城市优势，增强代表国家、引领区域参与国际竞争的能力，加速提升在全球城市体系中的地位。

2. 国家中心城市建设注入新活力

珠三角改革发展规划纲要明确要求广州"强化国家中心城市、综合性门户城市和区域文化教育中心的地位"，"建设成为广东宜居城乡的'首善之区'，建成面向世界、服务全国的国际大都市"，这样的定位是国家从全国发展大局高度对广州提出的新要求，首次将广州定位为国家中心城市，提升到国家城镇体系的最高等级，从而成为中长期内的国家战略。这一要求为广州世界名城建设的复兴之路带来最为切实的利好机遇。一是有利于积极争取中央和省的政策支持、谋划推进城市发展，打好国家中心城市这张"王牌"，用建设国家中心城市这个大机遇为广州发展创造更多机遇，在国内乃至世界城市竞争中始终把握发展主动权、

---

① 数据来源于 2010 年 11 月 29 日《广州日报》A1 版。

保持竞争优势，巩固提升中心城市地位。二是利用这一机遇，大力提升广州的城市功能，而不仅仅是看重经济的发展，将更加注重城市发展、人居环境、城市综合承载力、社会民生等多个领域的共同发展。此外，借鉴国际经验，国家中心城市的发展离不开广阔的腹地。加强广州和周边三大外延合作区域（见图2）的合作是广州未来的能级所在，进一步开展和深化珠三角区域、泛珠三角、港、澳、台、东盟等城市和国家区域合作有利于广州强化高端要素集聚、科技创新、综合服务和文化引领功能，提升辐射带动区域发展的能力，这也是广州国家中心城市成功建设过程中的关键步伐。

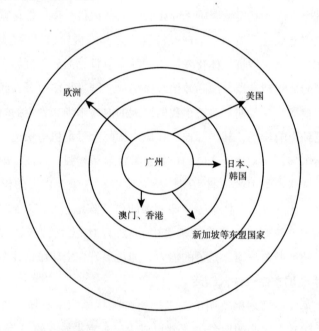

图2 广州外延合作空间圈层示意图

3. 亚运后续效应助推城市转型升级

成功举办亚运会和亚残运会，极大地促进了广州经济社会发展，显著优化了城市发展环境，大幅提升了城市国际影响力，带动了多方面体制的完善，有效改善了人民生活，社会服务水平显著提升，将为率先加快转型升级、建设幸福广州提供新的强大动力，广州呈现给世界人民以新气象和新面貌。申办亚运成功以来，广州大手笔、高标准开展城市形象提升工程。新城市中轴线、珠江新城、广州南站、天河CBD、琶洲会展中心、白云新城、临港商务区等功能区域和全市基础设施的完善与建设，极大改变了广州以往的"脏、乱、差"形象。民众的归属感和幸福感在过去的五年中明显增强，幸福广州正在有条不紊的行进中。亚运效应不断延伸，在广州经济和产业发展转型升级的同时，社会管理、城市面貌、民生生活也在齐头并进。城市形象和社会管理的改善和提升为广州的综合性门户城市和世界名城建设不仅奠定了基石，打下坚实的硬件和软件基础，而且为延续亚运脚步，深化经济发展和优化经济结构提供了持续的动力。

（二）挑战

1. 外向型增长模式难以持续

我国传统的外贸发展模式遇到诸多挑战。由于外部需求难以全面恢复、全球贸易摩擦加剧、人民币汇率升值、生产要素的成本优势下降和国内转变发展方式等原因，追求规模速度的粗放型外贸发展模式将难以为继。受金融危机的冲击，世界经济增长短期内不会恢复到危机前水平。对于广州而言，对外贸易压力上升，外向型增长模式难以为继。以2011年外部需求来看，广州2011年进出口总额达到1161.72亿美元，出口564.73亿美元，金融危机后连续三年贸易逆差，贸易依存度低于全国水平。① 对比分析广州以及深圳、天津、苏州等城市的出口依存度，广州的出口依存度较为平稳且处于低端，一直保持在0.3~0.4之间，在同一时期均低于其他三个城市，与深圳、苏州相比差距悬殊。广州对外贸易竞争力存在较大压力，外向型增长模式难以为继，并且在对外贸易中，加工贸易、企业的转型升级势在必行，这些因素影响广州的对外贸易，从而给经济总量上升带来相对压力。

2. 城市影响力不高

广州虽已向国际化城市迈进，但其国际影响力明显不足。一是缺乏一张城市名片。在申办亚运过程中，广州全方位展示了自己的形象，志愿者的微笑、涉外部门的服务甚至社区居委会热心服务都赢得了到访者的信任与喜爱。但广州具有什么样的城市品质？未来会成为一张怎样的国际城市，并没有借助亚运传递给世界一个清晰的信号，凝练一张让世界人记住的城市名片。二是软环境能力有待改善。广州在城市国际化的历史进程中，软环境依然有待提升，人口、商品、资

---

① 资料来源于广州市对外经济贸易合作局。

金、技术等要素的国际聚集程度偏低，集聚财富能力和对本地区与国家贡献度偏低，市民素质、国际意识、政策环境、服务能力和生态环境有待改善，软环境建设依然是广州未来成为国际化城市的较大制约。广州应建设成为一个在国际社会富有影响力的、安全、舒心的和谐城市。

3. 国际城市间竞争加剧

举办亚运会是广州加速实现城市国际化的助跑器，经过亚运会的申办，一个现代化国际大都市的轮廓已经初步成形，但如何以举办亚运会为契机，在更大范围、更广领域、更高层次上参与国际分工与合作，广州仍面临许多挑战，如人口、商品、资金、技术等要素的国际聚集程度偏低，集聚财富能力和对本地区与国家贡献度偏低，市民素质、国际意识、政策环境、服务能力和生态环境还有待改善，软环境建设依然是广州成为国际城市的重要制约。如与国际国内先进城市相比，广州的城市综合承载力有明显差距。城市综合承载力的差距具体表现在广州空港海港辐射力还有不足，城市化环境建设不足，文化建设、社会建设与其他先进城市有差距。以 2010 年为例，广州每万人公共文化服务设施面积为 1130 平方米，图书馆 15 座，均排在北京、上海之后。广州 2009 年的文化产业增加值为 715 亿元，北京是 1489 亿元，上海是 874 亿元。广州的软实力指数是 0.17，北京是 1，上海是 0.41，足见差距之明显。[①]

三 发挥亚运效应，加速广州世界名城建设的对策建议

（一）围绕提升城市国际化水平，大力发展开放型经济

纵观世界级城市和大都市的发展经验，城市的国际化首先是经济的国际化。伦敦、纽约、东京、巴黎、香港等城市几乎无一例外，其次才是文化、政治等领域的全面放开。经济的国际化也是中国对外交流中摸索出的宝贵经验，尤其是在当今国际复杂形势下，依靠经济国际化，建立战略合作伙伴关系成为国际竞合的务实需要。广州城市的国际化、建立世界名城的梦想得以实现首先需要经济的国际化，发展开放型经济。在当前条件下，广州发展开放型经济应注意把握以下几点。

---

① 数据来源于 2011 年 12 月 25 日《羊城晚报》。

一是要注重市场结构转型。从以国际市场为主向国内外市场并重转型，积极探索运用"两个市场、两种资源"推进产业升级、优化结构调整的新路径，实施市场多元化战略，深度开发欧美日等传统市场，更加注重开拓新兴市场，加快境外贸易平台建设。

二是要注重发展载体转型。加快实现从低端发展向高端、创新发展转型，提升高端要素集聚、科技创新和综合服务功能。以三个国家级开发区为龙头，加快引进战略性新兴产业，培育开放型经济新优势。

三是注重发展动力转型。着重加快从政策吸引向环境吸引转型，全面提升国家中心城市的综合承载力和营商环境。在硬环境方面，加快构建世界级空港、海港和铁路枢纽，完善内外衔接的高速铁路、轨道交通、高快速路网，强化国家铁路公路主枢纽地位，增强城市综合承载能力，提升综合性门户城市功能。在软环境方面，重点优化市场环境，规范市场秩序，强化依法治理，构建更加开放、更加公平、更加透明、更加包容的市场经济体系。

四是继续实施走出去战略。推动企业"走出去"参与国际分工和经济合作，加快培育大型龙头企业。拓宽对外合作领域，提升合作水平，注重企业投资安全，以企业形象树立城市形象。

（二）营销广州品牌，传播广府文化，铸就世界文化名城

铸就世界文化名城是广州复兴的梦想，要在世界范围内拥有巨大的文化影响力、辐射力、聚集力，成为世界文化生产、创新、交流和贸易发生的策源地是其内涵所在。如巴黎、伦敦、罗马、柏林、洛杉矶等城市都是世界公认的世界文化名城。广州拥有扎实深厚的岭南文化底蕴、长盛不衰的对外开放、敢为人先的城市人文精神和蓬勃发展的现代文化以及良好的社会经济环境，已经初步具备打造世界文化名城的基础。

一是提升城市文化品位和文明程度。秉承争创全国文明城市的精神，不断丰富新时期广州人的精神内涵。重视对岭南优秀传统文化的发掘、保护和利用，推进博物馆、纪念馆等公共文化设施免费开放，继续发挥和扩散亚运会相关主题专项文化活动，拓展对外文化交流渠道，展示广州深厚文化底蕴，提高城市知名度和美誉度。

二是加快完善公共文化服务体系。加快建设覆盖城乡的公共文化服务体系，

努力建设全国社区群众文化活动先行点，打造公共文化服务体系国家级示范区。加强大型公共文化设施、标志性文化设施和社区、乡镇文化设施建设，形成覆盖城乡、结构合理、功能健全、实用高效的公共文化设施网络。强化政府公共文化服务职能，创新公共文化服务管理模式，完善公共文化机构设施，培养公共文化服务人才。

三是大力发展文化产业。加快出台文化体育类产业发展规划，大力发展创意产业，打造具有核心竞争力的文化企业、产品和品牌。把发展文化创意产业与实施"退二进三"、"腾笼换鸟"结合起来，充分利用旧厂房、旧仓库、旧码头发展文化创意产业，打造文化新兴业态，提高经济发展效益。充分利用全国文明城市建设成果和亚运影响力，开展区、街道、社区特色文化品牌战略，扩大中国音乐金钟奖、国际纪录片大会、广州国际艺术博览会、中国国际漫画节等品牌活动影响，进一步完善和改进市场化、产业化运作机制。

四是推进文化建设转型升级。提升广州城市文化形象，利用好广州的现代商贸文化、亚运文化、创意文化、生态文化等。集聚岭南文化、华侨文化、广府文化等资源，建立文化主线，形成最具广州特色的城市形象品牌。把城市文化资源转化为文化资本，更多发展既能凸显文化底蕴又能赢得经济效益的项目，形成文化生产力，大力发展文化、体育、旅游等休闲产业。另外，注重文化发展与城市发展相互交融。城市建筑是城市文化的有形载体，城市文化是城市建筑的鲜活灵魂。在城市建设中，要把文化元素更好地融进去，让广州处处包含文化元素、彰显文化风格、体现文化底蕴。

（三）创新城市管理，对接国际大都市俱乐部

与香港地区、新加坡等具有世界领先的社会管理经验的地区和国家相比较，广州的社会管理服务体系还有一定差距，与国家中心城市的地位还不匹配，社会建设和管理水平有待加强。在后亚运时期，要巩固发展亚运城市管理和城市环境成果，丰富全国文明城市佳绩，建设宜居城乡和低碳广州、智慧广州、幸福广州，更好地开展城市精细化管理，强化国家中心城市地位，从而对接国际大都市俱乐部。

一是深入贯彻落实《关于加强后亚运时期城市管理工作的实施意见》。后亚运时期，促进城市管理从突击整治向长效治理转变，从重点区域向城乡全覆盖转变，从管治模式向服务模式转变，增强城市管理的综合统筹功能，增加城市管理

主体的多元化，开展城市管理方法和手段的法制化与数字化，增进城市管理科目和过程的精细化，促进经济发展方式转型升级，保障城市可持续发展。

二是扩大公共服务供给规模和质量，建立健全社区服务体系。社区是公共服务的基层组织，是反映社会管理优劣的"试金石"。加大发展多元化的社区服务，如加强和完善社区就业、保障、救助、卫生、文化、教育、安全等多项公共服务。完善和畅通对话渠道，增强社区活力。实现党和政府、基层组织、社会群众的对接机制，增强公民社区参与意识与责任意识，推进共同决策，培养和国家中心城市相匹配的群众素养。培育社会精英，鼓励其参与社区自治，整合社区数字化服务平台，提高管理服务效率。

三是培育多元化公共服务融资体系，发挥资金杠杆作用。鼓励民间资本参与社会服务体系，如市政公用事业建设、社会事业等领域，并对符合要求的民间资本给予鼓励性优惠政策。开展多样化的慈善捐赠活动，发展社区慈善组织，加强社区慈善能力建设。转化公共产品供给方式，形成社会管理服务供给主体的多元化。政府充分使用资金配置杠杆，由直接公共产品供给转变为间接保证，引导社会管理服务的方向。通过资金的合理利用，培育社区公共服务组织，引进商业机构，实行项目质量跟踪管理，建立责任分担的机制，政府掌控社会管理服务的方向，以后台服务和操作来实现"小政府，大社会"。

Guangzhou Rebuilding the Dream of "World City" with Asian Games

Liu Jiangnan

Abstract：The 2010 Asian Game speeded up the internationalization process in Guangzhou and the revival of "world city" by promoting social administration, economic development, city image and happiness of common people in Guangzhou. In the post-Asian Game era, Guangzhou shall fully explore the cultural and material legacy of Asian Game to accelerate the construction of national centre city, international trade center and global cultural city.

Key Words：Guangzhou；Asian Games；World City

B.11
广州建设国际商贸旅游中心研究*

周晓芳　周志红**

摘　要： 国际商务贸易是国际商贸旅游的核心助推器，广州在明确建设国际商贸中心城市的基础上提出"世界城市"的目标，使得广州旅游业的发展进入新的历史阶段——国际商贸旅游中心。本研究在总结改革开放以来广州国际商贸旅游的发展历史和现状基础上，从中心性的概念和体系出发，将广州与北京、上海进行对比分析，论述与世界城市纽约的差距。结果表明，广州目前是华南地区的国际商贸旅游中心城市，要发展成为国际商贸旅游世界城市，需要以"世界城市"为终极目标，加强国际商贸旅游服务，缩小与北京、上海的差距，商旅文结合发展。

关键词： 国际商贸旅游中心　国际商贸中心　世界城市　差距　广州

广州作为具有 2200 年历史的"千年商都"、"海上丝绸之路"的起点、历久不衰的港口，因其独特的区位优势和地理环境，自古以来就是珠江三角洲、广东省和华南地区的中心城市。国务院批准颁布实施的《珠江三角洲地区改革发展规划纲要（2008～2020 年）》肯定了广州国家级中心城市的地位，并明确广州市最终应建成面向世界、服务全国的国际化大都市。广东省政府在"十二五"规划中提出要增强广州作为国家中心城市的综合服务功能，广州市政府则以"建设国际商贸中心"作为"十二五"的目标，以逐渐将广州建设成为面向世界的国际化大都市。广州市第十次党代会上，市委报告明确提出广州要发展为"世

---

*　基金项目：本研究受教育部人文社会科学研究青年基金项目（12YJCZH316）和国家"十二五"科技支撑计划重大课题（2011BAC09B01）资助。

**　周晓芳，博士，华南师范大学旅游管理系副研究员，硕士生导师；周志红，博士，广东省旅游发展研究中心助理研究员。

界城市"。

商务旅行与航空业、酒店业等有着密不可分的关系,[1] 且国际贸易是国际商贸旅游需求的核心助推器,[2] 城市的国际商贸功能和旅游也变得密不可分,广州旅游业的发展将在国际商贸中心的城市定位和面向世界的国际化大都市发展目标下进入一个新的历史阶段,即打造国际商贸旅游中心。

作为活跃在经济舞台上的活力商都,广州的商贸旅游发展到了哪种程度? 是否具有成为国际商贸旅游中心的条件? 能否成为带动国内城市融入世界格局的前卫力量?

本文基于城市中心性,围绕商贸旅游的发展关注广州城市地位,把广州与国内城市规模、竞争力相当的北京、上海和深圳进行对比,并通过与"世界城市"纽约的对比分析,研究广州建设国际商贸旅游中心的现状、具备的条件以及存在的差距等问题。

一 城市的中心性与国际商贸旅游中心城市

(一) 城市的中心性

作为区位论的继承,中心性理论最初由克里斯泰勒提出,并用城镇的电话数作为衡量中心性的主要指标。[3] 中心是一个相对的概念,目前在国外的研究中也主要相对郊区和边缘而言,[4] 中心性体现了城市对隶属于它的一个区域的服务性以及由此产生的相对重要性,[5] 因而常常在实践中被用来衡量城市在区域和城市

---

① Glyn Wootton, Teery Stevens, "Business tourism: a study of the market for hotel-based meetings and its contribution to Wales's tourism", *Tourism Management*, 1995, Vol. 16 (4), pp. 305 – 313.

② Turner, Lindsay W., Witt, Stephen F., "Factors influencing demand for international tourism: tourism demand analysis using structural equation modeling, revisited", *Tourism Economics*, 2001, Vol. 7 (1), pp. 21 – 38.

③ Christaller, W., Translated by Baskin C. W., *Central Place in Southern Germany*, Englewood Cliffs, N. J. and London: Prentice Hall, 1966.

④ K. R. Ihlanfeldt, "The Importance of the Central City to the Regional and National Economy: A Review of the Arguments and Empirical Evidence", *Cityscape*, 1995, Vol. 1 (2), pp. 125 – 150.

⑤ M. D. Irwin, Holly L. Hughes, "Centrality and the Structure of Urban Interaction: Measures, Concepts, and Applications", *Social Forces*, 1992, Vol. 71 (1), pp. 17 – 51.

体系中的地位和作用。①

在国内，基于中心地理论、增长极理论、核心—边缘理论等的引入、建立和发展，结合中国区域经济发展的需要，形成了关于中心城市的概念、内涵、中心城市的层面、等级体系以及区域中心城市的机制和作用等系列相关研究，② 依照目前成果，对城市中心性的衡量主要通过城市在区域和城市体系中的地位和作用进行，并据此划分中心城市的腹地和等级层次。

在全球化背景和经济活动的开放条件下，城市对外职能的空间尺度拓展不仅仅限于城市区域或城市腹地范围内封闭式的或有边界的服务，国际贸易和国际商贸旅行者使得城市和城市之间的联系越来越紧密，城市表现出多种联系，这些联系增强了城市对外服务的复杂性，以致更难以确定城市在区域中的地位。在这种情况下，网络城市、城市的网络性和城市在网络中的节点性（nodality）越来越被广泛接受，③ 甚至有学者认为以网络节点的中心性概念可更科学地表达城市的对外服务功能以及城市在网络结构中的地位和层次，④ 或者城市的网络节点性是对中心性的本质——"对外服务的相对重要性"的继承。⑤ 从这个角度看，城市的网络节点性不仅使城市具有承担对外服务功能的中心性，遵循距离衰减规律和体现集聚—扩散效应，还体现了城市作为网络中各种联系的交会点，承担物质流、能量流、信息流等的汇集和中转功能。

（二）国际商贸旅游中心城市

国际商务贸易和旅游交叉是国际商贸旅游研究的特点，Tim Coles 和

① 周一星、张莉、武悦：《城市中心性与我国城市中心性的等级体系》，《地域研究与开发》2001年第4期，第1~5页。
② 马野、魏炳坤、鄢淦五：《中心城市的经济理论与实践》，中国展望出版社，1986；周游、张敏：《经济中心城市的聚集与扩散规律研究》，《南京大学报》2000年第4期，第16~22页。
③ M. D. Irwin, Holly L. Hughes, "Centrality and the Structure of Urban Interaction: Measures, Concepts, and Applications", Social Forces, 1992, Vol. 71 (1), pp. 17-51；赵群毅：《全球化背景下的城市中心性：概念、测量与应用》，《城市发展研究》2009年第4期，第76~82页。
④ M. D. Irwin, Holly L. Hughes, "Centrality and the Structure of Urban Interaction: Measures, Concepts, and Applications", Social Forces, 1992, Vol. 71 (1), pp. 17-51.
⑤ 赵群毅：《全球化背景下的城市中心性：概念、测量与应用》，《城市发展研究》2009年第4期，第76~82页。

C. Michael Hall 通过对与国际贸易相关的旅游类型的整理，系统地提出了国际贸易背景下国际商贸旅游的时空尺度模型，并完善了国际商贸旅游的等级体系；① Nada Kulendran 和 Stephen F. Witt 则从旅游需求的角度出发，提出了国际商贸旅游需求的四种预测模型。尽管现有研究对国际商贸旅游中心城市的涉及不多，但很明显地肯定了国际贸易是国际商贸旅游产生的前提或核心助推器，② 国际商贸旅游和国际商务贸易的关系密不可分，因此，国际商贸旅游中心城市的建立应以国际贸易中心的建立为前提。

结合上述对中心性、国际商务贸易及国际商贸旅游的理解，可以认为，国际商贸旅游中心是具有吸引国内外商务旅游者进行商务旅行以及其他附加活动的能力，并为商务旅游者提供谈判、会议、展览、科技文化交流以及住宿、餐饮、交通、游览、休闲、通信等各种高水平服务的城市。国际商贸旅游中心的特点是：城市发展到一定水平后，在区域城市体系中成为国际商贸中心；国际商贸旅游活动中心；承担对外与商旅服务功能；具备国际商贸旅游网络节点性。

二　广州国际商贸旅游的发展及现状

（一）国际商贸旅游基础雄厚

广州国际商务贸易有着深厚的历史基础，特别是从 1957 年开始举办、在特殊的年代仍保持通畅的广交会，一直是我国与世界经济交往的主要通道，奠定了广州独一无二的对外流通地位。广州也是最新商业潮流、流通方式和新型业态的先锋城市，诞生了中国第一个真正意义上的购物中心，享有"中国第一商城"美誉的天河城广场。还有独具岭南风格的上下九路、专卖店林立的北京路步行街和国内外名牌荟萃的环市东路中心商务区，以及一大批集餐饮、购物、娱乐、休闲于一体的综合性零售商店。进入 21 世纪后，广州新建了一大批购物中心、仓

---

① Nada Kulendran, Stephen F. Witt, "Forecasting the demand for international business tourism", *Journal of Travel Research*, 2003, Vol. 41（3），pp. 265 – 271.

② Turner, Lindsay W., Witt, Stephen F., "Factors influencing demand for international tourism: tourism demand analysis using structural equation modeling, revisited", *Tourism Economics*, 2001, Vol. 7（1），pp. 21 – 38.

储式商场、综合超市、连锁便利店等商业网络群，市级商业中心区和各区级商业中心功能齐全、层次分明，吸引着省内外消费者，并已成为旅游休闲的好去处。据调查，来广州的国内外游客中，以经商或购物为主要目的的占40%以上。①2009年，广州社会消费品零售总额达3647.76亿元（约合534亿美元），远超国际公认的国际商贸中心城市的标准——社会消费品零售总额250亿美元。②

广州批发市场也处于快速发展中，已成为全国乃至全球制造业最重要的流通平台。目前广州共有大中小型专业批发市场500家，尽管中小批发市场仍占大多数，但已经脱颖而出一批在华南地区甚至全国较有影响力的市场，初步形成了部分产品的"广州价格"，并对广州大流通格局的形成起到了关键作用。围绕批发市场，广州完善了辐射全国的商品交易市场体系，已成为华南地区乃至全国商品的集散地。

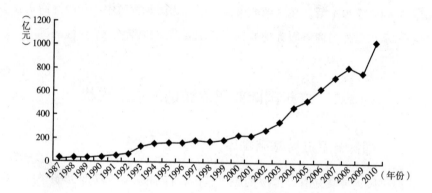

图1 广州历年进出口贸易情况

资料来源：《广州统计年鉴》（1987~2010年）。

图1清楚表明，1987年以来广州进出口总值不断增加，国际贸易呈现逐年增长的态势，尤其是2002年中国加入WTO之后，广州的进出口总值飞速发展，快速上升的曲线有力证明了改革开放以来广州国际商贸旅游的核心助推器，即国际贸易的不断增强。在这种发展趋势中，广州的国际影响力不断扩大。

---

① 广州市旅游局：《2011年广州旅游业统计分析报告》，http://www.gzlytj.com/Note/note_info.aspx?note_id=95。
② 李央：《加快广州建设国际商贸中心的战略与路径研究》，《现代商业》2010年第30期，第41~42页。

随着广州市场逐渐与国际国内市场交会，南北贸易融合，商业交易气氛更加浓厚，越来越吸引国内外制造商、代理商、经销商、批发商来广州设立销售基地，国内外名店、名品牌纷纷落户广州开设专卖店和专业连锁店，广州的国际商务贸易中心地位将进一步巩固。

（二） 会展业发展迅速

据相关数据显示，2009 年，广州市会展场馆个数达 1008 个，场馆面积达 71.84 万平方米，开展会展活动的企业（单位）数为 342 家。这些会展企业不仅提供了国内和国际大大小小的商务贸易和会议会展服务，且初步形成集聚规模并产生规模经济。2009 年的 182 家会展业企业（单位）中，海珠区 57 家，越秀区 51 家，天河区 48 家，这三个区会展企业数占了广州会展企业总数的 85.7%。三个区与会展企业相关的会议承办类企业、会展场馆、会展服务公司、展台设计搭建商、展品运输企业、广告策划类企业，以及物流、餐饮、住宿、购物等蓬勃发展，共同形成突出的会展集聚经济，产生了巨大的经济效益。

（三） 基础设施逐步完善

广州的住宿餐饮设施服务能力已经体现出国家级中心城市的职能，《中国总部经济发展报告（2008～2009）》的数据也显示，广州在显示其国际商贸旅游中心性的总部经济发展方面，基础条件的评价得分超越北京、上海。可见，就发展国际商贸旅游中心来说，广州的接待设施条件是已经具备了的。

高端酒店盈利是地区旅游接待水平的主要标志。从图 2 可以看出，广州的四五星级酒店呈现逐年增长的态势，近年来，广州星级酒店的空间分布由旧城市中轴线区域（沙面、火车站等）向新城市中轴线区域（天河体育中心、珠江新城等）转移，初步形成了酒店产业集群：沿江西路—沙面岛集群、广州火车站集群、环市东路集群、天河集群、珠江新城集群。酒店产业集群的出现，标志着广州国际贸易、会展业以及国际旅游业发展条件成熟。

广州目前有 277 家旅行社，相当部分的接待水平达到了国际水准。广州旅行社主要集中于越秀区，并逐渐向天河区、海珠区、荔湾区和白云区发展；广州未来十年将全面实施"金融强市"战略，快速推进区域金融中心建设，在未来十年金融业建设规划提出"形成与香港功能互补、在国内外具有重要影响力的国

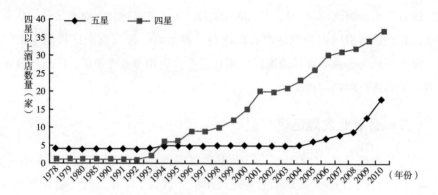

图2　广州各年度四星/五星酒店数量

资料来源：《广州统计年鉴》（1987～2010年）。

际化区域性金融中心"；广州其他娱乐企业如休闲酒吧、KTV、电影院、会所俱乐部等在数量上也极具规模。

三　广州商务旅游在全国的地位

从我国城市的发展来看，北京和上海在政治、经济、文化等方面对全国都具有重要影响力，国际性服务功能强，在商务旅游发展方面是能代表我国参与世界竞争的城市，并已明确国家级中心城市的地位。深圳在区位上和广州非常近，且在广东省"十二五"规划中明确定位为全国经济中心城市和国家创新型城市。广州建设国际商贸旅游中心存在什么样的优势？有何差距？应怎样发展？下文将明确广州建设国际商贸旅游中心城市的差距和方向。

（一）指标选取和评价方法

在指标选取上，围绕城市的商贸活动、商务旅游、会展情况、旅游基础设施、国际性等方面，从《中国旅游统计年鉴2010》、《广东省统计年鉴2010》、《广州统计年鉴2011》、《中国城市年鉴2010》、《中国城市统计年鉴2010》、《广州年鉴2010》，北京、上海、广州、深圳市2010年《国民经济和社会发展公报》经网数据库以及各省市官方信息网站等收集。部分会展及世界500强、零售业竞争力等资料来源于互联网。

经过资料分析统计，构建的我国城市商务旅游中心性效益评价指标体系如表 1 所示。

表 1　城市商务旅游中心性效益评价指标体系

一级指标	二级指标	三级指标
国际商贸旅游中心城市	国际商贸中心	外贸进出口总额、吸收外商直接投资合同金额
	国际旅游中心	旅游外汇收入、接待入境旅游者
	商务旅游中心	居民商务旅游花费、居民的商务出游目的
	会展旅游中心	展会个数、会展城市竞争力、ICCA 国际会议数量、UFI 国际展览个数、UFI 国际展览面积
	旅游服务条件中心	星级饭店营业收入、星级饭店总数、五星级饭店数量、旅行社营业收入
	空间作用中心	国际航班数量、民航机场业务量
	对外中心	外资金融机构数量、外资饭店数量
	总部经济中心	引进世界 500 强总部数、拥有世界 500 强总部数、世界 500 强企业进入各地区的数量

由于指标来源多样且单位、性质等存在较大差异，首先利用 SPSS 软件将三级指标标准化。加上变量之间的相关关系普遍存在，为避免信息叠加和减轻工作量，本部分使用主成分分析方法，结合 SPSS 软件进行综合指标的构建和计算。

本部分采用综合分析模型为：

设 p 个变量 x_1，x_2，$\cdots$，x_p，其综合指标构建的表达式为：

$$F_{综} = \sum_{i=1}^{m} (\lambda_i/p) F_i \tag{1}$$

λ_i 为特征值，F_i 为命名的主成分，m 为主成分个数，F_i 的表达式为：

$$F_i = \sum_{l}^{p} (a_{ij}/\sqrt{\lambda_i}) ZX_p \tag{2}$$

此处，a_{ij} 为初始因子载荷矩阵，ZX_p 为原始观察变量的标准化数据。

（二）整体中心性效益评价

通过计算，得到北京的中心性效益综合结果为 66.97，上海为 55.46，广州为 25.69，深圳为 19.78，上述四个城市的国际商贸旅游中心建设效益评价结果排序与很多研究成果中对国家中心城市的评价一致，可见建设国际商贸旅游中心的前提是国家级城市中心由其对外综合服务职能和对外开放性、国际影响力在全国范围中的地位所决定。

（三）建设国际商贸旅游城市分项分析

国际商贸情况：从表2可明显看出，在国际贸易方面，上海无论是外贸进出口总额还是吸收外商投资方面都位居第一，其次为北京，广州在深圳之后。因此，广州要建设国际商贸旅游中心城市，国际贸易吸引力还有待加强。

表2　各城市国际商务贸易指标

单位：亿美元

城　　市　　　指　　标	外贸进出口总额	吸收外商直接投资合同金额
北京	3014.1	84.9
上海	3688.69	153.07
广州	1037.76	49.74
深圳	3467.49	56.52

国际商贸旅游情况：从表3可看出深圳在商务旅游和国际旅游两方面的指标位居前列，可见深圳作为新兴商务旅游城市，对国内商务游客和国际旅游者的吸引力都较大。因此，对广州发展为国际商贸旅游中心的说法，同一区位条件下与深圳的竞争和合作不可小觑。

表3　各城市国际商贸旅游指标

城　　市　　　指　　标	旅游外汇收入（万美元）	接待入境旅游者（人）	居民商务旅游花费(元/人)	居民的商务出游目的(%)
北京	435668	4125145	2199.7	3.5
上海	474402	5333935	2060.7	1.3
广州	362396	6894044	2025.5	2.1
深圳	276026	8963697	2850.2	3.5

会展旅游情况：会展旅游是商务旅游的重要部分，会展的利润率一般在20%～25%以上，是国际上公认的高收入、高收益产业，拥有巨大的发展潜力。因此，目前国内众多城市都在大力发展会展业，会展已经成为衡量一个城市经济竞争力的新指标。

根据全球会议组织机构 ICCA（International Congress & Convention Association）发布的《2010 年会议统计报告》,① 对全世界 232 个城市举办的国际会议数量进行排序，排名前二十位的城市中，亚洲城市只有 5 个，最靠前的新加坡举办了 136 场国际会议，中国大陆排名最高的城市是北京，举办了 98 场国际会议；其次为上海，国际会议数量为 81 个；广州为 3 个，在国内排第 7 位，未能进入全球排名榜。相比之下，无论是与国际会展中心城市比较还是与国内的会展城市比较，广州在国际会议的数量上远远落后于北京和上海。

UFI（Union of International Fairs）国际展览联盟，2003 年更名为全球展览业协会（The Global Association of the Exhibition Industry），是迄今为止世界展览业最重要的国际性组织，经过 UFI 认证的展览可以说是国际化的标志。截至 2011 年上半年，全球获得 UFI 认证的国际展览有 1197 个。中国大陆地区获得认证的展览有 58 个，其中北京 22 个、上海 30 个、广州 11 个。另根据 UFI 联盟统计，2011 年全球室内展览面积达到 3260 万平方米，排名第一的国家是美国，为 671 万平方米，占全球室内展览面积的 21%。中国展览面积排名第二，总面积达 475.5 万平方米，占全球室内展览面积的 15%。广州的琶洲展馆是世界排名第四的展馆,② 有 3.38 万平方米的展览面积。可见，广州在会展业各项指标上和北京、上海均存在一定差距，但从展览面积增加速度来看，广州很重视会展业的发展，因此近年来会展业发展速度很快。

国际商贸旅游服务条件：由表 4 可清楚看出，除星级饭店个数外，其余指标遵循北上广深的顺序，可见广州在这方面需要在数量多的基础上进行质量上的进一步提升。

表4　各城市国际商贸旅游服务条件指标

单位：万元，个

城市 指标	星级饭店营业收入	星级饭店总数	五星级饭店数量	旅行社营业收入
北京	2083800.49	750	54	2753606
上海	1315245.05	298	38	2606481
广州	547957.24	1559	12	1174828
深圳	313935	503	14	688185

---

① ICCA 官方网站。

② UFI 官方网站。

其他的体现中心城市的对外服务、流通、辐射和集聚作用以及国际性的指标如国际航班数量、民航机场业务量、外资金融数量和外资饭店数量等也遵循北上广深的顺序，可见广州在构建国际商贸旅游中心的条件和能力方面，离北京、上海还有一定距离。这个与广州国际商务贸易的发展有很大关系，尽管广州一直是我国重要的贸易口岸，但是就"世界城市"的一些国际商务贸易特征来看，很多方面都有待提高。例如广州商贸业在全国叫得响的知名品牌数量稀少，引领全国商贸业潮流的知名品牌更少，世界各大零售业品牌进入广州的也很少。根据全球最大的商业地产服务公司世邦魏理仕最近发布的研究报告《零售业全球化进程》提供的研究结果，目前全球排名前十位的著名国际商贸中心吸引到的世界著名零售企业的比例都达到或超过了40%，其中北京、上海分别排名世界第6位和第8位。

北京、上海作为国家级城市将是广州努力学习的方向，二者的国际商贸旅游服务已经发展为全国性职能，但广州仍然处于区域水平。因此，必须以逐渐缩小与两者的差距为方向，改进和改善国际商贸旅游的各方面，才有机会上升为国家级国际商贸旅游中心城市。深圳与广州差距较小，是广州未来合作竞争的主要对象，研究两者之间的优势和互补问题，在竞争中加强合作和分工。

四 建成国际商贸旅游中心

英国社会学家弗里德曼（Friedman）在1986年根据企业总部和大银行的位置提出"世界城市"概念并进行划分。沙森（Sask ia Sassen）通过对纽约、伦敦、东京的系统性研究对"世界城市"进行描述：由于生产者服务业集中在"世界城市"，这些城市逐渐成为"全球性服务中心"，形成以商贸服务业为核心的新产业体系。例如三大"世界城市"纽约、伦敦和东京的商贸服务业均为城市的核心产业，占GDP比重均超过80%，其中东京的零售额是全日本的12.6%，伦敦零售业增加值占英联邦20%的份额，全英国有14%的零售企业和19%的批发企业位于伦敦。

广州要发展成为商务旅游中心，回归"世界城市"之列，必须借鉴国际经验，通过对比分析，找到差距和努力方向。

为体现差距程度和明确努力方向，本文选取纽约为参照进行对比分析。

（一）国际旅游的发展差距

国际旅游是国际商贸旅游发展的一面镜子，在著名的世界城市如纽约、伦敦、东京，以商务为目的的商务旅游占了国际旅游的很大比重，商务贸易是国际旅游发展的推动力量。

表5　1998～2009年广州和纽约国际旅游发展情况

单位：亿美元，百万人

年份	广 州			纽 约		
	国际旅游外汇收入	国内旅游人数	接待入境旅游人数	国际旅游外汇收入	国内旅游人数	接待入境旅游人数
1998	1.06	—	3.03	14.7	27.1	6.0
1999	1.17	22.27	3.13	15.6	29.8	6.6
2000	1.51	18.79	4.21	17.0	29.4	6.8
2001	1.65	17.69	4.42	15.1	29.5	5.7
2002	1.87	22.32	4.74	14.1	30.2	5.1
2003	1.62	20.07	3.63	18.5	33.0	4.8
2004	1.90	22.38	4.37	21.1	33.8	6.2
2005	2.29	23.40	5.10	22.8	35.8	6.8
2006	2.80	23.96	5.64	24.71	36.5	7.3
2007	3.19	27.27	6.11	28.85	37.1	8.8
2008	3.13	29.16	6.12	32.1	37.5	9.5
2009	3.62	32.86	6.89	28.2	37.0	8.6

资料来源：广州数据来自《中国旅游统计年鉴》，纽约数据来自 *New York City Tourism Statistics*，http：//www.rockinst.org/nys_statistics/。

对比表5中的数据可以发现，无论是国际旅游的发展还是作为国内旅游的主要目的地，纽约的各项指标均超出广州，体现了其世界城市在旅游业发展的领先地位。从增长的速度来看，广州接待入境旅游人次除了在2003～2004年受"非典"影响下降外，一直保持较快的增长速度。而纽约的入境旅游人次在小幅度波动基础上一直保持在较高的水平，可见纽约的旅游业发展已经成熟且稳定。

广州海外游客中以商务客居多，通过参团到广州游览的比较少，只占来穗海外游客的 9.78%。① 广交会以及系列国际性展会在广州的举办使广州的会展在国内甚至国际上有了一定影响力,吸引了更多的国外厂商到广州参展,也带动了商务旅游的发展。因此,广州作为新兴城市与纽约相比,旅游业和国际旅游正在蓬勃发展,但应加快升级转型,从发展国际商贸旅游的角度出发,增强商旅合作,提高入境商务旅游的吸引力和服务水平。

(二) 会展业发展差距

美国是会展大国,会展为其带来的经济利益不容小觑,其会展产业体系、行业规范、空间布局等都发展得较为成熟。纽约在美国会展空间中的地位历史悠久,早在 1939 年和 1964 年就分别举行过两次世博会。按 ICCA 排名,纽约举办国际会展数量位居世界第 62。不过纽约会展业的地位在美国并非数一数二,全世界规模最大的三个展会(工程建设机械博览会和国际消费电子展、国际动力传动展、全美广播电视展)都在拉斯维加斯举行,拉斯维加斯以其集聚性极强的酒店业与会展业发展相得益彰,带动整个内华达州会展业发展,仅 2009 年一年内会展直接收入就达 65 亿美元。②

美国会展业的区域空间布局和不均衡发展对我国有重要参考作用,目前我国的会展业遍地开花,各大城市都提出大力发展会展业,北京、上海更是将会展业作为建设国际商贸中心的重要途径。北京“十二五”规划中首次将会展业从旅游中独立出来,明确为现代服务业六大重点行业之一,并确立其与世界城市发展目标相适应的会展业发展目标,将北京打造为世界著名会展之都。上海在世博会举行带来巨大影响的同时,会展业发展的明确目标就是建立亚太地区领先的会展城市。就广州来说,一百多届广交会的举办奠定了良好的会展业发展历史基础,区位优势和对外开放经济环境使得会展业有得天独厚的优势,据资料显示,目前广州获国际展览联盟(UFI)认证的展览达 11 场,2011 年举办国际性展览 260 场,占全市展览总数的 10%,国际会议 794 场,拉动旅游外汇收入 34.8 亿美元。③ 可见,北京和上海、广州三个会展一线城市目前已进入新的发展阶段,也产生了会展业

---

① 《2009 年广州旅游业统计分析报告》,http://www.docin.com/p-161249722.html,2011-3-28。
② ICCA 官方网站。
③ 廖靖文:《世界三大食品展之一将来广州》,2011 年 12 月 14 日《广州日报》。

的区域空间布局和发展的问题。参照美国的经验，纽约在城市定位上会展业并未与优势突出的拉斯维加斯等区域同质竞争，因此，广州在发展会展业方面应着眼全局，创新区域会展业发展的目标、特质和途径，避免城市之间会展业发展的同质恶性竞争和商旅流分散。

（三）国际商贸旅游服务能力差距

纽约有三大机场：约翰肯尼迪国际机场（JFK）、拉瓜迪亚机场（LGA）、纽瓦克国际机场（EWR）。纽约机场系统的繁忙程度在美国排第一，在国际上排第二，三个机场每年共处理客流超过1亿人次。所以，从航空业发展来说，纽约的空域可以说是世界最繁忙的，也体现了纽约国际商贸旅游城市的中心性地位。广州民航的运载能力主要取决于白云国际机场的设施设备以及管理状况，白云国际机场是广州唯一一座大型民用机场，是国内三大航空枢纽机场之一，在中国民用机场布局中具有举足轻重的地位，但在客流量方面远远小于纽约。

一般来说，国际著名的旅游城市、世界城市、国际商贸中心都拥有较多国际接待能力强的星级酒店，特别是跨国酒店集团。美国没有统一评定全部酒店星级的官方机构，主要依赖消费者对酒店品牌的认同，但仍有很多网站或民间的自评，例如美国汽车协会（AAA）评定钻石级别（1～5钻），福布斯（FORBES）评定星级（1～5星）。目前纽约近80%的酒店是品牌酒店，这些品牌酒店在国内通常能评四星级以上，例如威斯汀酒店是我国很多城市著名的五星级酒店，但美国的 Westin Bonaventure 大部分只是三星半。不过，美国是一个完全市场化的国家，酒店大都注重以品牌创标准，对评定等级不是很积极。在这种情况下，纽约高等级饭店的数量实际上要比星级饭店的数量还多（见表6）。

表6　2011年纽约市星级饭店数目

单位：家

星级	五星	四星	三星	二星	一星
纽约市饭店	25	175	250	122	30

资料来源：*Hotels in New York City*. http：//www. hotelsofnewyorkcity. net/en/5 - stars/（纽约星级饭店评定为网站自主评定，非官方数据）。

五 广州的国际旅游中心城市地位

作为国际上发达的金融和商业服务中心，纽约、伦敦、东京等因其全球性服务中心的地位已发展成为世界城市，国际商贸旅游中心城市地位也日益巩固。就广州来说，如果从传统的中心性概念来看，广州离国际商贸中心或国际商贸旅游中心均有一段不小的距离。但如果从城市的网络节点性或新的中心性概念（网络中心性）来说，一年两度的广交会、国际贸易的迅猛发展、全球联系的不断加强以及国际旅游人数的不断增长，广州似乎正在走向国际商贸中心或国际商贸旅游中心。

随着全球性国际贸易、国际旅游的产生和日益增强，城市的对外服务范围扩大到了全球，就全球视角下城市的国际中心性来说，据 Alderson A. S. 和 Beckfield. J 运用全球 500 强跨国企业及其分支机构在世界的分布数据测度结果显示，中国无一城市进入中心性排名前五十名的城市。[①] 很明显，广州离 Taylor 设想的世界城市体系中的第一层次——全球经济网络中心或国际一流城市[②]尚有很长一段距离；就第二层次（区域性国际中心），即能在世界上几个主要地区和国家范围内起主导作用的城市来看，由于东京、香港、新加坡等城市的存在，以及有研究表明广州在国际商贸旅游的城市竞争力上落后于香港、上海、澳门，[③] 广州也很难成为亚洲或东南亚范围内的区域国际中心城市，成为区域性国际商贸旅游中心城市并不具备条件；从第三层次（国家或地区的中心城市）来探讨广州的国际商贸旅游中心城市地位，在对三个国家级中心城市的对比分析上可以明显看出，广州国际商贸旅游与北京、上海还存在一定的差距，其国际商贸旅游的国家中心地位值得商榷；再从地区的中心性来讲，广州很多方面超出同地区的深圳，因此可明确广州现阶段的地位是华南地区国际商贸旅游中心城市。

---

① Alderson A. S. , Beckfield J. , "Power and Position in the World City System", *American Journal of Sociology*, 2004. Vol. 109 (4), pp. 811 - 851.

② Taylor P. J. , "Specification of the world city network", *Geographical Analysis*, 2001, Vol. 33 (2), pp. 181 -194.

③ 李玺：《城市商务旅游竞争力：评价体系及方法的创新研究》，《旅游学刊》2010 年第 4 期，第 27 ~31 页。

六　建设国际商贸旅游世界城市的途径

（一）以世界城市为终极目标

1. 以现代服务业为核心提升国际竞争力

广州商贸业的发展主要依托于珠三角庞大的制造业，国际商贸更多是充当商品流通的一个简单环节，与世界城市现代化的国际商贸中心以金融为驱动，包括金融保险、商旅服务、科技研发等诸多以知识和技术密集为主要特征的现代服务业经济体系差距还很大。目前国际公认的三大世界城市纽约、伦敦和东京等的现代服务业占 GDP 总值80% 以上。根据广州市统计局发布的资料显示，[①] 2009 年广州市服务业实现增加值 5545.56 亿元，占 GDP 比重达到 60.9%，提升服务业的功能和水准已经成为未来广州发展的重点之一。

2. 以总部经济为带动加强国际商贸中心性

总部经济是经济全球化、信息化背景下越来越普遍的一种新的经济形态，通过企业总部和生产制造两块功能在空间上的再配置，实现跨行业、跨区域乃至跨国的资源整合。总部经济的高端性、知识性、关联性等特征使其在区域经济发展中扮演着越来越重要的角色，已成为许多国家（地区）所追求的新经济形态。总部经济能够促进一个城市的产业升级、推动经济发展方式转变，因此，广州要打造国际商务旅游中心，必须加强同世界 500 强等跨国企业合作，发展总部经济，实现经济快速、广泛的融合和交流。

3. 以城市 CBD 为核心加快商业街区体系建设步伐

国际商贸中心城市和国际商贸旅游中心城市购物旅游和商业设施均比较发达，国际上的"世界城市"中一般均围绕城市的多个 CBD 发展有一批全球影响力的、高度繁荣的标志性现代商业街区，形成品牌丰富、商业集聚程度高、购物旅游发达、高度便捷、宜居的商业街区体系，广州在这方面还需努力，特别是零售业的国际品牌、自主品牌和传统品牌建设，批发业的空间布局规划方面，可参照世界先进经验，将广州打造成世界著名的购物天堂。

---

① http://www.gzstats.gov.cn/tjgb/qstjgb/201004/t20100409_ 20933.htm.

（二）加快国际商贸旅游服务，缩小与北京、上海的差距

1. 以各种方式提高入境商务旅游人数

据世界旅游组织（UNWTO）统计，国际旅游者以每年36万人次的速度增长，预计到2020年，全球国际旅游者将达1.6亿人次。世界旅游及旅行理事会（WTTC）预计，到2017年，旅游业将直接产生5390亿美元的GDP，对全球GDP的贡献率将达到10.4%，如果加上对工业的直接和间接拉动，将占全球GDP的10.7%。这些数据表明了一个毋庸置疑的事实，即旅游在国际经济发展中的角色越来越重要。国际旅游业的发展，必然带动基础设施条件的升级以及经济的转型，世界经济将因现代服务业的转型和金融业、旅游业等新型产业的发展而出现新变化，作为旅游和商业之间最好的契合点，国际商贸旅游提升空间很大，广州要抓住机会，以旅促商、以商促旅，商旅结合，大力发展国际商贸旅游。

2. 发挥广州商贸特色，创新会展业发展模式

虽然与北京、上海相比，广州会展业还有一定差距，并且在华南地区，香港会展业领先的形势、澳门拉斯维加斯模式的得天独厚、深圳后起的威胁以及珠三角其他城市的分流，都给广州会展业带来了很大的挑战，但是广交会的深厚底蕴和全球知名度，世界第三的琶洲展览中心以及刚刚过去的亚运，均表明目前广州在全国第三的基础上还有很大的发展空间。广州会展业要加强自身建设和发展，以广州传统的商贸特色为基础，以新型、现代化、高科技、高服务、高水准的方式创新会展业发展模式，吸取世界城市的先进经验，完善会展业的产业链及产业体系。

3. 加强国际商贸旅游服务能力的建设

就广州商贸中心的城市目标和国际商贸旅游中心的旅游业目标来说，酒店、旅行社、航空业都需要紧密配套，完善旅游服务能力建设。特别要将酒店业和会展业的发展紧密地配套起来，以琶洲会展设施为中心，完善嵌入或环绕展馆周边融商务办公、住宿服务、文化娱乐于一体的酒店业，打造琶洲高端酒店业集聚地。

（三）商旅文结合，将广州发展为世界著名文化中心

随着中国经济的快速起飞，文化落后的矛盾越来越突出，对文化的多样性需求

对旅游业发展提出了新的挑战。目前，中央做出了建设社会主义精神文明体系的重大决定，广东省也意识到经济强省下文化弱势的格局，未来的重点放在文化强省上面。广州是一座有着2200多年历史的文化名城，拥有数量众多、品位较高的旅游文化资源。发展国际商贸旅游，文化这一元素不可忽视。必须注重以文化繁荣商旅，以商旅促文化传播，商旅文结合，共同打造文化底蕴深厚的"世界城市"。

参考文献

Glyn Wootton, Teery Stevens. "Business tourism: a study of the market for hotel-based meetings and its contribution to Wales's tourism", *Tourism Management*, 1995, Vol. 16 (4), pp. 305 – 313.

Turner, Lindsay W., Witt, Stephen F., "Factors influencing demand for international tourism: tourism demand analysis using structural equation modeling, revisited", *Tourism Economics*, 2001, Vol. 7 (1), pp. 21 – 38.

Christaller, W., Translated by Baskin C. W., *Central Place in Southern Germany*, Englewood Cliffs, N. J. and London: Prentice Hall, 1966.

K. R. Ihlanfeldt, "The Importance of the Central City to the Regional and National Economy: A Review of the Arguments and Empirical Evidence", *Cityscape*, 1995, Vol. 1 (2), pp. 125 – 150.

M. D. Irwin, Holly L. Hughes, "Centrality and the Structure of Urban Interaction: Measures, Concepts, and Applications", *Social Forces*, 1992, Vol. 71 (1), pp. 17 – 51.

周一星、张莉、武悦：《城市中心性与我国城市中心性的等级体系》，《地域研究与开发》2001 年第 4 期。

马野、魏炳坤、鄢淦五：《中心城市的经济理论与实践》，中国展望出版社，1986。

周游、张敏：《经济中心城市的聚集与扩散规律研究》，《南京大学报》2000 年第 4 期。

赵群毅：《全球化背景下的城市中心性：概念、测量与应用》，《城市发展研究》2009 年第 4 期。

Tim Coles, C. Michael Hall, *International Business and Tourism-global Issues*, *Contemporary Interaction*. London: Routlege, 2008.

Nada Kulendran, Stephen F. Witt, "Forecasting the demand for international business tourism", *Journal of Travel Research*, 2003, Vol. 41 (3), pp. 265 – 271.

李央：《加快广州建设国际商贸中心的战略与路径研究》，《现代商业》2010 年第 30 期。

陈忠暖、王芳、曾思敏：《建国以来广州在全国地位与作用的历史变迁》，《经济地理》2009 年第 11 期。

赵弘、刘牧雨：《中国总部经济发展报告（2008～2009）》，社会科学文献出版社，2008。

广州市统计局、国家统计局广州调查队：《广州统计年鉴》，中国统计出版社，1987～2010。

Friedman J. , "The World City Hypothesis", *Development and Change*, 1986, Vol. 17 （1），pp. 69 – 83.

Saskia Sassen, *The Globe City：New York, London, Tokyo；Second Edition*, Princeton University Press, 2001.

廖靖文：《世界三大食品展之一将来广州》，2011 年 12 月 14 日《广州日报》。

Alderson A. S. , Beckfield J. , "Power and Position in the World City System", *American Journal of Sociology*, 2004, Vol. 109 （4），pp. 811 – 851.

Taylor P. J. , "Specification of the world city network", *Geographical Analysis*, 2001, Vol. 33 （2），pp. 181 – 194.

李玺：《城市商务旅游竞争力：评价体系及方法的创新研究》，《旅游学刊》2010 年第 4 期。

Research on Guangzhou's Constructing International Commercial Tourism Centre

Zhou Xiaofang   Zhou Zhihong

Abstract：International business and trade is the key assistor of international commercial tourism. Guangzhou's target of "global city" based on the construction of international trade centre will lead the tourist industry in Guangzhou into a new stage-to construct the international commercial tourism centre. The study summarizes the history and current situation of international commercial tourism in Guangzhou by comparison with Beijing and Shanghai, discusses the disparity of Guangzhou and New York, and concludes that Guangzhou is the trade and tourism centre of South China at present. It further suggests that Guangzhou shall target at "global city", upgrade international commercial tourism service, reduce disparity with Beijing and Shanghai, and combine the development of tourism with trade and culture in order to build up a cultural centre with global fame.

Key Words：International Commercial Tourism Centre；International Trade Centre；Global City；Disparity；Guangzhou

专题调研篇

Special Reports

B.12

广交会：会展经济与城市国际化

葛志专　胡泓媛*

摘　要： 会展业能够有效带动经济发展，提升城市国际化形象，已经成为全球区域分工体系的风向标。以广交会为代表的会展业加快了广州城市国际化进程，对广州现代产业促进作用明显。未来，形成三大板块构建会展中心城市、逐渐向政府市场主导模式转型、做强品牌建立会展之都、加强城市合作组建会展大都市圈将成为广州会展业发展的重要发展趋势。

关键词： 会展　经济发展　城市国际化　广交会

一　引言

随着工业化进程的加速，科学技术的不断发展，社会产品极大丰富，交通运

＊　葛志专，广州市社会科学院国际问题研究所研究实习员；胡泓媛，广州市社会科学院国际问题研究所助理研究员。

输逐渐繁荣，商品的跨区域贸易规模扩大，对信息交流、营销方式、交易内容和速度都提出了更高的要求。会展成为连接生产和消费的一种便捷的桥梁，通过会展的方式，大量的商品、信息得以在一定的时空媒介当中集聚、融合，短时间内创造巨大的商品价值和服务价值，也形成了一种新的行业——会展业。以会展业为中心的会展经济，在城市经济中正扮演重要角色。

会展经济，是在国际大都市或基础设施完善、成熟的旅游地，通过各种形式的会议和展览展销，以达到获得直接或间接的经济和社会效益、提升地区形象的一种经济现象和经济行为。[①] 会展经济是第三产业发展日益成熟后出现的一个综合性更强、关联性更大、收益率更高的经济形态，具有很强的聚集效应和辐射效应，通过带动城市基础设施建设、关联产业发展、环境配套、市场开发、品牌塑造及政府公共服务等多个领域的联动发展，共同推进城市整体形象与实力。举办会展业已经成为发达城市及国际知名城市的重要举措，如德国汉诺威、法兰克福，意大利米兰等著名国际城市，均是以会展而闻名世界的。在国内，会展业方兴未艾，以北京、上海、广州为代表的发达城市是会展发展的高地，本文即以广州会展业特别是广交会为例，阐述会展业对城市国际化进程的影响，以及广州会展中存在的问题。

广交会已经成为国内最具标志性的会展活动，该会展是我国目前历史最久、层次最高、规模最大、商品种类最全、到会采购商最多且分布国别地区最广、成交效果最好、信誉最佳的综合性国际贸易盛会，对举办城市的发展影响深远，为推动广州城市国际化发展发挥了重要作用。

二　会展业与城市发展的互动效应分析

（一）为主办城市累积经济实力

会展经济在多层次上为城市经济发展注入活力，具有很强的关联效应（见图1）。[②] 会展活动的举办本身就能带旺城市的消费需求，会展业则是高收入、高

---

① 马勇：《中国会展经济发展解读》，《经济地理》2002年第5期，第293～296页。
② 陈柳钦：《会展经济与城市发展》，《现代乡镇》2007年第2期，第36页。

盈利的现代服务业，其利润率在20%～25%以上。根据世界权威国际会议组织ICCA统计，每年在世界各地举办的参加国超过4个、参会外宾超过50人的各种国际会议有40万个以上，会议总开销2800亿美元，市场空间巨大。会展经济还可以培育新型产业群，直接或间接拉动城市基础设施和其他相关硬件设施的建设以及带动集服务、交通、旅游、广告、装饰、边检、海关、餐饮、通信和住宿于一体的"第三产业消费链"的发展。[①]据专家测算，国际上展览业的产业带动系数大约为1:9。高产业关联度使得会展经济成为带动城市和区域经济发展的新增长点。

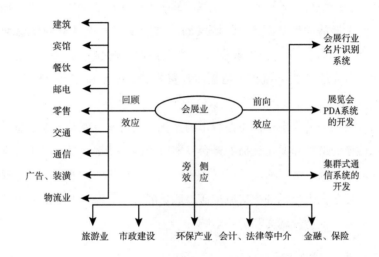

图1　会展经济的关联效应

（二）树立城市国际形象

会展经济与城市国际化最直接的关系体现在其对城市国际形象的树立有着巨大的作用。会展是城市"触摸世界的窗口"，是集中展示主办城市国际形象的绝佳舞台。

首先，会展活动有力地促进了城市国际知名度的提高。会展活动是城市向外

---

① 程建林：《会展经济发展、会展城市竞争力与城市功能提升》，《城市规划》2008年第10期，第15～20页。

推广自我形象的一个重要手段。国际性的展会是最大、最有特色、最有意义的城市广告。成功的国际性展会能向世界各地的参展商、贸易商和观展人士宣传一个国家或地区的科技水平、经济发展实力，展示城市的风采和形象，扩大城市影响，提高城市在国际、国内的知名度和美誉度，从而提升城市竞争力。因此在国际上衡量一个城市能不能跻身于国际知名城市行列，一个重要标志就是看这个城市召开国际会议和举办国际展览的数量和规模。德国汉诺威、慕尼黑，法国巴黎、戛纳，美国纽约、芝加哥，意大利米兰，英国伦敦，瑞士日内瓦，以及新加坡和香港等都是世界著名的展览城市。

其次，会展活动直观展示了主办城市的投资环境和营商环境，推动城市与国际接轨。在会展活动举办、会展经济发展的过程中，大量具有创新思维和战略眼光的知名专家、学者、企业家集聚，更直接地了解城市的各方面发展状况，有利于吸引投资，为主办城市创造更多投资机会，推动城市经济的发展与国际接轨。

再次，会展活动集中传播主办城市的文化。会展本身就是会聚信息的巨大洼地、思想碰撞的熔炉和文化传播的舞台，能够源源不断地给参与者带来文化的融合和创新启发。通过会展活动的桥梁作用，主办城市能够与外部世界在观念、文化、技术、理念上进行全方位交流沟通，使参展人士更深刻地理解城市的理念和文化，形成城市独特的魅力和国际影响。

（三）推动城市建设

会展经济是城市基础设施和其他相关硬件设施建设背后的重要推手。为了更好地为大型展会服务，适应会展经济的需求，与国际会展文化接轨，吸引更多的国际客商，城市管理者会持续不断地完善城市配套设施、规章制度和人文环境，从而推动城市整体建设的发展；会展活动的举办同时也为城市管理运行的方方面面积累经验、创新理念和资源，促进城市管理和建设的进一步创新。2010 年上海世博会是会展经济促进城市建设的重要例证。为了办好世博会，上海投入巨资完善交通网络，兴建了一系列市政工程，使城市基础设施规划提前 5～10 年实现；世博园的选址则促进了上海的旧城改造和产业布局调整，推动了区域功能转型和可持续发展；上海世博会中形成、凝练的创新管理经验，则成为上海城市建设和城市管理的新资源；世博会中所展现的崇尚科学、崇尚真知和志愿者精神等等世博精神更是为城市的长远发展提供了精神力量，成为提高人民精神文明素质的推动力。

三　广州会展业对城市国际化的影响

（一）有力促进广州经济发展

会展活动的举办，首先是能够创造巨大的经济效益，除了展销商的商品销售等会展本身收益外，还将对主办城市产生强大的拉动效应，带动上下游多个配套产业的发展及大量人口的就业。广交会开创了广州会展业，拉动了广州消费和就业水平，对广州产业及外贸发展提供了最有力的市场导向，对广州经济政策和制度建设推动巨大。根据对 2008 年的两届广交会的研究，广交会对地方经济的拉动效应达到 1:13.6，大大领先于世界知名展会的水平。[①] 一年两届广交会带给广州的直接经济效益，即国内外访客和相关机构的直接消费为 110.5 亿元，间接经济效益为 215.94 亿元，两者合计为 326.44 亿元。会展期间采购商在广州停留时间平均为 7.27 天，人均每天消费达到 4000 多元，大大超过日常入境游客的人均水平，是日常国内游客的 3.35 倍。一届广交会直接带动的全职或兼职就业人数达到 5 万多人；间接带动的全职或兼职就业人数约为 97 万人，一年两届广交会，直接和间接带动的就业人数即可达到 205 万人以上，受益行业包括零售、酒店、餐饮、交通、货运、展位搭建和广告。2008 年广州 GDP 为 8215.82 亿元，一年两届广交会带来的经济收益则占其 3.96%。可见，广交会的规模效应与经济带动作用是其他行业无法媲美的。

（二）有力提升广州国际知名度

广交会的发展为广州带来了显著的社会效益，尤其是打响了广州在现代国际贸易市场中的知名度。自 1957 年至今，广交会已经让全世界 200 多个国家和地区的 5 百多万海外客商见证了广州城市发展的巨大变化。2011 年，世界各地 416278 人次来穗参会参展，亲身感受近年来广州社会经济的长足进

---

① 《广交会：新世纪辉煌的十年》，中国进出口商品交易会网。

步和广州城市建设的巨大变化，这个数字是 1957 年的 132 倍（见图 2）。统计数据显示，广交会期间，广州宾馆过夜人数明显增加。广交会的展期不断改革，从"一届一期"到"一届两期"再到现在的"一届三期"，总展期扩展到三个星期，更多的客商愿意在广州逗留更长的时间，更好更深入地了解这座城市。通过广交会的契机，广州社会生活和人居水平的进步得以全面展现，外国客商对广州传统文化、特色美食、发展成就、良好形象的认识不断增进。

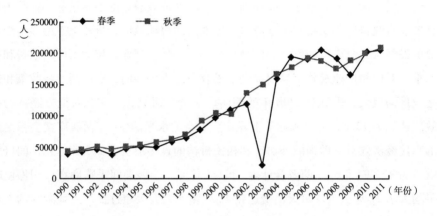

图 2　1990～2011 年广交会客商人数走势

（三）提高广州辐射能力

广州有千年商都美誉，改革开放早，是华南乃至我国重要的经济中心之一，其辐射范围广泛、影响力大，城市内集中了主导现代经济潮流的产业和部门，对周边城市和地区经济产生重要的聚集和扩散作用；在带动周边地区发展的同时，扩散作用又得到进一步增强吸引了更多人流、物流、资金流，其中心城市的功能更加明显、中心城市的地位更加突出。广交会的举办无疑在其中发挥了重要的作用，广交会改为每年两届以后，进一步增强了广州的辐射带动能力，几乎世界范围内的主要国家都已经参加过或一直参加广交会。广州也在这种效应的带领下成为全年会展城市，几乎每个月广州都会有各种各样的展销会轮番上阵，广州会展之城的地位逐渐树立。现在广交会每届都有来自 200 多个国家和地区的海外采购商前来赴会，前来参展的国内企业更是遍布全国各地，参加广交会已经成为许多省、市、县宣传自己的重要途径和政府相关部门的重要工作安排（见图3）。广交会的参展商和采购商的规模扩大，形式多样，随之而来的便是作为举办城市的广州的集聚功能的加倍提升，城市辐射能力的快速增强。

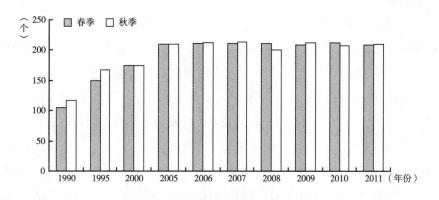

图3　历年参加广交会国家数

（四）提高广州会展业集群规模

广交会的龙头带动作用促使广州成为会展集群城市。在广州交通运输、信息化建设、旅游环境配套、市场化机制不断提高、政府企业服务能力不断国际化和标准化的综合影响下，广州综合会展及专业会展规模与数量逐年递增，品牌优势不断树立，已经成为我国会展集群高地，其国际化程度不断提高。

首先是带动了一批会展品牌。目前广州获国际展览联盟 UFI 认证的展览已经达 11 个，占全国的 13.9%。中国留学人员广州科技交流会（简称留交会）已经成为全国规模最大、开放度最高、开办时间最长的科技人才交流会，被众多海外人士比作"智力广交会"。与国际展览公司联合主办的展会影响力不断扩大，如"琳琅沛丽亚洲皮革展"是中国引进的第一个世界皮革著名会展品牌；"广州国际美容美发化妆用品博览会"成为世界第二、亚洲第一的行业大展；"广州国际照明展"是世界第二大照明展；"中国（广州）国际建筑装饰博览会"展览总面积达 13.5 万平方米，居亚洲首位。此外，"广州博览会"、"中小企业博览会"，

"广州国际汽车展"、"中国（广州）机械装备制造业博览会"等也发展成为国内名列前茅的展会。2010 年，广州举办国际性会展达到 69 个，展览面积达 465.5 万平方米，同比增长 6.2% 和 5.9%，占全年举办展览面积的 73.9%。这些展会都是在吸收汲取广交会的制度和运作经验中成长起来的，更有大部分展会选择与广交会同期或在广交会前后举办，充分分享广交会的国际客商资源，广交会的集群能力已经在发挥作用。

其次是培育了一批实力卓越的国际会展企业。2011 年秋交会的参展商达到 24231 家，展览的主体已经从政府一家独大发展成为政府、事业单位、国有企业、民营企业、外商投资企业等多元化经营主体，形成了中国对外贸易中心（集团）、广州光亚法兰克福展览有限公司、广州白云国际会议中心有限公司等一批具有国际影响力、办展办会经验丰富的会展企业。广州会展企业的国际化步伐也在不断加快。目前广州有 40 多家涉及会展行业的外资企业落户，每年在广州举办近 30 场国际性展览，包括中法双方公司组建的广州光亚法兰克福展览有限公司、中德双方公司组建的广州美沙振威国际展览公司以及中意等三方组建的广州博环美国际展览公司等。外资的进入不仅提升了企业实力，扩大了广州会展业的规模，还带来了先进的会展经营理念，为广州会展企业注入新的活力。

（五）催生了国际一流会展硬件设施

会展业的发展催生了广州一批功能齐全、服务完善、管理规范的国际性展览会馆场所。至 2010 年，广州拥有主要会展场馆（面积达 2000 平方米以上）12 个，场馆总面积达 69.7 万平方米，形成了琶洲国际商务会展核心功能区、流花会展区、白云新城会议功能区三大主要会展功能集聚区（见表 1），前两者都是在广交会展馆的基础上发展起来的。琶洲国际商务会展核心功能区的中心展馆——中国进出口商品交易会展馆，室内展厅总面积达 33.8 万平方米，单一场馆面积居亚洲首位，是亚洲最大的现代化展览中心，能够提供 58699 个展位，会展场所的集聚为广州竞争国际会展都市提供了硬件保证，以充分的运营条件吸引世界范围内的客商及企业。广州会展产业已经成为全国展览业的标杆，并正在跻身全球会展中心城市之列。

表1　广州主要会展场馆情况

单位：平方米

场馆名称	建筑面积	室内展览面积	室外展览面积	总展览面积
广东东宝展览中心	21600	21600	—	21600
广州白云国际会议中心	60000	32160	23992	56152
广州花城(国际)会展中心	80000	80000	—	80000
广州锦汉展览中心	35600	35600	—	35600
中国进出口商品交易会流花路展馆	170000	120000	—	120000
广州保利世贸博览馆	92300	66000	—	66000
广州国际采购中心	280000	78600	30000	108600
中国进出口商品交易会琶洲展馆	395000	130000	22000	152000
中洲国际商务展示中心	35000	28200	—	28200
广州南沙国际会议展览中心	13000	13000	—	13000
广东省农业展览馆	2000	2000	—	2000
广东国际贸易大厦展览中心	21000	14000	—	14000

资料来源:《中国会展经济发展报告（2011）》。

四　广州会展业发展中存在的问题

广州会展业在全国范围内已经处于前列，在促进城市发展、辐射广阔内地市场、推销"中国制造"的历程中发挥着重要作用。然而，在世界经济前景波动不稳、增长乏力的宏观形势下，与发达国家的会展经济发展成果、展销产品的技术领先等核心竞争力相比较，广州会展业正面临着前所未有的挑战，骄人业绩的背后也隐藏着一些问题和隐忧。

（一）自主品牌建设能力不足

广交会已成为一个响亮的国家级招牌，然而几十年来，广交会的不断壮大并没有促使数以万计的中国出口企业拿得出几个在国际间响亮的品牌，中国企业的自主品牌之路依然任重道远。[①] 更多的中小企业依靠压低价格，压低成本，展开直接的恶性竞争，而自主品牌及专利产品少之又少。部分市场开发和产品推销渠

---

① 刘正朱：《广交会视点：品牌之路任重道远》，《世界机电经贸信息》2004年第6期，第68～69页。

道上过度单一并集中在一年两届的广交会，依靠为数不多的订单求生存，失去了创新动力。学者研究表明，超过80%的企业的产品带有完全或大部分仿制性，多为贴牌生产；自主研发、具有自主知识产权的产品拥有率不到5%，拥有自主品牌产品的企业所占比例不足3%，自有品牌在同类产品中具有一定知名度的企业占的份额不足1%，超过50%的企业每年用于广交会的费用开支占据企业年度产品推介成本的70%以上。[①] 核心技术和核心品牌的缺乏导致了在贸易谈判桌上只能仰人鼻息，其低利润局面无法在广交会这个大舞台上得以改观。

（二）管理水平和会展服务水平不足、考核机制不健全

以广交会属于典型的政府主导模式的会展。除拥有资金、基础设施优势外，当前政府主导会展模式容易出现对市场主导模式的挤出效应，还有较多欠缺之处。行政主导模式的展会方式亟待改进，比如展位问题，当前展位主要以指标方式在各省（区、市）和行业之间进行分配，难以靠市场化手段进行调节，一些中小型民营企业，至今无法进入这个国内最大的出口交易平台。浓郁的政府主导机制和地方官员追求政绩的政治色彩，政府职能的多位、错位等因素影响市场机制正常发挥作用。

表2 政府主导模式会展业优缺点对比

优　　点	缺　　点
行政部门资金充裕、会展起步快	投资回收期长、风险大
有利于城市知名度提升	徒有虚名的现象加重、表里不一
基础设施现代化进程快	城市原有风貌部分缺失
有利于城市公共服务体系的形成	城市复合比重不够协调、容易超载
提高会展目的地优势产业的竞争力	政府行为加强
容易形成产业规模和产业集团	影响市场条件下具有产业链企业集团的形成
容易形成产业规模和集群、增强竞争力	弱化企业市场进取能力、产生劣币驱逐良币现象
有利于服务型政府的快速形成	专业化管理程度低
增加城市名片	影响对城市认知的准确性
国家安全有保障	审批程序复杂、会展资源政府垄断现象严重

资料来源：参见陈锋仪《政府主导型会展模式研究》，《人文地理》2008年第1期。

[①] 梁雪松：《会展贸易与对外贸易发展的问题透析》，《国际经贸探索》2008年第5期，第50～53页。

（二）会展资本融资能力不足

以广交会为代表的会展业，企业的参与度与分工的专业性未达到发达国家的水平，会展资本的融资能力和方式比较单一。政府的重视程度对会展的业绩起决定作用，与市场景气有时发生偏离，如在市场普遍不景气的情况下，会展业绩显著，其中甚至掺杂虚报业绩现象。在场馆的建设和经营方面，资金主要来源于政府部门，以政府投资为主。这种单一的资本运作方式在市场经济下显得过于保守，如果是政府高负债建设场馆的话，场馆使用方面的单一性和长期闲置性极易使政府陷入财务困境。

（三）会展软环境能力有待提升

会展产业涉及产业面广，要素层次多。精细化的管理方式，专业运营的会展企业、中介公司等，专精尖的会展人才都是必不可少的会展要素。从广州会展业现状看，已经具有一流的设施场所，不缺少会展场馆，不缺乏硬件环境，而是缺乏内涵，缺乏会展产业软环境，缺乏一套成熟的产业运营体系，当务之急是尽快提高会展业的综合服务水平，从规模扩张向内涵充实型转变。特别是软环境，必须尽快上一个新台阶，包括会展人才的专业技术水准、配套服务、商务环境、会展格调等在内的各主要方面，都有待改善和提高。从国际经验看，无论是北美第一大会展城市奥兰多，还是亚洲最佳展览及会议场地香港，其成功之路都离不开高水准的综合服务和软环境建设。需要学习国际会展的丰富经验，把广州会展业的综合服务水平提高到一个较高的层次。

五 广州会展业发展趋势

会展业是广州重点发展的现代服务业，会展经济是广州国家中心城市建设的重要组成部分。根据《珠江三角洲地区改革发展规划纲要（2008～2020年）》对广州国家中心城市和综合性门户城市的明确要求，广州将要打造壮大一批具有国际影响力的专业会展、世界一流的会展品牌、国际竞争实力较高的会展企业。5～10年内，会展业年均增加值增速高于全市第三产业 GDP 增速，会展场次和面积、经营收入、从业人员等主要指标位居亚洲前列，广州将力争建设成为亚洲的会展名城和国际商务会展中心城市，形成以广交会为龙头的多层次的会展集群。广州会展经济将进入快速发展阶段，助推广州城市国际化建设，与广州国家中心城市、国际商贸中心建设相辅相成。

（一）增强会展集群能力，三大板块构建会展中心城市

广州会展业竞争力不断提升，布局不断优化，将形成以琶洲会展商务区为主、流花展贸区和白云国际会议中心为辅的"一核两辅"、错位经营、适度竞争的会展业空间布局。琶洲—员村地区是广州建设国家中心城市的重要空间载体，是广州城市核心职能聚集最重要的地区，已集聚了广州市近九成的会展，建成了亚洲规模最大、设施最先进、档次最高的综合性国际展览中心，城市配套功能逐步完善，国际会展与商贸功能显著增强。琶洲—员村地区定位为国际商务会展核心区，将发挥中国进出口商品交易会（广交会）的龙头带动作用，引进更多国际国内品牌会展落户琶洲；流花地区重点发展中小型专业展、消费展和巡回展，打造以流花展贸中心为核心的区域中小型专业会展集聚区和广州市中小型会展成长发展的重要培育孵化地；白云新城定位为会议功能区。白云新城也正在规划建设成为广州新的 CBD，周边白云山景区、白云湖与正在建设的白云公园、飞翔公园等众多公园共同构成了广州北部的公共休闲娱乐极佳场所。这些布局在城市商贸功能和宜居功能的融合上着墨重彩，引领了广州城市功能发展的新方向。未来会展三大板块发展具体分工更加明确，会展中心城市功能基本完善。

（二）提高企业竞争力，逐步向政府市场主导模式转型

广州会展业正在蓬勃发展，经营主体多元化，会展企业数量大幅上升。当前，国际会展业正在朝着"主办机构专业化、展览公司集团化、参展公司国际化"的方向发展。广州政府已将工作重点放在吸引国际会展龙头企业在广州设立地区总部和办事机构，引进专业会议服务公司、目的地管理公司、国际会展组织和机构以及展台设计和搭建公司等，促使更多的国际会展机构集聚广州。同时，支持会展龙头企业通过收购、兼并、联合、参股等形式，扶持和培育一批有国际竞争力的会展集团。整合市属会展资源，打造中国乃至亚洲领先的综合型会展龙头企业，是广州会展业实现跨越式发展的突破口。未来，广州的会展企业将在政府的鼓励下，利用会展市场供求关系，整合资源优化配置，根据资本市场产

权明晰原则，进行产业内部的兼并重组，扩大市场份额，打造新的产业链，带动广州会展业的规模发展，逐渐从政府主导模式向政府市场主导模式转型。

（三）做强做大会展品牌，使广州成为展览之都

国际展会向专业化、深度方向发展，对广州会展发展提出了新的要求。专业展览逐步占据会展经济的主体。从综合会展向行业会展转变，努力提高会展的专业化程度，将成为广州会展面临的重要转折。广州的会展业因广交会而兴，也将随广交会而兴。广交会长期以来形成了稳定的客户关系和传统品牌，而广州及珠三角地区则有汽车、美容美发、服装、装备制造业、酒店用品等产业和市场优势，以及已经在国际市场崭露头角的能源、环保、软件、动漫、物流、创意设计等新兴产业。在广交会作为大型门户性综合展会的基础上，调动广州及整个珠三角地区的优势产业的积极性，加强与国际品牌展会的合作，着力培育一批有产业优势支撑的国际品牌专业展，进一步树立广州"会展之都"的国际知名度，是未来广州会展和城市国际化发展的重要趋势。

（四）深化组团合作，建立会展大都市圈

作为国内三大会展中心之一，加强竞争力及树立会展中心城市特色，在国际竞争中成为重要节点，加强组团合作，发挥各自优势，建立珠三角会展都市圈是珠三角一体化进程中可以探索实施的重要方向。例如深圳、东莞等地都在大兴土木，建设展览场馆，大力发展会展经济，香港更是雄霸亚洲会展的重要竞争对手。化竞争为合作，依托和协调珠三角区域的实体产业、会展经济发展，正确分工定位，突出广州国际化龙头地位，是广州会展发展的趋势选择。

从产业支撑条件看，包括广州等城市在内的珠江三角洲地区，是我国重要的经济中心区域，全国市场化程度最高、市场体系最完备的地区，也是我国外向度最高的经济区域和对外开放的重要窗口。目前，珠三角已经形成了一个多层次协调发展的产业布局，交通运输设备、电气机械及器材、通信设备、计算机及其他电子设备、仪器仪表及文化、办公用机械制造等产业优势明显，奠定了建立世界制造业基地的雄厚基础。广州要充分发挥大型会展集聚的地域优势，尤其是通过广交会为企业产品扩大影响和销售渠道提供平台，结合广州产业结构调整的要求，与现代信息服务业、金融服务业协同发展和协调共进。

广州还要借用地缘优势，积极探索和香港知名展会的合作，变竞争为合作，提升广州会展业的国际化程度。随着我国加入 WTO 以及 CEPA 框架的深入实施，加上泛珠三角区域合作的启动，香港的会展业加快了登陆广州的步伐，目前在穗展览业中较知名并颇具影响力的港资机构包括香港贸发局、香港显辉展览公司、香港迅通展览公司、香港中贸推广公司、香港雅式展览公司、香港展览服务、亚洲博闻公司等，为广州会展业加强与外资会展业相互了解与合作奠定了较好的基础。与香港合作打造珠三角世界级会展基地，是广州与港澳现代服务业融合发展的一个重要内容。香港会展业是国际化的，而广州的会展业主要立足中国内地；香港的会展业缺乏产业支撑，而广州有各种产业作为后盾，因此两地会展业具有较强的互补性。穗港联合办展，一展两地的合作方式可以成为两地会展业的新亮点。

Canton Fair: Exhibition, Economic Development and City Internationalization

Ge Zhizhuan   Hu Hongyuan

Abstract: Convention and exhibition industry has become the wind vane of global regional division of labor due to its impetus for economic development and city image upgrade. With Canton Fair as representative, the convention and exhibition industry accelerates the internationalization process and the development of a modern industry system in Guangzhou. The future will see the trends of developing exhibition center city based on three areas, model transit to government-market cooperation, brand building-up and Inter-city Corporation for exhibition metropolitan area.

Key Words: Convention and Exhibition; Economic Development; City Internationalization; Canton Fair

B . 13
广州战略性新兴产业国际化发展研究

姚 宜 李妃养*

摘 要：本文深入研究了广州战略性新兴产业的发展状况及其国际市场状况，尤其是对比国内外相关产业的发展形势，指出广州战略性新兴产业的国际化核心障碍，归纳了广州战略性新兴产业的国际化发展思路，并提出了相应对策建议。

关键词：广州 战略性新兴产业 国际化

一 战略性新兴产业国际化相关概念及背景

（一）战略性新兴产业国际化内涵

1. 战略性新兴产业

"战略性新兴产业"是一个具有中国特色的词汇，是在国外"新兴产业"概念的基础上赋予了新的内涵。《国务院关于加快培育和发展战略性新兴产业的决定》（国发〔2010〕32 号，下文简称《决定》）明确界定了"战略性新兴产业"的内涵，提出战略性新兴产业是以重大技术突破和重大发展需求为基础，对经济社会全局和长远发展具有重大引领带动作用，知识技术密集、物质资源消耗少、成长潜力大、综合效益好的产业。

从《决定》对战略性新兴产业界定的概念看，"战略性新兴产业"是一个发展的开放式概念，随着产业的不断发展、新兴产业不断产生，概念所涵盖的实质内容也发展变化。《决定》从战略性新兴产业的特征出发，立足我国国情和科

---

* 姚宜，广州市社会科学院国际问题研究所副研究员；李妃养，广东省技术经济研究发展中心。

技、产业基础，指出现阶段重点培育和发展节能环保、新一代信息技术、生物、高端装备制造、新能源、新材料、新能源汽车等七大产业，这七大产业也是现阶段我国战略性新兴产业概念所包含的重点实质内容。虽然国家在文件中明确界定了战略性新兴产业的概念和产业领域，但不同的学者和不同的地区对其有不同的解读，我国各地提出的战略性新兴产业领域也与国家提出的领域不尽一致，因而战略性新兴产业并不局限于上述七大产业。

2. 战略性新兴产业国际化

（1）内涵。

美国学者理查德·D. 罗宾逊（Richard D. Robinson）在其著作《企业国家化导论》一书中提出，国际化是企业有意识地追逐国际市场的行为体现，既包括产品的国际流动，也包括生产要素的国际流动。国内学术界对产业国际化的研究颇多，但缺乏对产业国际化概念的具体或系统性的表述。对于产业国际化的内涵，复旦大学教授张纪康（2000）认为产业国际化，就是产业内的产品生产和销售已实现高度的国际化，同时，产业内主要企业的生产经营已不再以一国或少数国家为基地，而是面向全球并分布于世界各地的国际化生产体系。① 王建平等（2004）认为，资源配置国际化是产业国际化的实质内涵，产业形态国际化是产业国际化的表现，其将产业形态国际化归纳为产业组织国际化、产业活动国际化、产品国际化和市场国际化四个重要方面。② 产业国际化的重要内涵是产业价值链和产品市场的国际化延伸，具体指产业内一批企业在全球范围内配置生产资源，在国际市场上销售产品。③

以上对产业国际化内涵的阐释体现出，在全球配置生产资源和在国际市场上销售产品是产业国际化的两大重要标志。产业内企业可以通过合作的形式走出去，也可以通过主动竞争的形式走出去，企业无论是全球范围内的生产资源配置，还是世界范围内的人才、技术、资金等国际合作和竞争，最终都是为了赢得产品市场，实现赢利。本文把战略性新兴产业国际化定义为：战略性新兴产业国际化是指战略性新兴产业内一批企业以国际市场为对象，在全球范围内进行生产

---

① 张纪康：《产业国际化：理论界定、跨行业和跨国比较》，《教学与研究》2000 年第 2 期。

② 王建平、王晓颖、龙昊、秦伟：《软件产业国际化内涵和特征分析》，《软件世界》2004 年第 10 期。

③ 梁琦：《关于我国优势产业国际化的思考》，《开发研究》2009 年第 4 期。

资源空间配置，通过人才、技术、资金等要素同世界各国发生各种技术经济竞争及合作，并按照国际市场需求导向提供商品和劳务的过程。

（2）表现形式。

产业领域众多企业不同方式的国际化，表现出来的是产业国际化的特征和路径。从国外产业国际化发展经验看，尽管由于产业的生命周期、国际竞争状况、发展环境不同，产业国际化发展的路径也不同，但总的来说，产业国际化的基本路径一般是产品首先走出去，接着是企业走出去，然后是资源国际化，利用国外的人力资源和国际资本。只有三条路都走通，才能谈得上真正的国际化。①

（二）广州战略性新兴产业国际化的必要性

迈克尔·波特是产业国际化研究领域的泰斗，他从国家竞争优势的角度分析了企业国际化的重要性，指出企业借着全球竞争战略，攫取其他国家的竞争优势来扩大自己国家的优势，降低本国不利条件的威胁，在资源和竞争条件允许的情况下，企业必须尽快实行全球战略。② 2011 年 10 月，商务部、发改委、科技部等十部委联合出台《战略性新兴产业国际化发展指导意见》，该《意见》提出"十二五"期间将以目前国内近 60 个科技兴贸创新基地为依托，重点扶持新能源、电子信息、生物医药、现代农业、交通运输、节能环保、航空航天等新兴产业领域的企业开展对外贸易和国际合作。

无论是从产业发展的理论依据看，还是从国家层面的指示要求看，新兴产业国际化是必然趋势，也是发展的需要。从广州发展的实际情况看，战略性新兴产业国际化也十分必要。

1. 国家发展战略赋予广州战略性新兴产业的历史使命

《国务院关于加快培育和发展战略性新兴产业的决定》（国发〔2010〕32 号）指出，战略性新兴产业是引导未来经济社会发展的重要力量，发展战略性新兴产业已成为世界主要国家抢占新一轮经济和科技发展制高点的重大战略。商务部等十部委联合制定的《战略性新兴产业国际化发展指导意

---

① 梁琦：《关于我国优势产业国际化的思考》，《开发研究》2009 年第 4 期。
② 迈克尔·波特：《国家竞争优势》，华夏出版社，2002。

见》，意在促进我国战略性新兴产业领域的企业开展对外贸易与国际合作，抢占战略性新兴产业国际竞争的战略高地。广州战略性新兴产业的发展走在全国前沿，是国家战略性新兴产业发展的重要组成部分，理应肩负起产业发展和产业国际化的重任，积极开展国际合作和参与国际竞争，抢占战略性新兴产业发展的先机，争夺产业国际市场的话语权与主动权。这是广州战略性新兴产业发展的需要，也是国家发展战略赋予广州战略性新兴产业的历史使命。

2. 加快广州经济发展方式转型升级的核心引擎

改革开放以来，广州实现了经济的快速腾飞，但也必须看到，在新的发展时期，广州也面临着新的挑战：一是外向依存度过高，外资带动型所形成的传统的加工优势正在逐步消失，支撑广州未来经济强势发展的动力正在经历转换；二是随着土地、能源、环保、劳动力成本日益上涨，广州面临着产业升级转型的需求与压力，即从以低成本的资本和要素投入驱动的经济模式向以创新驱动的经济发展模式转型、从传统的工业生产型经济向现代工业和现代服务业并重转型。

寻找创新突破口，成为广州未来发展的关键。战略性新兴产业以创新为主要驱动力，辐射带动力强，加快培育和发展战略性新兴产业，有利于提升产业层次、推动传统产业升级，有利于加快经济发展方式转型升级。战略性新兴产业国际化是促进战略性新兴产业发展的重要抓手，对引领广州经济发展方式转型升级发挥着十分重要的作用。

3. 实现广州战略性新兴产业跨越式发展的重要驱动

竞争与合作是广州战略性新兴产业实现跨越式发展的两大驱动。一是在战略性新兴产业大部分核心技术还受制于人的情况下，广泛开展国际合作，通过引进国外先进技术，经过吸收再创新，实现技术进步的跨越式发展；二是通过引进国外优秀的管理经验，提高广州战略性新兴产业"走出去"的能力，促使广州战略性新兴产业从"产品走出去"向"企业走出去"跨越；三是通过参与国际竞争，竞争压力迫使广州战略性新兴产业不断提高自身的技术研发能力和管理水平，促使广州战略性新兴产业技术水平从国内先进向国际先进跨越，企业的管理水平也跨上新台阶。

二 广州战略性新兴产业情况及国际化现状

(一) 广州战略性新兴产业发展概况

1. 产业布局

广州的战略性新兴产业已初具规模，天河软件园（国家软件产业基地）、广州开发区、广州科学城、广州国际生物岛、中新广州知识城等是广州战略性新兴产业的主要发展基地（见图1）。

天河软件园集国家高新技术产业开发区、国家软件产业基地（CSIB）、国家火炬计划软件产业基地、国家网游动漫产业基地、国家软件出口创新基地以及中国软件出口欧美工程（COSEP）试点基地和中国服务外包基地城市广州示范区于一身。

广州开发区建设了国家级的生物产业基地、国际信息产业基地、国家火炬计划环保新材料产业基地、国家网络游戏动漫产业基地，至2009年，全区外商投资项目2700多个，其中世界500强项目105个；聚集了3700多家科技企业，吸引了320家科研机构入驻，聚集了一批具有较强自主创新能力和良好发展前景的企业。

广州科学城是广州市重点投资建设的现代化科学园区，规划面积达20.24平方公里，目前已有一百多家世界500强跨国公司在这里投资设立研发机构和生产基地，例如IBM、微软、英特尔、甲骨文、百事高、SONY、丰田、杜邦等；还有一大批国内知名高新技术企业也入驻科学城，如金发科技、威创视讯、京信通信、海格通信、达安基因、郎圣药业、香雪制药等。

中新广州知识城是广东与新加坡合作的战略性标志项目，是广东扩大对外开放的新平台、广东创新发展的新标杆、粤新合作的新典范，是引领广州开发区、萝岗区未来20年发展的重要载体和开发建设的"头号工程"。按照中新（广州）"知识城"总体规划（2010～2020年），中新广州知识城将发展成为国家战略性新兴产业先导区，是广州未来战略性新兴产业发展的重要基地之一。

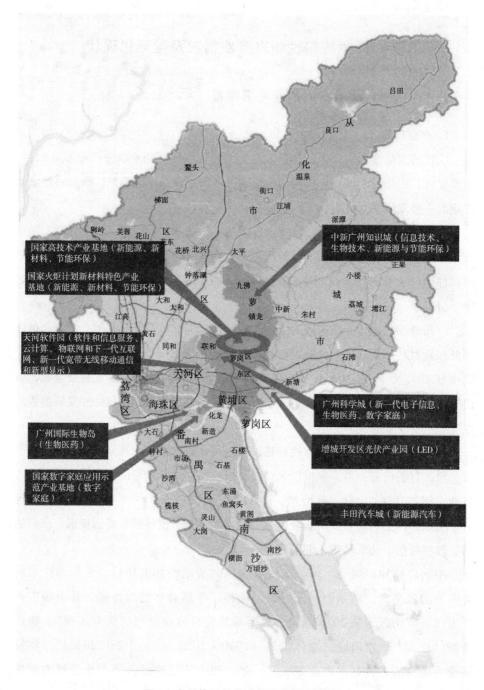

图1 广州战略性新兴产业布局示意图

2. 产业发展总体概况

（1）产业总体实力不断增强。

广州战略性新兴产业已经拥有一定的自主创新能力。例如在光电产业拥有广州市光机电技术研究院、中山大学光电材料与技术国家重点实验室等技术研发中心，中大国光电子研究院成功研制和拥有 RFID CPU 卡芯片的单位，成为继复旦微电子、华虹之后国内第三家拥有 RFID CPU 卡芯片的单位。

近几年，大批新兴产业国际大型跨国企业如 IBM、微软、英特尔、甲骨文、百事高、SONY、丰田、杜邦等纷纷入驻广州，大幅度提升了广州战略性新兴产业的总体实力，并催生了一批实力较强的战略性新兴产业企业。在信息产业中，涌现出海格通信、威创视讯、从兴电子、广电运通、汇丰软件、网易互动等一批国家规划内重点软件企业。威创视讯已成为数字显示拼接墙领域中国地区第一，并于 2008 年底成功在主板上市；海格通信是全国最大的短波及超短波军民用无线通信产品研发制造基地。生物医药产业中，达安基因已成为全国研发荧光定量 PCR 检测技术最早、市场占有率最大的企业；冠昊生物拥有世界领先、具有自主知识产权的天然生物材料和人工器官核心技术。在新材料产业中，金发科技是国内最大的改性塑料生产基地。

（2）产业销售收入大幅增长。

2009 年以前出口销售统计名目并没有"战略性新兴产业"。与战略性新兴产业紧密相连的是"高新技术产业"，高新技术产业和战略性新兴产业在发展上是一脉相承的，是国家在不同时期，针对国际环境新变化提出的具有重大战略意义的发展战略。[①] 六大高新技术产业中电子与信息技术主要包括软件、物联网、新型显示等；机电一体化技术包括物联网产业的传感检测技术、电动汽车的系统技术、数字电视等；生物技术包括生物医药、医疗器械等；新材料包括半导体材料、磁性材料、光敏材料等。近几年广州六大高新技术产业的发展情况基本能反映广州战略性新兴产业的发展情况。

据统计，2005～2009 年六大高新技术产业的销售总收入增长了 133.15%，其中机电一体化技术、电子与信息技术、新材料技术的增幅较大（见表 1）。

---

① 王飞航、汪静：《战略性新兴产业与高新技术产业的关系研究》，《商业时代》2011 年第 11 期。

表1 2005～2009年六大高新技术产业的销售收入情况

单位：亿元

产业类别	2009年销售收入	2008年销售收入	2007年销售收入	2006年销售收入	2005年销售收入
电子与信息技术	903.52	880.78	577.25	489.08	410.50
机电一体化技术	2335.08	1864.7	1557.5	1053.40	873.50
生物技术	284.05	283.09	281.2	224.72	193.53
新材料技术	576.64	507.21	428.7	329.34	235.54
新能源高效节能	174.65	177.81	170.7	166.46	131.94
环保技术	41.15	30.78	11.1	6.30	5.76
合　计	4315.09	3744.37	3026.45	2269.30	1850.77

资料来源：《广州统计年鉴》（2006～2010年）。

3. 规划发展的重点产业

2011年4月发布的《广州市国民经济和社会发展第十二个五年规划纲要》提出，要聚焦国家战略，集中资源发展新一代信息技术、生物工程技术、新材料、新能源汽车、新能源与节能环保、海洋工程等产业，推动战略性新兴产业跨越式发展，重点发展的行业见表2。

表2 广州市战略性新兴产业发展导向目录

产业类别	重点行业
新一代信息技术	软件和信息服务、云计算、物联网和下一代互联网、新一代宽带无线移动通信、新型显示、数字家庭
生物工程技术	生物医药、生物制造
新材料	高端金属材料、高分子材料、精细化工材料
新能源汽车	纯电动汽车、燃料电池电动车
新能源与节能环保	半导体照明、新能源装备、节能产品、环保设备
海洋工程	海洋资源综合利用、海洋工程装备制造

（二）广州战略性新兴产业国际化发展状况分析

1. 广州战略性新兴产业国际化总体概况

（1）战略性新兴产业出口销售收入大幅增长。

"十一五"期间，广州六大高新技术产业出口总额翻了一番，2009年实现出口销售收入 145.08 亿美元，六大高新技术产业出口销售收入呈现出不同程度增长，其中电子信息产业增幅最大，5 年增长了 42.70 亿美元，新能源高效节能和环保技术增幅最快，新能源高效节能增长了近 20 倍，环保技术的出口销售收入从 2005 年的 21 万美元增长到 2009 年的 2.03 亿美元（见表 3）。

表 3　2005～2009 年高新技术新兴产业出口情况

单位：亿美元

产业类别	2009 年出口销售收入	2008 年出口销售收入	2007 年出口销售收入	2006 年出口销售收入	2005 年出口销售收入
电子与信息技术	75.55	56.9	27.096	31.30	32.85
机电一体化技术	25.84	23.0	25.15	19.89	21.92
生物技术	12.14	2.24	1.77	1.18	4.85
新材料技术	17.42	18.32	14.75	9.00	6.52
新能源高效节能	12.10	5.80	7.02	4.50	0.58
环保技术	2.03	0.52	0.10	0.0023	0.0021
合　　计	145.08	106.78	75.89	65.87	66.7

资料来源：整理 2006～2010 年《广州统计年鉴》得出。

（2）战略性新兴产业国际合作向纵深化发展。

近几年，广州战略性新兴产业国际合作不断向纵深化发展，从原来主要依靠产品进口、技术进口与外国企业开展合作，到现在引进国外跨国公司独资、合资到广州投资设厂、设立研究机构等。2006 年 6 月，全球最大的 TFT-LCD 生产商之一韩国 LG 飞利浦公司在广州开发区投资设立乐金飞利浦液晶显示（广州）有限公司；2008 年，香港科技园公司及广州市光机电技术研究院宣布双方携手建造合作平台；2009 年，全球著名的生物医药产业风险投资基金百奥维达创业投资公司（Bio Veda Capital）有意在广州开发区合作成立规模为 10 亿～20 亿元的生物医药产业发展基金；2011 年 8 月，乐金显示公司（简称 LGD 公司）与广州开发区合资建设 LG 液晶面板项目。

（3）战略性新兴产业处于国际化起步阶段。

发达国家的新兴产业跨国公司国际化程度已较高，基本实现了在全球配置资源，利用国外的人力资源和国际资本。如微软、IBM、三星、LG、丰田等跨国公司，充分利用发展中国家廉价的人力资源、广阔的市场前景，把新兴产业链条的低端部分向发展中国家转移，在全球范围内配置资源。目前广州市战略性新兴产业主要以产品出口的形式"走出去"，缺乏大型跨国公司与国外开展劳务外包或到国外投资设厂，更没有跨国公司以在全球配置资源的方式实施国际化战略。根据产业国际化的基本路径一般是产品首先走出去，接着是企业走出去，然后是资源国际化，利用国外的人力资源和国际资本，广州的战略性新兴产业国际化正处于产品走出去的起步阶段（见图2），未来国际化的空间还很大，前景广阔。

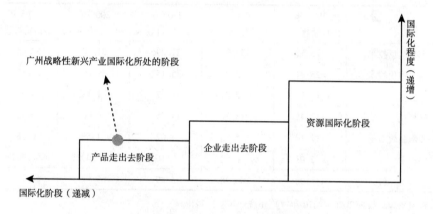

图2 广州战略性新兴产业国际化所处阶段

（4）战略性新兴产业国际化带有明显的全球价值链形态。

战略性新兴产业国际化生产已经超越产品生命周期理论所预示的产业在不同要素禀赋国家之间次第转移的规律，表现为不同类型国家同时融入产业链的不同环节。广州的软件产业、物联网产业、LED产业、新型显示产业等已基本形成完整的产业链，例如LED产业从产业链高端中上游的外延芯片到下游的封装应用都有企业分布，但总的来看，还是带有明显的全球价值链形态，技术原创国——发达国家的母公司集中了标准制定和核心技术研发以及向海外分销的主动权，发达国家的跨国公司根据海外区位（经济体）的要素特征，安排各类部件的生产和组装活动并设立品牌代理分销网络。① 广州战略性新兴产业的国际化带有被动接受发达国家跨国公司全球配置资源的特征，表现出承接国际产业链条低端的生产及组装环节的特征，而在产业链技术含量大的高端环节发展

---

① 黄烨菁：《信息技术产业的国际化发展》，上海社会科学院出版社，2009。

举步维艰，软件、物联网、LED、新型显示等战略性新兴产业的大部分核心技术还受制于人。

2. 重点行业发展及国际化情况

（1）广州软件产业发展及国际化情况。

广州的软件产业处于全国领先地位，是国家软件产业基地，国家火炬计划软件产业基地、国家软件出口创新基地等。广州软件产业积极开展国际合作，LINUX 公共服务技术支持中心、广州微软技术中心相继落户天河软件园，至 2008 年软件产业规模达到 560 亿元，软件及相关企业总数约 1700 家，一批龙头企业综合实力继续增强，市场影响力不断上升。

广州的软件产业发展优势集中在邮电通信、金融、网络游戏、电子政务等应用软件与嵌入式软件等领域，涌现出海格通信、从兴电子、广电运通、汇丰软件、网易互动等一批国家规划内重点软件企业。海格通信、广电运通等企业的产品虽已进军国际市场，但仅局限于东南亚、中东、非洲、拉美等多个国家和地区（见图 3、图 4），且产品主要以应用软件、嵌入式软件为主。

图3 海格通信国际市场分布示意图

（2）广州物联网产业发展及国际化情况。

广州、深圳是广东物联网专利申请最大的城市，国家知识产权局评出的 107 家广东省物联网产业专利技术优势单位中，广州和深圳共占 72 家，而广东物联网相关专利申请量全国占比较大（见表4）。

图4 广电运通国际市场分布示意图

表4 中国及广东物联网专利年度申请数统计

单位：件，%

年份	专利数		广东占全国比重
	中国	广东	
2006	170	16	9.4
2007	191	23	12
2008	275	40	14.5
2009	330	79	23.9
2010	517	67	13

资料来源：参见徐向民、张宏利《广东高端电子信息产业及促进政策研究》，华南理工大学出版社，2011。

广州在物联网方面处于起步阶段，但发展迅猛，产业已初具规模，据不完全统计，无线射频识别（RFID）、二维码、条形码、传感器、卫星导航、视频监控等物联网企业近700家，产业规模达150亿~200亿元。2009年8月，IBM与广东省信息产业厅签署战略合作备忘录，要将广州打造成为世界级的"智慧城市"。2011年，广东省经济与信息委员会印发《促进物联网发展建设智慧广东行动方案（2011~2012）》（粤经信信息〔2011〕198号），开展智慧城市建设试点，推进物联网综合应用，"智慧广州"主要探索中心城市物联网综合应用模式。

从物联网技术状况看，广州的物联网技术优势主要集中于产业链中下游，中下游产业技术已比较成熟，处于世界同步水平。在核心技术方面处于发展起步阶段，但也取得了重大进展。广东射频识别（RFID）产业（番禺）园区重点攻克物联网产业核心技术，并取得了重大进展；中大国光电子研究院成功研制和拥有RFID CPU卡芯片的单位，成为继复旦微电子、华虹之后国内第三家拥有RFID CPU卡芯片的单位。

广州物联网产业已具备国际化能力，物联网产业龙头企业东信和平获"国际质量领袖金星奖"，拥有向全球70多个国家和地区提供产品与技术服务和相关解决方案的经验，出口额占公司销售总额的比重逐年加大，海外市场的销售对公司销售收入的影响日益增大，公司出口产品主要是移动通信智能卡，业务机构单一，且主要销往东南亚、南亚、中东、非洲和欧盟等地。

（3）广州新型显示产业发展及国际化情况。

广州液晶电视制造在国内具有领先优势，技术研发能力也有较大的提升，拥有广州市光机电技术研究院、中山大学光电材料与技术国家重点实验室等技术研发中心，目前正致力于进一步延伸TFT-LCD（液晶显示）产业链，推进终端应用创新，强化液晶电视制造在国内的领先优势；加快突破OLED产业链关键环节。

2006年6月，全球最大的TFT-LCD生产商之一——韩国LG飞利浦公司在广州开发区投资设立乐金飞利浦液晶显示（广州）有限公司。2011年8月，乐金显示公司与广州开发区合资建设LG液晶面板项目，该项目为中国首家高世代液晶面板项目，填补了广东省在TFT-LCD（平板显示产业）技术方面的空白。

至今，广州集聚了台湾光宝集团、索尼、欧姆龙、威创、京信通信等大型电子信息制造企业，及瑞仪、3M、依利安达、金发、毅昌等平板器件制造企业，已形成与TFT-LCD产业发展相配套的优质产业群。据广州海关统计，2009年1~11月广东液晶显示板出口57.8亿美元[①]，其中深圳、广州、东莞、惠州是几大最重要出口地，2010年，广州出口的光电技术类产品总额为23.6亿美元。[②]

---

① 《粤液晶显示板出口创2008年以来月新高》，2009年12月17日《广州日报》。

② 数据来源于广州海关网。

（4）广州生物工程技术产业发展及国际化情况。

广州是广东主要医药生产基地之一，拥有广药集团等大型医药企业，中成药研发生产在国内享有盛誉。拥有各类与生物医药相关的研究院所、重点学科和重点实验室（中心、基地）100余个，开发出包括基因工程类新药、生化类新药和中药新药等一批新医药产品，研发实力在全国具有一定优势。2005年，广州被列为国家医药出口基地，其中，广州国际生物岛和广州科学城是两大生物医药产业出口重点基地。2008年，《珠江三角洲地区改革发展规划纲要（2008～2020年）》把广州生物岛项目上升为国家战略。

广州因拥有广州市医药工业研究院、广州市微生物研究所等新药研发中心以及大日、天普、拜迪、燕塘、达安基因、广州金域医学检验等大型生物医药企业，生物制药以及医疗器械产业的发展均处于全国领先水平。但与发达国家相比，广州的生物制药以及医疗器械制造还远远落后于欧美、日本等发达国家，大部分新药没有自主知识产权，达到国际先进水平的仅有天普的尿激酶及其他尿制品、广州三瑞医疗器械有限公司推出的无线胎儿监护系统等小部分产品。

从广州生物医药产业的出口情况看，尽管一些实力较强的医药企业有部分产品已销往国外各地，但出口额度还较小，2010年广州医疗器械出口额为1.32亿美元，医药品出口额为1.03亿美元，生物技术产品仅160万美元，其中出口的医药品以中成药最多，占970万美元。[①] 出口的地区以日韩、东南亚等为重点，也有极少部分医药产品销往欧美地区，如广东天普生化医药股份有限公司的产品远销欧、美、日、韩、印、巴等国家，广州三瑞医疗器械有限公司的围产监护仪已经出口到世界四十多个国家。

国际合作方面，广州尚未与国际先进的生物医药企业建立深层次、紧密合作的研发关系，跨国生物医药企业在广州落户甚少，尚没有国际一流的科研单位在广州建立生物医药研发机构。2009年，全球著名的生物医药产业风险投资基金百奥维达创业投资公司看好广州生物医药产业发展前景，有意在广州开发区合作成立规模为10亿～20亿元的生物医药产业发展基金。如果说生物产业国际化分三步走：一是人员走出去；二是原料、制剂走出去；三是产业资本走出去，实现

---

① 数据来源于广州海关统计数据。

本地生产，那么广州市正处于第二个阶段，且这个阶段需要相当长的时间。

（5）广州 LED 产业发展及国际化情况。

广州市产业研发和检测的力量也很强大，集中了中山大学、华南理工大学、华南师范大学等一批研究机构和以工信部五所为代表的检测机构。目前已有半导体照明企业 200 多家，其中应用企业占 80% 左右，2008 年总的产业规模在 50 亿元左右。规模较大的企业主要集中在封装、普通照明、汽车照明、舞台灯光、建筑装饰、LED-TV 背光源及显示屏等环节。广州市提出，至 2012 年实现 LED 产业及相关产业的年销售收入 300 亿元以上，至 2015 年实现年销售收入 500 亿元以上。

广州半导体照明产业链已经形成，从中上游的外延芯片到下游的封装应用都有企业分布，特别是在封装、应用方面形成了一定规模和特色。晶科电子（香港微晶先进光有限公司的子公司）专门从事开发、生产和销售用于半导体照明的高亮度、高可靠性的大功率氮化镓蓝光 LED 芯片、多芯片模组和芯片级光源产品，广州市鸿利光电股份是具备一定规模优势的 LED 封装龙头企业之一。根据国家半导体照明工程研发及产业联盟数据，鸿利光电 2008 ~ 2010 年在国内 LED 封装市场的占有率均居国内前列，分别为 1.25%、1.26% 和 1.75%，行业地位逐年提升；中龙交通的全国隧道灯一年市场达 6 个亿，2010 年在隧道灯方面的营收突破 7000 万元，占全国市场的 11.6%；广东亚一照明科技有限公司在 LED-TV 背光源制造方面已跻身国际先进行列。[①]

2008 年，香港科技园公司及广州市光机电技术研究院宣布双方携手建造合作平台，通过香港与广州的资源优势，构建区域支持服务体系，以加强两地在发光二极管（LED）领域的科技研发，推动穗港半导体照明产业的发展。广州星知电子有限公司、广州市鸿利光电股份有限公司等 LED 产业龙头企业均开始实施国际化战略，其中，广州市鸿利光电股份有限公司在欧美市场已有一定的销量，还有一些产品销往东南亚、非洲等地。

（三）广州战略性新兴产业国际化核心障碍

1. 产业呈现低端化，产品附加值不高

广州战略性新兴产业的部分产业虽然产值规模发展迅猛，从事企业数量大幅

---

① 王洪、章熙春、李胜会：《广东 LED 产业及促进政策研究》，华南理工大学出版社，2011。

增长，但这些企业大多从事产业价值链的中低端环节，产品附加值不高。例如，在半导体照明产业领域，广州 LED 产业近年来发展迅猛，从中上游的外延芯片到下游的封装应用都有企业分布，开始逐步形成较完整的产业链，但大部分企业主要位于产业链的中下游，产业链高端环节比较薄弱，目前已有半导体照明企业200 多家，其中应用企业占 80% 左右，规模较大的企业主要集中在封装、普通照明、汽车照明、舞台灯光、建筑装饰、LED-TV 背光源及显示屏等环节，外延及芯片企业数量少、规模偏小，产品附加值偏低。由于产业呈现低端化，企业利润单薄，在激烈的国际竞争中处于劣势，产业国际化艰难。

2. 缺乏核心技术，产品档次偏低

最近几年，广州在战略性新兴产业的部分核心技术领域有所突破，但总体上还有大部分产品缺乏核心技术，生产的产品档次偏低。例如高端医疗器械技术几乎由欧美等国家掌控；在物联网产业领域，上游的无线传感器的核心技术主要由美国、日本和欧洲等发达国家所掌控，广州的物联网技术优势主要集中于产业链中下游，在核心技术方面处于发展起步阶段，自主研发的 RFID CPU 卡芯片技术还不成熟，在国际市场上缺乏竞争力，主要产品出口几乎全部集中在东南亚、南亚、中东、非洲等地，很难进入欧美市场，以广州物联网产业龙头企业东信和平为例，其出口的产品主要销往东南亚、南亚、中东、非洲等地。

3. 企业规模较小，国际竞争力不强

目前，大型跨国公司是国际市场的主角，广州战略性新兴产业的企业大部分属于中小企业，国际竞争力不强。在新型显示产业中缺乏能与韩国三星、LG 匹敌的大型企业，在电子信息产业方面广州也没有深圳华为、中兴这样的大公司，更为典型的是软件产业，截至 2008 年，广州软件及相关企业总数约 1700 家，但产业规模仅 560 亿元。2010 年，全球软件产业前三甲企业，微软软件产品营业额为 547.1 亿美元，IBM 为 254.3 亿美元，甲骨文为 239.2 亿美元。

4. 缺乏品牌产品，产品国际认知度较低

战略性新兴产业产品品牌度不高，是制约广州战略性新兴产业国际化的重要瓶颈之一。至今为止，尽管广州的战略性新兴产业生产的产品型号多样，功能较为齐全，且少部分产品的技术含量已达到国际先进水平，但缺少国际知名品牌产品，国际市场对广州产品的认知度较低，缺少像微软、IBM、丰田、三星、苹果、LG 等国际知名品牌产品。再加上多年来，中国（包括广州）出口的产品在国际市场上的形象是价格低的低端产品，战略性新兴产业产品的技术含量、价格普遍较高，国际市场接纳广州出口的高技术含量产品需要一个过程。

5. 部分产品的技术协议和标准与国际上不一致

战略性新兴产业的核心技术大部分被国外大型跨国公司垄断，掌握了大量新兴产品的技术标准制定权，产业业界流传着一句话：一流企业卖标准、二流企业卖技术、三流企业卖产品。广州战略性新兴产业的产品有的是按国家标准制定，尚未与国际标准接轨，与国际同类相关产品技术不兼容，导致这些产品只能销往国内市场。在战略性新兴产业的某些行业细分领域，广州处于与世界同步水平，也试图通过制定技术标准抢占竞争高地，例如在物联网产业方面，目前国际关于物联网终端域的技术协议和标准存在多种标准，且各有优劣，处于混战状态，广州就拥有物联网终端域的技术协议和标准制定的话语权。

6. 国际高端产品市场被垄断，进入壁垒高

微观主体企业的国际化是产业国际化的核心，目前战略性新兴产业的高端产品市场几乎被欧、美、日、韩等国家的跨国公司所垄断，如新型显示上游产业的液晶材料、玻璃基板等高端产品市场基本被日本、美国、德国、韩国等国家垄断；高端医疗器械产品市场也几乎被欧美企业垄断；软件的操作系统产品市场被微软、IBM等跨国公司垄断。广州战略性新兴产业的企业要进入这些高端垄断的市场，除了克服核心技术障碍之外，还会面临着来自大型跨国公司的打压，进入国际市场的壁垒高，难度相当大。

三 广州战略性新兴产业国际化发展思路

（一）国际化发展定位

结合《国务院关于加快培育和发展战略性新兴产业的决定》的重要指示和广州战略性新兴产业发展肩负的新使命以及广州战略性新兴产业国际化现状，广州战略性新兴产业国际化发展的战略是建设战略性新兴产业国际化全国重点示范城市。其内涵有以下几方面。

一是争当我国战略性新兴产业国际化排头兵。建立战略性新兴产业国际化孵化基地，设立战略性新兴产业国际化引导基金，培育一批战略性新兴产业龙头企业，加大力度推进广州战略性新兴产业国际化，迎合广州打造国际商贸中心的战略目标，争取战略性新兴产业的国际化进程、国际化程度居全国先列。

二是成为带动珠三角战略性新兴产业国际化的核心引擎。遵照广东省委、省政府对珠三角发展战略性新兴产业的总体布局，深入开展与珠三角其他地区的战略合作，打造珠三角国际化区域品牌。以广州（佛山）为中心的中部都市区、以深圳（香港）为中心的珠江东岸都市区、以珠海（澳门）为中心的珠江西岸都市区组成的珠三角国际化"品"字形核心城市圈为战略性新兴产业国际化核心引擎，把中心城市、其他城市、乡镇、高新区和高新技术企业联通起来，形成战略性新兴产业密集带，凸显广州战略性新兴产业国际化全国重点示范城市的地位，打造珠三角战略性新兴产业的高地和品牌，营造珠三角地区战略性新兴产业国际化的整体优势。

（二）国际化发展目标

——到2015年，促进广州战略性新兴产业国际化孵化基地建设的政策体系基本完善，战略性新兴产业领域企业的自主创新能力大幅提高，价值链高端特征显现，出口规模大幅增长，基本实现从"产品走出去"的产业国际化初级阶段向"企业走出去"的较高阶段跨越。

具体目标包括以下几方面。

（1）形成四大战略性新兴产业国际化孵化基地：中新广州知识城孵化基地、广州科学城孵化基地、天河软件园孵化基地、广州国际生物岛孵化基地；

（2）力争集聚和培育5家以上产值达100亿元级的战略性新兴产业大型跨国公司，50家10亿元级的战略性新兴产业跨国公司；①

（3）战略性新兴产业出口额每年保持20%以上的增长率；到2015年出口规模突破400亿美元；②

---

① 目前广州战略性新兴产业龙头企业产值普遍在10亿元级，广电运通17亿元、海格通信9亿元、东信和平8亿元、鸿利光电5亿元。

② 广州战略性新兴产业出口大约有200亿美元，近几年增幅在15%～20%之间，国际部分新兴产业市场规模增幅有的超过30%，若加大鼓励支持产业国际化的力度，保守估算，广州以每年20%的增长率增长并不难，到2015年突破400亿元是可能的。

（4）设立规模为 10 亿～20 亿元的战略性新兴产业国际化发展引导基金；①

（5）战略性新兴产业各行业均有 3～5 家龙头企业到国外设立分公司、子公司或实施国际并购。

（三）国际化发展思路

目前，广州战略性新兴产业国际化处于产品走出去的初级阶段，推进广州战略性新兴产业国际化，应遵循产业国际化发展的一般路径。首先，应强化战略性新兴产业企业的国际化能力，也就是扶持企业发展壮大；其次，应进一步推进国际合作，扩大战略性新兴产业产品出口量；再次，应推进国际化从产品走出去向企业、资本走出去发展。

采用推进战略性新兴产业向价值链高端的国际化战略，实现战略性新兴产业的国际化从低附加值加工、组装向研发、设计和先进制造等高附加值环节延伸，从产业价值链低端向高端提升，推动本土企业"走出去"创新，创造自有知识产权、自主品牌和标准，形成技术创新的国际化格局。

结合产业国际化、企业国际化的特点以及广州战略性新兴产业的国际化发展状况，广州战略性新兴产业国际化的具体发展思路为：以中新广州知识城、广州科学城、天河软件园、广州国际生物岛为核心，在现有科技园区、创新基地的基础上，建立战略性新兴产业国际化孵化基地；以设立战略性新兴产业国际化引导基金、实施国际化环境建设工程、强化国际化支撑服务体系为保障；以加强出口秩序管理和企业境外知识产权保护、加大国际技术合作支持力度、扶持有条件的企业在境外建立营销网络、培育一批具有国际竞争力的战略性新兴产业龙头企业为抓手；不断扩大广州战略性新兴产业产品出口规模，大力推动企业"走出去"，加快推进广州战略性新兴产业成为全球新兴产业价值链的高端。

（四）国际化发展原则

站在产业国际化最前沿的是企业而不是政府。企业必须积极参与全球竞争，

---

① 说明：广东省政府近日出台《关于贯彻落实国务院部署加快培育和发展战略性新兴产业的意见》（以下简称《意见》）。《意见》明确指出，"十二五"期间，广东省财政集中投入 220 亿元支持发展战略性新兴产业，广州市委、市政府计划"十二五"时期每年将安排 20 亿元，扶持战略性新兴产业的发展，广州投入规模 10 亿～20 亿元的引导国际化基金是可行的。

但是企业的全球化并不能忽视政府的作用，企业在政府的支持与引导下参与国际竞争，可以节省力气，取得事半功倍的效果，但政府的过分保护、对外来竞争者的排挤，则可能导致产业因缺乏国际竞争力而夭折。政府在支持和鼓励产业国际化的过程中，应防止缺位、错位、越位。因而，鼓励战略性新兴产业国际化，应坚持以企业为主体，鼓励企业积极参与国际竞争，在竞争中壮大，促进企业广泛开展国际合作，在合作中发展。

广州战略性新兴产业国际化，是我国战略性新兴产业国际化的重要组成部分，而我国战略性新兴产业国际化发展的使命则是尽快培育及促进战略性新兴产业发展成为我国的支柱性产业，成为引领我国经济新一轮快速发展的引擎。国家层面的宏观规划、整体布局对广州战略性新兴产业国际化有重大指导作用，在国家层面战略性新兴产业国际化发展指导意见即将出台的情况下，广州促进战略性新兴产业国际化应坚持立足全局，以全局性理念开展国际化；应坚持先行先试，以前瞻性思路推动广州战略性新兴产业国际化的创新与发展。

四　广州战略性新兴产业国际化对策建议

（一）建立战略性新兴产业国际化孵化基地

以中新广州知识城、广州科学城、天河软件园、广州开发区为核心，在已有科技园区、创新基地的基础上，建立战略性新兴产业国际化孵化基地。孵化基地是产业国际化的重要平台，在孵化基地实施国际化环境建设工程，强化国际化支撑服务体系，为企业提高研发能力、国际竞争力等营造良好的环境。政府可采取税收减免、税收优惠和提供其他更为优惠的政策和良好的设施及服务，鼓励战略性新兴产业孵化基地的企业引进及开发软件新技术、新产品。加速软件成果转化等，并采用各种优惠政策鼓励战略性新兴产业相关企业开辟国际市场。通过政府对基地的建设、培育，发挥基地的引领、辐射、示范作用来提高战略性新兴产业的聚集度和国际竞争能力。

（二）设立战略性新兴产业国际化发展引导基金

广州应尽早设立促进战略性新兴产业发展专项资金，并利用其中部分资金作为战略性新兴产业国际化发展引导基金，且安排用于战略性新兴产业国际化的引导基金应每年递增。以引导基金为保障,利用一定的资金支持基地在遵循 WTO 规则的前提下结合本地产业特色打造研发、检测、信息发布与培训的公共服务平台,为企业提供服务,并制定促进广州战略性新兴产业国际化的研发费用补贴、贷款贴息等。在政策措施制定方面,应兼顾政策的可行性,尽量避免因制定补贴企业出口政策而产生被 WTO 其他成员方起诉的风险。

2011 年,在胡锦涛主席访美期间发表的《中美联合声明》中,中国承诺自主创新政策与提供政府采购优惠不挂钩,中国财政部副部长朱光耀表示,中国会遵守这一承诺。广东省根据中央指示,决定自 2011 年起,不再对认定的自主创新产品实施政府采购,其中 80% 以上的自主创新产品厂商为战略性新兴产业企业。在广州促进战略性新兴产业国际化进程中,政府的进口补贴以及政府采购等行为将受到较大制约,但是政府对加强基础性科学研究和共性技术的研究补贴,具有政府支持公共产品创新活动的性质,还是被允许的。因而,广州出台的扶持战略性产业国际化的政策应尽量体现在提高企业技术研发能力方面,这也是解决广州战略性新兴产业呈现低端化、产品附加值不高、产业缺乏核心技术、产品档次偏低等瓶颈问题的有效途径。

(三) 突破产业核心关键技术

广州突破战略性新兴产业核心关键技术可采用以下几种方式:一是组织产业核心技术、共性技术攻关;二是对关键技术研发实行项目倾斜;三是对重大技术突破进行重奖。制定产业技术路线图和开展产业专利态势分析和预警机制研究是组织产业攻关核心技术、共性技术的两大途径,广州应把握战略性新兴产业瓶颈制约和关键共性技术,积极探索产业技术路线图的制作方法和产业管理创新实践,抓紧引进和培育一批专项工程,攻克一批核心技术和共性技术,为组织技术攻关提供方向指导和突破途径;尽早组织开展专利态势分析,选准技术研究开发的突破点和切入点,建立一个由政府主导、行业协会做好沟通媒介、企业积极参与、相关服务机构密切配合的完善机制。战略性新兴产业关键技术研究项目具有投资规模大、技术难度大、风险大等特点,企业基于成本效益考虑,并不热衷于对产业关键技术的研究,因而政府有必要对关键技术研究项目实行政策倾斜。对重大技术突破进行重奖是建立有利于创新的制度环境和激励机制、促进战略性新兴产业突破产业核心关键技术不可或缺的推动力。

（四）培育一批具有国际竞争力的战略性新兴产业跨国公司

坚持以市场为导向，引导企业在市场的合作与竞争中不断发展，同时发挥政策的扶持促进作用，在广州培育一批具有国际竞争力的战略性新兴产业跨国公司。在广州战略性新兴产业各细分行业中选择有较强的研发能力、发展潜力大、前景好的产业龙头企业确定为重点培育对象，以"广州战略性新兴产业国际化孵化基地"为载体，不断完善激励机制，制定优惠政策，积极促进产业技术联盟发展，加大重点培育的企业国际技术合作的支持力度，大力支持重点培育的龙头企业融资，加快促进龙头企业进一步发展壮大。顺应企业国际化发展趋势，为企业在东南亚、中东、非洲、拉美等地区出口商品提供政策便利和帮助，鼓励有一定实力的企业抓住金融危机不断深化的契机，在世界市场上实行收购、兼并，快速获取市场、技术、品牌。

（五）加强出口秩序管理和企业境外知识产权保护

加强出口秩序管理，确保外贸出口的持续健康发展，进一步规范外贸出口经营秩序，严格出口货物退（免）税管理，防范和打击骗取出口退税的违法犯罪活动，以促进广州战略性新兴产业企业规范出口经营行为，进一步建立和完善企业内部管理制度，增强战略性新兴产业的国际化经营管理能力，并结合企业在境外营销网络建设的情况对企业授权进行分类对待，加大规范力度。知识产权国际保护强化的趋势日益明显，跨国公司间的知识产权竞争日益激烈，广州战略性新兴产业企业"走出去"遭遇知识产权壁垒的状况也日益严重，因而，应加强企业境外知识产权保护，促进企业增强境外知识产权保护能力。可通过建立与完善广州企业境外知识产权保护法律体系，鼓励涉外企业系统实施境外知识产权保护战略，建立诉讼预警机制以提高企业应对知识产权诉讼的能力等措施，加强对广州战略性新兴产业的境外知识产权保护。

（六）扶持有条件的企业在境外建立营销网络

广州战略性新兴产业国际化处于产品出口的初级阶段，在这一阶段应不断扩大企业的境外销售额，扶持有条件的企业在境外建立营销网络，特别是要由单纯依赖国外的经销商变成建设自主经销网络。在扶持政策制定方面，攻破国外的贸易壁垒，建立贸易壁垒预警机制，加强规则的研究和利用。通过建设战略性新兴产业中介机构，加大中介机构对企业在境外建立营销网络的服务力度，通过驻外人员及时了解、搜集、整理主要出口国的法律法规、技术标准和认证程序，整理后翻译提供给企业，帮助企业开拓国际市场。对于因到境外建立营销网络需筹措资金的企业，鼓励银行等金融机构优先对其贷款，且由政府承担部分违约风险，并对贷款进行贴息。

（七）加强与东盟国家的战略合作

从广州战略性新兴产业类企业的产品出口情况看，生物医药类、电子信息、新型显示等产品销往欧、美、日等发达地区的特别少，大部分产品主要销往东南亚、南亚、中东、非洲等地，这些国家或地区的政治经济局势、双边贸易关系、进出口政策的变化等因素都可能影响到广州战略性新兴产业类企业的海外业务，且这些因素具有突发性，波及面广、破坏性强，一旦发生将严重冲击整个战略性新兴产业的海外业务。东盟自由贸易区是广州战略性新兴产业国际化的始发站，也是目前广州战略性新兴产业重要的出口地，要加快广州战略性新兴产业国际化的步伐，推进与东盟国家的战略合作十分必要。可通过开展高水平、研发型合资合作，鼓励有条件的企业到对方国家发展；通过建立中介服务机构，对战略性新兴产业的出口采取实质性的金融、税务、海关、商检支持政策，实施贸易投资便利化，为出口企业提供更多、更有效的服务，如政策信息、市场调查、商务分析、法律服务等，形成政府对企业直接服务、间接支持的良好格局。

（八）引导企业选择在优势领域实现突破

世界各大经济体均在抢占战略性新兴产业发展的战略高地，且各国家或地区一般都有新兴产业发展的优势领域。广州的战略性新兴产业参与国际竞争，不可能在所有领域均具有竞争优势，因而，引导企业选择在优势领域实现突破十分关键。韩国政府为保证 DRAM 技术开发的发展，引导企业放弃原本技术基础薄弱的非存储器半导体技术的开发，重点攻克存储器的核心技术，选择在优势领域实现突破，使得韩国成为半导体产业内存技术最强的国家。广州可借鉴韩国的发展经验，成立战略性新兴产业优势领域专家团队，由专家团队在发展较好的软件产业、物联网产业、生物医药产业、新型显示产业、LED 产业中，研究选择出广州战略性的细分优势领域，并由政府加大力度引导企业在优势领域实现突破。

Research on the Internationalization of Strategic Emerging Industry in Guangzhou

Yao Yi   Li Feiyang

Abstract: The research studies the development status and international market condition of the strategic emerging industries in Guangzhou, points out the key barriers existing based on the development status of relevant industries at home and abroad, and proposes strategies for the future development of strategic emerging industries in Guangzhou.

Key Words: Guangzhou; Strategic Emerging Industry; Internationalization

B.14
日本大地震对广州经济发展的
中长期影响

杨再高　杨代友　李丰　姚宜*

摘　要： 本文在分析日本大地震对广州经济发展带来的短期影响和中长期机遇的基础上，提出了扩大对日出口、提高进口替代水平、争取日本企业落户、建设对日合作产业园、加快人才和研发引进、降低核危机社会冲击、优化投资环境和追踪后续影响等相应的中长期措施。

关键词： 广州　日本大地震　中长期影响　对策

2011 年 3 月 11 日发生的日本大地震及其引发的海啸和核泄漏事故，给日本造成了重大的人员伤亡、财产损失和严重的经济破坏，是日本历史上最严重的自然灾害。日本是世界第三大经济体、全球制造业强国和外向型经济大国，GDP 占世界 GDP 的比重约 8.6%。在经济全球化背景下，日本大地震及海啸、核泄漏事故不仅对本国经济产生巨大负面影响，而且对世界乃至中国经济产生重要影响。因此，研究日本大地震及相关危机的影响，对于广州保持经济持续、快速和健康发展具有积极意义。

一　日本大地震的经济影响

（一）对日本经济的影响

短期来看，经济遭受重创，短期内难以恢复。据日本官方预估，地震及海啸

---

* 杨再高，广州市社会科学院副院长、研究员；杨代友，经济学博士，广州市社会科学院产业经济与企业管理研究所副所长、副研究员；李丰，博士，广州市社会科学院国际问题研究所助理研究员；姚宜，广州市社会科学院国际问题研究所副研究员。

造成的经济损失约为1850亿～3080亿美元，相当于2010年日本GDP的3.6%～6%。地震引发的海啸及核泄漏造成电力短缺、企业关闭停产、道路损毁严重，受损严重的产业包括核能、电器元器件、液晶玻璃基板、电器制造、钢铁、化工等，短期内难以恢复产能。在产能遭受破坏、资金回流推高日元、家庭财富总量缩水、消费信心受挫等负面因素影响下，短期内日本经济将出现萎缩，出口下跌。

长期来看，灾后重建将带动经济"V"形反弹，日本能源战略、产业布局将出现调整。据世界银行估计，日本灾后重建需要5年以上时间。随着政府、保险、企业和个人等多领域的资金投入灾后重建进程，对就业和需求的拉动将促使日本经济实现"V"形反弹。基于对核电安全性的考虑，日本的能源战略格局可能发生变化。破坏性地震带来的产能、客户和市场份额损失，也将促发日本产业链全球分工和布局的调整。

（二）对世界经济的影响

短期来看，将导致全球供应链危机，大宗商品价格波动。日本在全球产业链中具有重要地位，特别是在半导体材料、芯片设计及制造、光学器材、机床和汽车核心零部件等领域具有重大影响力。震灾导致交通损害严重，原材料供应受到影响，成品无法运至机场或港口，加上低库存的供应链管理方法加剧了产品供给短缺，临时性出口中断导致一些关键零部件供货紧张和价格上涨，对全球生产产生负面影响。且由于日本是石油、铁矿石等大宗商品的主要进口国之一，其需求变化直接影响大宗商品价格。短期内日本汽车、钢铁等工厂的停产将导致铁矿石、铜等商品的需求减少和价格下降。

长期来看，对世界经济复苏影响不大，但对全球能源发展格局、供应链运作模式将产生深远影响。考虑到日本政府和社会的灾害处置能力及其经济弹性，日本经济将会迅速进入灾后重建阶段，实现经济快速反弹，总体上不会阻碍世界经济的复苏步伐。但日本核泄漏事故引发的核电安全担忧，将深刻影响全球能源发展格局，一方面对石油、天然气和煤炭等石化能源的需求将会增加、拉动价格上涨，另一方面将导致各国增加对可再生能源及新能源的需求和投入。此外，鉴于日本供应中断造成的供应链危机，跨国公司将更加趋向"近采购"生产方式，国际分工和产业布局将发生新的变化。

（三）对我国经济的影响

短期来看，对中日贸易将有冲击，但负面影响不大。在进口方面，由于目前日本约有7%的港口运力受到地震影响，部分港口不得不暂时关闭，造成日本上游中间产品供货停顿，使国内电子、汽车等相关产业的产能利用率降低，供应紧张和价格上涨对国内加工企业的生产和出口供货能力形成负面冲击；一些新建和改造项目因为设备生产、交货流程被打断而不得不减速等。对日出口方面，由于日本消费者信心和制造业者信心的下滑，非生活必需品的消费将受到一定影响，短期内对日制成品出口将出现下降。但我国主要的贸易出口地是欧洲和美国，只要这两个出口市场保持市场均衡，日本震灾对中国外贸出口的影响不会太大。

长期来看，有利于我国出口扩大和产业转型。随着日本震后重建工作的开展，日本将由出口导向型经济发展模式转变为"救灾内需型"经济恢复模式，进口需求将极大增加。作为世界最大建材、钢材生产国和建筑工程服务输出大国，我国有望成为日本灾后重建最重要的物资供应基地，预计建筑材料设备、机电以及交通运输设备等产品的对日出口将出现增长，食品、化工产品以及基本金属的对日出口也将保持强劲势头。此外，地震促发的全球产业链调整以及资本、高端人才、研发机构等的转移将有利于我国产业的结构调整和转型提升。

二 日本大地震对广州经济发展的影响

日本多年来一直是广州第一大进口来源地，2010年取代美国成为广州第二大贸易伙伴，也是广州第三大投资来源国。广州与日本的经济关系非常密切，贸易往来十分频繁。此次日本地震、海啸及核泄漏危机无疑对广州短期发展会带来一定影响，但从长期来看是危中有机。

（一）主要挑战

1. 产业供应链断裂造成关键零部件进口受阻

日本是世界制造业强国，在遍布世界各地的产业供应链环节中，日本本土企业生产供应的具有核心技术的关键零部件，在汽车、电子、机械、化工等许多行业占据非常重要的位置。由于地震及海啸重创了日本部分生产和运输能力，短期内造成的产业供应链断裂将导致关键零部件的供应紧张和价格上涨，直接影响到与日本有密切产业链联系的汽车、电子、机械等行业的正常生产。从5月份的情况来看广州有多家公司因供应链断裂受到影响。例如，JFE 钢板公司需从日本进口的精钢等原材料仅有 15 日的库存，后续原材料供应尚未恢复；日立电梯公司每年须从日本进口 7000 万美元的零部件，核心技术无法替代，目前零部件库存只可支撑 2 个月，两个供货的日本工厂都处于停电停产状态；日立压缩机公司的日本进口润滑油也仅有 20 天的库存。其他公司如日立压缩机、五羊摩托也都受到不同程度的影响。

2. 汽车、电子等重点产业受到较大威胁

汽车、电子等机电产品是广州的重点产业，对日本进口的关键零部件依存度较大，也有一部分产成品直接出口日本。2010 年，广州从日本进口的汽车零部件、集成电路、电子元件等机电产品达 70.21 亿美元，占从日本进口总额的 63%。从短期影响来看，大量关键零部件进口受阻直接影响了工厂的正常生产，部分工厂面临停产的风险。此外，对日出口也受到订单取消、暂停交货等不利影响。在汽车产业领域，广汽丰田公司的零部件库存仅能支撑 1 个星期，日本供应商基本停产；广汽本田公司的零部件国产化率虽然已达 95%，但仍有部分零部件须从日本进口，目前已有部分供应商供货中断；其他如本田汽车、广汽日野、东方南方实业等公司均受到不同程度的影响。在电子产业领域，索尼电子华南有限公司由于关键零部件蓝光激光二极管进口中断，已经于 4 月 1 日停产；奥林巴斯公司的日本进口核心原材料库存只能维持两周；名幸电子的产成品大部分出口日本，80% 的产成品受到影响；汉林电器最近 2 周的日本订单已推迟交货；其他电子公司也受到了不同程度的影响。此外，从长期间接影响来看，欧系、美系、韩系产品会利用日系汽车和电子产品产能不足的时机乘虚而入，抢占市场份额，最终影响广州相关企业的发展。

3. 短期内人员流动减少对旅游市场冲击较大

由于旅游市场受到自然灾害的影响较大，日本地震和海啸及其引发的核泄漏危机必然在短期内冲击广州的旅游市场。对于出境游而言，由于交通不便、旅游设施被破坏以及出于对核辐射的担心等原因，大量赴日本旅游的广州游客纷纷取消旅行安排，将大大减少广州旅行社的收入，很多办理日本游业务的旅行社直接损失金额都在亿元以上。对于入境游而言，预计日本游客的减少将对广州产生更大的冲击。据统计，2010年广州共接待外国旅游者294.4万人，其中日本旅游者19.3万人次（占比6.6%），位居第一位，比第二位的美国旅游者多出2.4个百分点。毫无疑问，由于在广州入境游市场占据较大份额，短期内日本旅游者的急剧减少必将对广州旅游业带来较大冲击。

4. 能源价格与核电产业发展面临不利局面

目前全球正在运行的核电机组共442个，核电发电量约占全球发电总量的16%。福岛核电站发生的核泄漏事故，引发了全世界对核电的担忧，许多国家都暂时关闭了部分核电站并重新评估本国的核能发展规划，德国甚至提出了"审慎退出核电"的政策，全世界的核电发展受到严重冲击。由于日本核电占电力供应30%的份额，大量核电站的关闭将迫使日本增加石油、天然气、煤炭等传统化石能源的进口，加上其他国家因调整能源政策而扩大对传统能源的需求，势必推高石油、天然气和煤炭的价格。作为传统能源对外依存度较高的城市，广州也会受到传统能源价格波动带来的不利影响。另外，由于核电装备制造业是广州产业发展的一个方向，未来世界核电市场的萎缩也将对广州核电产业的发展带来负面影响。

5. 核泄漏对环境的破坏可能引发民众恐慌

由于核泄漏对环境的破坏性较大，必然引起民众的担忧。虽然广州离日本距离较远，而且政府和专家已多次明确表示日本的核泄漏对我国影响极小，但是由于大气和海洋的循环作用，无法完全避免核泄漏的负面影响，民众的担忧情绪难以彻底根除。4月6日，包括广东在内的全国大部分省市空气中都检出了极微量的人工放射性核素碘—131、铯—137和铯—134；日本东京电力公司又将福岛第一核电站的1.15万吨低浓度核废液直接排入太平洋。这些不稳定因素，在特殊情况下会使民众的恐慌心理加剧并迅速蔓延，影响稳定的生活秩序，值得警惕。

（二）中长期机遇

1. 灾后重建扩大贸易和投资需求

2011年4月1日，日本政府正式宣布进入灾后重建阶段，并草拟了"5年集中复兴期"的重建计划。由于地震和海啸对震区的工厂、民房、交通设施带来不同程度的破坏，加之核泄漏对农产品和水产品的污染，日本的灾后重建将在相当长的一段时期内大大增加对钢铁、建筑设备、建筑材料、农产品、服装、家电等商品的进口，以及建筑劳务的国际需求，为广州相关产品和服务扩大对日贸易提供了良好的契机。同时，对日贸易额的增长也会增加广州企业在日本本土设立贸易公司等衍生的投资机会，广州企业赴日本承包工程的市场需求也会加大，为广州企业"走出去"积累更丰富的国际市场经验。

2. 产业链配套环节加快转移

地震和海啸重创了日本的大部分产业，将会促使日本跨国企业改变过去将产业链的许多配套环节保留在日本的传统格局，加快海外产业基地的扩张和布局，分散投资风险。一方面，部分可能被转移的产业是技术含量高、密集度大、高附加值的先进制造业或者战略性新兴产业，例如变速箱、闪存、微型轴承、特种玻璃等高技术产品，会对承接产业转移的国家和地区带来益处。另一方面，一些原来由日本中小企业垄断的配套环节，将不得不由转入国的本土企业来完成，本土企业由此可以顺势打入传统上比较封闭的日本产业链，获取利润，学习经验。从吸引日本产业的客观条件来看，广州的日系汽车、电子和化工行业已有很好的基础，在承接日本相关产业配套环节的竞争中占有较大优势。

3. 国际高端人才加速流动

从主观因素来看，出于对日本生活和工作环境安全的担忧，一些在日本工作的高学历、高技术、具有国际视野和丰富市场经验的各类国际高端人才将会选择离开日本。从客观因素来看，灾后日本高端产业的战略转移也会加速扩大日本高技术人才的输出。对于广州而言，这些含金量较高的高端人才具有优化智力结构、促进产业升级、加快技术革新、提升国际化水平等积极意义。特别值得一提的是，过去日本企业通常只将产业链的制造环节放在海外，而将非常重要的研发和销售环节留在日本国内。随着日本产业转移的实施，研发和销售环节的高端人才也会随之转移，大大提高产业的整体质量。从广州对日本高端人才的吸引力来看，一方面，广州的日资项目已达全市外资份额的6.6%，具有很好的产业基础。另一方面，广州的国家中心城市地位和日益扩大的国际影响力，也是吸引和留住高端人才的重要因素。

4. 世界市场的拓展空间增加

由于日本产业供应链的高端环节断裂对世界各国产生了较大的负面影响，许多跨国公司都在积极寻找相关的替代品。一方面，广州已达到技术水准的相关产品可以积极争取进入跨国公司的全球采购供应商名单，扩大市场份额和利润。另一方面，也为广州制造的产品加速国产化和技术升级提供了动力。此外，日本灾后重建必然促使大量的国外资金回流，为广州企业投资东南亚等国际市场腾出了相应的市场空间。作为国家中心城市，广州在国际市场中的地位和话语权也将随着国际市场的不断拓展得到较大提升。

三　广州应对日本大地震影响的中长期对策

日本及世界经济走势因日本地震及海啸的影响必然发生变化，广州要用战略眼光，积极谋划，在这一变化中克服不利影响，抓住各种有利机遇，促进经济更好更快发展。

（一）积极扩大对日出口规模

随着灾后重建的启动，日本对钢铁、建材、电缆等设备、材料，以及服装、家电等生活必需品的需求量将会大大增加，对于这一机会，广州市要采取有效措施，加快扩大对日出口规模。引导企业加强与日本国际贸易促进会、日本贸易振兴机构、日本有关商会、协会以及进口商的联系，争取广州市建材、建筑设备、电子信息产品、机电设备、精细化工、电力设备、生活消费品等类型生产企业的出口机会。设立对日贸易发展基金，完善出口信贷、出口退税、出口信用保险、税收等对外贸易促进措施，鼓励企业积极发展对日贸易，赢取更大的市场份额。支持有条件的企业赴日本投资，开设贸易公司、经贸办事处等，或是承办日本重建工程，拓展日本本土投资市场。

（二）提高进口替代水平

为防范产业发展高度依赖一国或一定区域采购这种模式对灾害冲击的不利格局，要科学认识经济发展国际化和区域化经营的利弊，加快创新力度，提高进口替代。加大对日系汽车变速箱、发动机等关键零部件配套商以及关键电子零部件生产企业的招商引资力度，降低广州市企业对关键零部件的进口依赖，提高本土配套率。对原材料和零部件供应中断的企业，要积极协助其在国内寻找替代产品，促使形成安全和完整的供应链，确保广州市产业长期稳定持续发展。对全市制造产业通盘考虑，尤其要围绕汽车、电子、化工、机械装备、数控等重点产业的关键零部件和原材料，着眼国内配套，引导民营资本投资，大力发展研发设计、原材料、零部件、营销等供应链配套产业。

（三） 争取日本对外转移企业落户广州

基于地震及海啸对日本本土产能及相关产业链破坏的影响，以及经营环境恶化在短期内难以恢复，导致日本企业及产业出现新的转移态势，尤其是汽车、电子、装备等产业的企业及关键环节，为此，广州市要抓住日本本土企业及关键环节转移的机遇，利用良好的投资环境加大对日招商引资力度。为争取日本转移企业落户，要加大对日招商的宣传力度，制定专门对日招商项目投资指南，通过多种渠道同日本投资商进行沟通联系，吸引日本本土工厂、生产线以及项目投资计划转移到广州市投资建设。立足"十二五"时期转型发展、优化提升的要求，在项目审批、用地、融资、税收等方面采取特惠政策，尤其加大日本转移企业中汽车、石化、装备、电子、数控等先进制造企业，以及新一代信息技术、海洋工程、新能源汽车等战略性新兴产业企业的招商引资力度。鼓励日资企业增资扩产，借助产能萎缩、物流不畅导致日本借助其海外企业完成订单的机会，鼓励广州市日资企业增资扩股，增加产能建设，促使订单暂时性转移形成长期投资。

（四） 规划建设对日合作产业园

地震及海啸将促使日系企业和在日外商投资企业基于分散投资风险的考虑从日本本土流出，为吸引和承接这些企业，要尽快规划建设对日合作产业园区，打造吸引日资企业的投资载体。综合考虑广州市产业布局和土地利用现状，建议在花都、南沙、中新知识城及其中心城区，划出一定区域作为日本产业转移承接区，专门对日本本土企业进行招商。其中，花都对日合作产业园主要承接发展汽车零部件、新能源汽车、航空物流等产业和企业；南沙对日合作产业园主要承接机械装备、汽车零部件、港口物流、服务外包等产业和企业；广州开发区及中新知识城对日合作产业园主要承接电子信息、精细化工、新材料、研发设施等战略性新兴产业；中心城区承接发展金融保险、文化创意、商务会展等高端服务业。对日合作产业园的招商引资要结合日本投资企业在广州市的产业联系特征，尽可能考虑与广州市已有日资企业在产业结构上形成较为完整的供应链关系，促使产业向高度集群化方向发展。

（五） 加快引进国际高端人才和研发机构

要利用广州市安全、宜居和宜创业的环境优势，抓住日本灾后高端人才和研发机构寻求更安全的创业和生活环境的机遇，加快对在日国际高端人才和研发机构的引进。要利用多种途径和信息渠道，掌握灾后在日工作的国际高端人才和研发机构转移动向，积极主动与他们建立联系，加强沟通。把引进在日国际高端人才纳入"万名海外人才集聚工程"，利用广州市海外高层次人才创新创业基地，面向日本吸引高端人才和研发机构进驻。对从日本转移至我市的企业，或因承接订单转移、扩大产能需增加日本人在穗就业的日资企业，放宽日本专家、技术人员来穗就业限制，提供办理签证便利服务，扩大日本人在穗就业规模。充分利用现有引进国外高端人才的政策，紧密联系中介机构、相关企业或学术机构，大力引进日本高端人才落户广州市，重点吸引汽车、机械装备、数控、下一代信息技术，以及金融、商务会展、创意设计等行业的高端人才，加快广州市国际人才港建设。

（六） 着力降低核危机的经济社会冲击

对于日本大地震造成的核泄漏事故的影响，必须全面考虑，统筹安排，采取综合措施，把核泄漏危机对广州市经济社会发展的不利影响降到最低。加强日本产品入关的检验检疫，对日本进口产品分类对待，处理好产品检验检疫与正常通关的关系，提高危机处理能力和效率。要加大信息公开力度，广泛收集有关日本地震、海啸及核泄漏危机的相关信息，去伪存真，疑虚求实，通过报刊、电视、网络等多种渠道公开传递正确信息，维持稳定正常的社会舆论氛围。重新评估和推进与核能相关产业的发展计划，跟踪分析国内外核电产业的调整态势，有序推动南沙核电装备产业园建设；加快规划发展风能、太阳能、海洋潮汐能等新能源装备产业。

（七） 打造国际化的投资环境

经济发展的实践表明，国际化的投资创业环境是吸纳国际高端产业、高端企业、高端人才的第一竞争力。为了争取把大地震后日本将要转移的关键零部件企业、电子信息企业、服务外包企业、研发机构和国际人才等吸纳进入广州市，吸引其他国际资本和高端产业投资，必须继续加快国家中心城市建设，建设国际化的生态宜居宜业环境。在硬环境方面，围绕建设国际商贸中心和世界文化名城，加快建设国际金融商务集聚区、设计创意展示交流区、大宗商品交易平台等一批国际商贸和文化创意投资创业载体；规划建设面向国际人才的居住社区、国际学校和医疗保健机构，打造吸引国际人才的居住环境；加快国际投资基础设施建设，推进广州白云国际机场和广州国际港口建设，提升机场和港口的国际化管理水平，增加开通国际航空和航海的航线建设。在软环境方面，联合珠三角各城市，共同谋划对日和世界各国的经贸合作，发挥国家中心城市在区域经济中的龙头作用，提升以广州为核心城市的珠三角都市圈的国际形象；加快推进完善国际投资配套服务，大力发展国际金融、国际物流、国际会展和国际投资咨询等国际化高端服务；参照国际通行做法，加强在知识产权保护、办事规则、管理制度、法制运行等方面的改革和创新，营造国际化的营商环境。

（八）密切关注后续影响

虽然日本已经启动灾后重建计划，但日本地震及海啸和核泄漏影响的不确定性仍然存在，因此要密切关注其后续影响，积极应对。成立市领导牵头，有关部门和企业参加的应对日本地震影响的协调机构，跟踪了解广州市产业受日本地震影响后的情况和变化，协调各部门、区（县）对经贸活动的合理充分支持，确保广州市对日贸易、吸收日本投资和对日投资稳定发展。跟踪关注日本灾后重建的市场需求动向，灾后人才、资本和产业投资转移动态，病疫、物价和日本资金回流等情况的影响，广泛收集各种信息，加强动态研究，及时研究提出供政府和企业决策参考的对策建议。加强与日本的沟通交流，要利用和创造各种条件，积极加强与日本各界的沟通和交流，广泛获取信息，确保广州市经济社会稳定持续健康发展。

Medium and Long Term Influence of Japan's Earthquake on Guangzhou's Economy Development and the Countermeasures

Yang Zaigao   Yang Daiyou   Li Feng   Yao Yi

Abstract：The study analyzes short-term influences and mid-and long-term opportunities Japan's Earthquake brought to Guangzhou economy, and puts forward countermeasures including extending export to Japan, raising import substitution level, winning over Japanese enterprises to move to Guangzhou, constructing industrial park for China-Japan corporation, speeding up talents and R&D introduction, reducing social impacts of nuclear crisis, improving investment environment and monitoring following-up influence.

Key Words: Guangzhou; Japan Earthquake; Mid-and Long-term Influence; Countermeasures

B.15

加强知识产权保护，
推进广州知识产权战略工程

姚宜　刘朝华　胡泓媛　李丰*

摘　要：本文分析了广州知识产权保护的国内外发展环境，对广州知识产权的保护现状和存在问题进行了实地调查与深入剖析，提出了贯彻落实《实施知识产权战略规划》，进一步推进广州知识产权保护的措施建议。

关键词：广州　知识产权　保护

知识产权是衡量国家和地区国际竞争力的重要指标，是经济社会发展的战略性资源。随着知识产权的兴起和经济全球化的深入发展，知识产权保护已成为促进科技进步与创新的重要支撑。加强知识产权保护，是世界各国发展科技、提高核心竞争力的必然选择，也是我国建设创新型国家的当务之急。

随着广州市国家级创新城市和知识产权强市建设的深入推进，全社会知识产权拥有量不断攀升，知识产权意识不断加强，相应的知识产权纠纷也呈明显增长的趋势，知识产权保护问题日益凸显；同时，伴随着广州产业升级，以差异化竞争为主的广州外贸必然会朝着以高端化和知识产权为核心的产业竞争方向发展，广州将不可避免地面临来自国际社会关于知识产权保护方面的诉求甚至威胁；此外，在科学无国界的全球化时代，科学研究、科技发展和成果越来越向知识产权保护得力的国家和地区集中。强化知识产权保护，是提高广州科技经济水平的有

---

* 姚宜，广州市社会科学院国际问题研究所副研究员；刘朝华，广州市社会科学院国际问题研究所助理研究员；胡泓媛，广州市社会科学院国际问题研究所助理研究员；李丰，博士，广州市社会科学院国际问题研究所助理研究员。

力武器，是破解经济发展难题、加快发展方式转型的迫切需求，也是推进广州知识产权强市建设的重要内容。

一 广州知识产权保护的国内外发展环境

（一）国际环境

1. 知识产权保护发展的国际趋势

（1）国际知识产权保护要求日益严格。

知识产权保护作为世界各国的基本共识，在国际范围内日益纵深发展。首先是知识产权保护水平不断提高，表现为知识产权保护的客体和领域不断增加，权利内容逐步强化，知识产权的保护期限延长而权利限制的条件更为严格；其次是强化知识产权执行，对知识产权司法和行政执法力度进一步加强，对贸易对象国的知识产权执法力度和程序密切关注，在处理国家和地区间的知识产权纠纷时引入多边国际争端解决机制；再次是知识产权立法及其保护标准突破了主要由各个国家自主确定的传统格局，发展中国家和发达国家围绕知识产权的斗争越来越激烈。

为了提高对外贸易水平，加深知识产权的国际流转，广州必须与主要贸易伙伴，例如美国、欧盟等建立稳固的知识产权保护联系，实现知识产权保护和促进贸易的双赢。

（2）知识产权的贸易壁垒作用愈发突出。

金融危机以来，以美国为首的西方发达国家为了转嫁经济危机、转移国内矛盾，一方面将知识产权问题政治化，不断向中国施压；另一方面继续以知识产权问题为借口，挥舞贸易报复"大棒"，设立更高的技术壁垒保护本国产业，试图强占巨大的中国市场。广州是中国的外贸出口重镇，知识产权被政治化和与国际经贸体制的过度捆绑，造成了广州自主创新蓬勃发展但自有品牌高新技术出口不占优势的扭曲现象，高新技术产业对外依赖高，国际市场上知识产权壁垒对广州外贸出口的威胁越来越大，可以预料，在今后相当长一段时期内，广州将面临着以美国为代表的发达国家在知识产权保护问题上的巨大压力和严峻挑战。

2. 以美国为首的发达国家的评价与要求

基于科技研发、知识产权保护等领域的国际主导地位以及强化全球竞争中市场优势的内部需求，以美国为代表的发达国家频繁地以"知识产权紧箍咒"向我国施压。美国作为广州重要的对外贸易伙伴，其对广州知识产权保护状况的评价和要求是不容忽视的外部声音。

（1）美国政府重点指控广州为"集散地、重灾区"，关注司法保护。

广州一直是美国政府关注知识产权保护情况和采集数据的重点地区，美国专利商标局在广州特别派驻了知识产权专员。在其发布的政府报告中，广州被指控为仿冒品，尤其是软件和音像盗版制品的大型集散地。2010年4月美国国际贸易委员会（简称USITC）发起的"332调查"，于2010年12月13日公布了《中国：知识产权侵权、自主创新政策及其对美经济影响的评估框架报告》（简称《框架报告》）明确指控，广州是中国盗版产品的生产和分销基地，并对广州的知识产权侵权状况进行详细描述，"盗版光盘的有组织的、大规模的生产和分销在南方城市广州和深圳是特别普遍的事，已被公认为是侵权产品的主要来源。……视频游戏盗版者通过网络获取视频游戏资源并制成商品的模式在广州和深圳泛滥，并从这两地扩散到全国的零售市场和商店"。《2010年特别301报告》称，"广州是中国最大的制造业中心之一，对广州地区的仿冒品制造业发展水平和规模，知识产权权利人依然深感失望"。《2011年特别301报告》更是暗示北京、义乌等传统的侵权产品市场已经逐渐淡出，取而代之的是网络销售平台、物流业健全的广东地区。

美国政府指控广州知识产权侵权现象严重，使用了一个笼统的词汇"counterfeiting and piracy goods"，意指广州在商标、版权、技术专利等方面普遍存在侵权现象，使美国受到重大损失。实际上，其能够直接列出的侵权损失多年来只局限于软件和音像制品业，在其他产业上并未提供有力证据。然而美国政府利用媒体抢占道德制高点，故意将各类知识产权产品混为一谈，掩盖其部分指控没有根据的事实；另一方面也利用企业和科研机构控制专利制高点，有意阻止高新技术向中国流动，要求仍处于发展中国家的中国采用比一些西方发达国家更高的标准保护知识产权，甚至提出了一些严重干涉我国主权的荒诞要求。

另一方面，美国政府对广州知识产权保护状况的评估未考虑行政保护的作用。知识产权行政保护和司法保护是我国知识产权保护的特殊双轨制的体现。美国的知识产权保护制度是以司法保护为主的，在其发达的司法系统基础上，建立了强大的知识产权司法救济体制，其特征主要是侵权调查效率高、惩罚严厉、震慑作用强。美国社会对知识产权文化的认同保障了美国政府知识产权司法保护的有效性。因此美国政府极为重视对中国知识产权的司法保护，但是鉴于司法保护是"不告不立"，其打击侵权问题的范围、效率实际上比不上行政保护。美国政府只根据广州知识产权刑事案件和民事案件的立案数量来分析广州司法保护的力度，忽略行政保护在广州知识产权保护中的重要作为，有失偏颇。

（2）企业及商会对广州知识产权保护前景表示乐观，关注行政保护。

总部设在广州的美国华南商会是华南地区最为活跃的美国企业组织，在美国政府的对华经济政策制定过程中拥有一定影响力。通过调研得知，以美国华南商会为代表的美在穗企业普遍认为中国未来五年的自主创新发展目标基本符合外国企业的在华战略。在其发布的《2011 中国营商环境"白皮书"》中，商会很乐观地宣称"……我们预计知识产权相关法律法规的立法精神和执法力度将会更加紧密结合——最终创造尊重知识产权的营商环境，其知识产权的保护力度，就算不超越也与其他主要国家同样严格。'十二五'规划开始实施之后，在未来几年内，中国将会实行更加严厉的知识产权保护措施。即使是现在，中国内地的知识产权保护也已经取得很大进步"。

具体到侵权行为方面，美国企业认为广州知识产权侵权主要体现在商标侵权集中销售方面，例如假美赞臣奶粉、假 P&G 旗下日化产品、假 GAP 服装、假阿迪达斯运动鞋等等。虽然这些假冒伪劣产品绝大部分不在广州生产，但广州需求市场庞大、物流体系健全等区位优势，吸引了大量盗版和商标仿冒产品在广州集中并销售到全国各地，严重扰乱了市场秩序，对美国企业的正牌产品信誉和销售造成严重的负面影响。

此外，在穗美企更关注具体的知识产权个案和解决方案的效用。由于在穗美国企业直接面对中国市场的竞争和环境，它们对广州的知识产权保护有着更直接的了解和认识，与国内企业在知识产权问题上的纠纷也因此更为频繁。在穗美国企业更关注与本行业相关的知识产权个案及其具体救济过程和争端的解决方案，例如关注平行进口问题、商标侵权、商标淡化（山寨产品）、不正当竞争和专利权权属纠纷案件的审判，其中对商标仿冒、商标淡化的意见最大，而对于专利技术侵权和商业秘密侵权则表示有信心自我保护。

与美国政府不同，在穗美国企业认为司法保护有助于对抗盗版和侵犯知识产权行为，同时应该积极寻求中国政府的行政保护。行政保护是"中国政府主动加强知识产权保护的举措"，速度快、效率高、市场范围大，保护效果明显。美国企业也提出广州行政保护还存在执法不足、沟通不够以及解决投诉方面的障碍。针对涉及知识产权工作的多头管理现状，美国企业和商会提出在中国设立专审知识产权相关行政案件的行政法庭的建议。

（二）国内发展环境

1. 知识产权战略是促进经济社会全面发展的重要国家战略

知识产权发展水平正在成为当今世界衡量一个国家或地区综合实力、发展能力和核心竞争力的战略性标志。党的十七大报告明确提出要"实施知识产权战略"。2008年6月，国务院印发了《国家知识产权战略纲要》，标志着中国知识产权战略正式启动。2011年国家"十二五"规划纲要进一步要求，实施知识产权战略，完善知识产权法律制度，加强知识产权的创造、运用、保护和管理，加大知识产权的执法力度，以强化对科技创新的支持。知识产权战略已经成为我国运用知识产权制度，促进经济社会全面发展的重要国家战略。

2. "知识产权强市"是广州"十二五"期间的重要发展目标

加强城市知识产权建设，是贯彻落实党的十七大精神，实施国家知识产权战略的一项重要举措。2010年出台的《广州市贯彻落实〈珠江三角洲地区改革发展规划纲要（2008~2020年）〉实施细则》，纳入了"建设国家知识产权示范城市"；2011年9月出台的《广州市实施知识产权战略规划（2011~2015）》提出了"建设知识产权强市"的总目标。"十二五"时期是广州市率先加快转型升级的关键时期，也是知识产权服务支撑创新型城市建设的重要机遇期，建设知识产权强市的战略必将使知识产权真正成为促进经济社会发展转型升级的有力助推器。

3. 完善知识产权保护是广州建设国家中心城市的必然要求

完善知识产权保护工作、提升知识产权保护水平，有利于打造优良的国际营商环境，是增强城市综合竞争力、树立城市品牌的必然选择，也是广州建设国家中心城市的迫切要求。知识产权保护是营商环境建设的重要方面，完善知识产权保护工作，有利于有效落实推进广州市实施知识产权战略规划，优化创新发展环境，加快激发知识产权的发展潜力；有利于规范市场秩序，进一步改善广州的营商环境，促进市场的良性发展，从而吸引更多的高端要素和科技创新集聚，助推广州经济社会发展，增强广州的区域引领和辐射能力，巩固和提升广州作为国家中心城市的地位。

二 广州知识产权保护现状与存在问题

（一）产权保护现状及采取的措施

1. 积极出台地方性法规

作为国家中心城市，广州十几年来一直都在紧密结合地方实际，积极主动地颁布地方性知识产权法规（见表1）。这些地方性法规不同程度促进了广州知识产权保护的进步。一是提高了操作性，例如对专利纠纷的管辖和受理、处理和调解做出具体安排，使得当事人和处理机关在处理专利纠纷时更具有程序性的保障。二是加强了针对性，例如针对广州会展业发达的特色对展会实施针对性的知识产权保护。三是调动了积极性，对举报冒充专利和假冒他人专利行为的有功人员进行奖励，一方面直接调动人民群众的积极性，提高知识产权的保护水平，另一方面也促进了知识产权的宣传力度。

表1 广州地方性知识产权法规一览

年 份	名 称
1998	《广州市查处冒充和假冒他人专利行为实施办法》
2001	《广州市专利管理条例》
2002	《广州市处理专利纠纷办法》
2003	《广州市著名商标认定和管理办法》
2006	《广州市举报冒充专利和假冒他人专利行为奖励办法》
2009	《广州市展会知识产权保护办法》

2. 集中开展专项执法行动

在颁布法规之外，相关部门严格行政执法，力争将知识产权保护落到实处，近年来开展了"雷雨"、"天网"、"亮剑"等专项执法行动。2010年9月以来，广州集中力量严厉打击了侵犯知识产权和制售假冒伪劣商品的行为，重点对化妆品批发市场、电脑城、有证音像店、货运场、皮具服装生产企业及专业市场、汽车配件集散市场等区域开展了拉网式排查，依法取缔了制售假冒伪劣商品较为突出的"中非商贸城"。这些专项执法行动确实取得了丰硕的成果，在很大程度上净化了市场，维护了知识产权。

3. 针对重点领域加大保护力度

结合广州经济发展的特殊时期和特殊优势，采取了针对重点领域、加大实施知识产权保护力度的措施。一是围绕重大活动开展全方位的专项保护工作，如针对广州亚运会，立案查处侵犯亚运知识产权案件 55 宗，没收及销毁侵犯亚运标志权的商品及标识 9050 件。二是结合广州会展业比较发达的现状对展会开展专项保护。

4. 积极开展穗港保护知识产权合作

在 2003 年成立的"粤港保护知识产权合作专责小组"合作框架下，广州积极开展与香港的合作，穗港知识产权合作与交流进一步密切。积极与香港的知识产权署和民间组织开展沟通和交流。例如，鼓励有产品内销的在粤港资企业申请广东省著名商标；共同实施"正版正货承诺计划"；加强海关执法合作等等。从当前知识产权保护形势来看，穗港知识产权保护的深度合作还有更大的空间有待于进一步挖掘，例如进一步完善案件协作处理机制建设；在两地海关执法合作的基础上全方位加强广州公安、工商、版权等知识产权行政部门与香港相关部门的行政执法合作，乃至两地的刑事和民事司法合作，交流知识产权保护信息，合作打击跨境知识产权违法犯罪行为，圆满解决知识产权的民事纠纷等。

（二）目前存在的侵权行为及产生原因

1. 侵权行为类型

（1）商标侵权行为。

知识产权侵权行为中，商标侵权是最常发生、最明目张胆的一种。随着广州知识产权保护力度的加大和多次专项治理整顿工作的进行，商标侵权行为得到遏制，但恶意性、重复性商标侵权行为仍大量存在。根据广州海关统计数据，2010年上半年海关共查获 51 宗侵权案件，全部为商标侵权，涉及商标 14 个，全部为国外知名品牌，包括"LV"及其图形、"NOKIA"、"SONY"等。广州地区的商标侵权行为存在由低价值向高价值商品蔓延的趋势，侵权货品质量不断提高，甚至用普通鉴别方法难辨真伪；侵权货品类型多样化，不再局限于早期的服装、鞋帽、箱包、皮具等纺织服装类，手机、电子设备等机电产品所占比例越来越高；侵权货品的海外流向日趋集中、国内范围不断扩大，假冒 LV 等奢侈品在海外集中流向日本、韩国等国家，手机、收音机等机电产品主要流向中东和非洲地区，在国内则通过物流、邮政等渠道流向全国。

（2）专利侵权行为。

专利侵权行为主要有发明或实用新型专利侵权、外观设计专利侵权两种。随着广州专利申请和授权的迅速增长，专利侵权案件也呈现上升趋势，主要涉及电子信息与通信、纺织服装制造、家电和小商品等多个领域。鉴于广州外向型经济发达、进出口贸易量大，涉外侵权纠纷和假冒专利案件较为严重；作为重要的商品制造和集散基地，广州地区的专利侵权行为存在反复侵权、恶意侵权等现象，跨地区、群体性侵权等案件日益增多，例如 2010 年 12 月广州查处的假冒台湾飘逸实业有限公司"飘逸杯"的侵权案件，有 10 家商铺集体售假，涉案侵权产品达 17000 多件。此外，存在借评奖、专利转化合作等名义，针对专利权人实施专利诈骗的行为。

（3）著作权（版权）侵权行为。

著作权（版权）侵权行为主要表现为对图书、软件和音像制品的盗版侵权。著作权侵权是广州地区知识产权侵权行为中较为严重的一类，其中最突出的是盗版出版物、软件和音像制品的大规模制售、走私和储运，例如 2010 年共收缴各类盗版出版物达 63 万余件，盗版音像制品和电子出版物 215 万余张；2011 年仅上半年就收缴盗版音像制品 242 余张，盗版图书和非法报刊共 20 万册。此外，以非法提供影视音乐节目内容点播、深层链接、P2P 服务以及音乐 MP3 搜索服务为主要内容的网络盗版现象严重，新兴的网络游戏业则受到"私服"、"外挂"的强烈冲击。

2. 侵权行为的发展趋势

（1）会展侵权日益凸显。

会展是企业技术创新、产品交易和实施"引进来、走出去"发展战略的重要环节与场所。会展给广州带来了巨大经济效益和社会效益，广州市每年举办各类会展上千次，尤其是每年两次的广交会，具有极大的国际影响。随着会展业知识资源特色的日益明显，知识产权侵权、假冒和盗用等会展侵权行为不断增加，一方面表现为对会展项目的创意和品牌侵权，另一方面是针对参加会展的新产品和新技术的专利、商标和外观设计侵权，例如2011年第109届广交会受理投诉案件达616宗，涉及专利、商标、版权等知识产权保护的各个方面。

（2）网络侵权增加迅速。

随着互联网技术的普及与发展，网络侵权行为迅速增加。当前网络侵权纠纷主要集中在视频网站盗版、网络文库侵权和网络制假售假泛滥这三个方面。其中网络著作权侵权尤其严重，当前网络下载已成为盗版影视音像产品、网络游戏产品进入市场的重要渠道，从广州市两级法院各年度受理案件数量及比例来看，网络著作权侵权案件数量正在逐年上升；从侵权情况看，局域网中，特别是网吧局域网和高校局域网，已成为网络著作权侵权的"主力军"。网络购物平台则是网络制假售假等侵权行为的重灾区，出现了假冒伪劣产品依赖物流运输业向网络销售转移，不再局限于广州本地而有向全国和海外扩散的趋势。

（3）群体性侵权难以消止。

"群体性侵权"是我国知识产权保护工作面对的一个难题。不良厂家抄袭、仿制原创产品；渠道批发商和零售商对侵权行为视若无睹、知假售假，甚至正版、盗版同时销售；消费者知假买假，形成了公众大量复制、生产、销售、消费盗版和假冒产品的群体性侵权行为。群体性侵权行为由来久、数量多、覆盖范围广且屡禁不绝，例如对台湾"飘逸杯"产品的集体侵权，经知识产权部门治理打击后仍未绝迹。

（4）侵权产品难辨真伪。

伴随着全球化和信息化时代的到来，侵权产品科技含量愈来愈高，很多产品都达到了以假乱真的程度，给知识产权的鉴定工作带来了很大的压力。其次，"正品"与"仿品"上市的时间差越来越短，许多侵权产品的设计、生产和销售在全球形成了一个巨大的产业链，给知识产权权利人带来了巨大的冲击。

3. 重点行业及市场的侵权行为情况

（1）纺织服装行业。

纺织服装行业是知识产权侵权行为多发的重灾区。美国《特别301报告》年度报告中多次指出广州尤其在"时尚产品、运动产品"的仿冒方面特别严重；国外众多旅游论坛、商贸网站上关于广州假冒名牌服装、箱包和鞋类的报道和讨论也很多，甚至有网友评论说"在广州市场没真货，他们生产的都是假货"。由此可见，广州纺织服装行业存在的侵权行为已经达到了国外官方关注、民间热议的"国际知名"程度，由此带来的负面影响对广州制造、广州形象都造成了严重后果。

从对侵权行为的治理整顿来看，广州市场上的纺织服装行业侵权行为具有多样性和专业化趋势，从伪造名牌标识、生产假冒商品再到销售，几乎涵盖了所有侵权方式；从专业化的批量进行标识、包装加工，到生产再到专门的售假场所，侵权行为专业化。侵权行为频发地点位于服装、鞋帽、箱包流通集散地的广州各大批发零售市场，重点市场有火车站周边服装批发市场群、站西路鞋帽批发市场群，以及梓元岗皮具批发市场群等。

（2）电子信息行业。

电子信息行业是美国对我国知识产权侵权行为的重点指控领域。美国2010年发布的《特别301报告》将中国列入"重点观察名单"，屡次指出广东地区在电子信息方面的侵权行为严重，"（电子信息行业）涉及CD和DVD等光介质、计算机设备、电子游戏控制台、游戏光盘等以及其他多项电子产品……是大规模的制假和盗版制造基地"，广州则与深圳并列，被指为"盗版光盘的生产和流通中心"。

广州市场上电子信息行业的侵权行为主要表现为著作权侵权，涉及电影、音乐、电子游戏、商用软件和出版等多个领域。广州在有形盗版方面的侵权行为十分突出，相对于企业滥用授权软件、大学及周边书店使用和售卖盗版课本、互联网用户未经授权传播产品等侵权行为，犯罪团伙利用专业设备进行大规模的盗版光盘制造、有组织地销售和走私出口已成为广州治理侵权行为的重点打击对象。虽经执法机关多次打击，盗版行为仍未有明显收敛，2009年"中童案"、2010年包装仓储非法音像制品案等一系列案件表明，广州地区电子信息行业的盗版行为屡禁未止，仍待强力制止与打击。

由多次治理整顿情况来看，广州地区盗版光盘的生产地点多藏匿在白云区、番禺区等近郊城乡接合部，例如白云区新市镇萧岗村（包装仓储案）、棠景街棠下村（中童案）等城中村地区的出租屋、仓库和厂房。市场上盗版销售则处于公开、半公开状态，集中的、主要的销售地点为广州太平洋电脑城和海印电器城地区，大学周边、城中村地区则有较多小规模零散的盗版产品销售。值得一提的是已经出现了盗版的品牌化、产业化现象，市场上甚至出现了盗版软件加密现象，说明盗版已逐渐走上"规范化"、"商品化"路线，这是非常令人吃惊和担忧的。此外，盗版走私一体化现象突出，已呈现出组织严密、分工明确的集团化特征，走私团伙往往由粤港两地走私分子纠合而成，从揽货、装运、报关、运输、仓储到接货等诸多环节环环相扣，各环节中人员职责划分清楚、衔接紧凑，加大了查处治理的难度。

（3）日化美容和家用护理行业。

日化美容和家用护理产品主要包括吹风机、卷发器等个人美容用品，肥皂、洗发水、沐浴液等家用护理产品，以及化妆品等美容产品。以上是美国认定的广泛存在商标侵权的行业之一，也是美国屡次指责广州存在制假等严重侵权行为的领域。

日化美容和家用护理行业的侵权行为以制造、销售假冒伪劣产品为主，销售地点集中在广州市内几大美容美发用品批发市场，例如白云区兴发广场、怡发广场和中华化妆品城等，周边城中村中也零散聚集着一些小型销售点。制假地点多位于城乡接合部的城中村地区，白云区尤为严重，2008 年广州十大制假案有 5起位于白云区，公安机关多次在白云区同和、夏茅、黄边、新市等地区查处多起制假案。此外，番禺、海珠区等也有制假现象存在，2011 年 4 月公安机关即在海珠琶洲捣毁了四个假冒注册商标化妆品的制造窝点。

4. 侵权行为产生的深层次原因

有报道表示，通常假冒名牌产品可以获取 400% 的利润，高额利润的驱使是知识产权侵权行为屡禁不止，不法企业和个人制售、贩卖假货的主要原因。除此之外，导致侵权行为产生的，还存在知识产权保护观念淡薄、保护意识和文化尚未形成，知识产权"无形性"导致企业不自觉侵权，知识产权产品价格偏高导致公众集体侵权发生，某些地区存在地方保护主义，侵权的低成本滋生侵权行为，企业自主创新不足等一系列深层次原因。

（三）广州知识产权保护面临的问题

1. 多头管理，无法形成高效管理合力

我国对知识产权采取的是"多头管理"的模式，在国家层面由国家知识产权局、国家工商行政管理总局、新闻出版总署分别管理专利权、商标权和著作权，在地方层面也是由相应的部门分别管理。按照广州市政府的机构设置，专利、商标和著作权的行政管理工作分别由市知识产权局、市工商行政管理局和市文化广电新闻出版局（版权局）实施。在知识产权的重要性日益强化的今天，这种分散管理的体制呈现出很大弊端。

首先，知识产权管理的"碎片化"和"分散化"，不利于知识产权的统一协调。广州市知识产权局的业务范围主要集中在专利领域，并未涉及"商标"和"版权"领域，"知识产权局"名不副实。虽然市政府于2008年成立了由30家单位组成的"市知识产权工作领导小组"，在一定程度上缓解了协调方面的困难，但是仍然存在涉及部门过多、统筹管理流于表面、反应不够及时等不足；其次，专利、商标、版权等专业行政执法监督队伍的分别设立，也在客观上削弱了执法监督队伍的相对规模。例如，商标、版权、专利执法监督分别主要由市工商局下设的经济检查分局（经济检查支队）、市文广新局下设的执法监督处和市知识产权局下设的知识产权稽查队负责，在人员编制有限、侵权现象泛滥的前提下，这种模式难以形成合力。

2011年10月出台的《广州市实施知识产权战略规划（2011～2015）》提出"加强知识产权管理能力建设"，在现有管理模式的基础上创新工作方式，有助于管理能力建设取得实质突破。香港和台湾都采用对知识产权保护统一管理的模式，分别由香港知识产权署和台湾智慧财产局统一管理；在内地，深圳市已做出有益的探索，由"市场监督管理局"负责统一管理，执法监督也由其下属的"执法监督处"统一实施，这些有益的经验与探索，对理顺广州知识产权管理工作具有一定的借鉴意义。

2. 资源不足，难以应付大量侵权案件

近些年来，知识产权的违法侵权案件一直呈大幅上升趋势。以民事案件为例，2003年广州市两级法院新收知识产权民事案件为442件。至2010年，这一数字上涨了5.5倍，达到2872件（见图1）。

相对繁重的审判任务，市两级人民法院的知识产权审判人员却严重不足。目前，全市知识产权审判人员仅38人。其中中级人民法院知识产权专职审判人员8人，基层人民法院则仅有5人，兼职审判人员25人。按照2010年新收知识产权民事案件的数量计算，平均每人每年需办理75.6个案件。也就是说，即使放弃所有的休息日，每人平均4.8天就要办理一个知识产权案件，其工作负荷和办案压力巨大。由于兼职审判人员还要办理其他类型案件，再加上基层人民法院承担了绝大多数一审案件，事实上办案人员办理一个案件的时限远远少于4.8天，

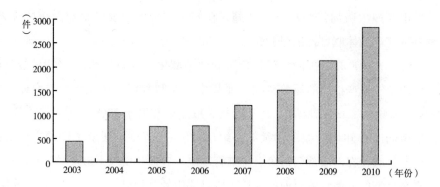

图1　2003～2010年广州市两级法院新收知识产权民事案件

资料来源:《"广州知识产权保护状况"白皮书》(2003～2010年)。

案件的质量很难得到充分的保证。对于行政执法案件而言,形势也不容乐观。目前,市知识产权局的执法人员仅有8人,很多区级知识产权局的执法人员甚至不足3人,难以有效地开展行政执法工作。

3. 立法不完善,影响侵权案件执法力度

我国知识产权保护采取"双轨制",行政保护和司法保护齐头并进,因此在具体的保护过程中往往会出现一些执法主体的职权范围不明确的现象,甚至造成有法难依、无法可依的情况。例如,以美国为首的发达国家指责我国知识产权侵权惩罚力度过弱,不没收侵权产品生产工具、不对罚没产品进行收缴拍卖是被投诉最多的两个现象。然而,《广东省专利保护条例》只作出专利管理机关"可以根据请求人的申请,封存或者暂扣与案件有关的货物、材料、专用工具、设备等物品","销毁侵权产品"的规定,"没收、拍卖"这两种执法手段并没有明确的政策依据,这就导致了广州市在针对侵权案件的实际执法过程中往往遭遇难题。2011年初广州市知识产权局第一次采取了查封生产设备扣押侵权产品的强制性措施,及时查处了一宗侵权行为,但因为没有市一级详细的相关依据,执法人员对这一有效的"创新行为"① 感到忐忑不安。

此外,广州的知识产权地方立法也存在着滞后性等不足,一定程度上影响了知

---

① 行政检查权和一些主要的行政强制权,如查封、扣押等,除了在《商标法》中有明确规定外,《专利法》和《著作权法》等主要知识产权法律中均没有规定。相关内容散见于不同的部门规章或规范性文件里,各地方的规定也不完全一致。

识产权的保护水准。例如《专利法》和《专利法实施细则》已于2008年和2010年做出修订，但是广州有关专利的地方性立法大都颁布于2006年以前，并未及时跟进修订；1998年颁布的《广州市查处冒充和假冒他人专利行为实施办法》，将假冒他人专利行为的最高罚款限额确定为"违法所得2倍至3倍"或者5万元以下，已经大大低于目前《专利法》确定的"违法所得4倍"或者20万元的罚款限额。

4. 长效机制缺位，专项行动效果打折扣

集中开展专项执法行动在作用和效果方面也具有一定局限。首先，专项行动具有明显的阶段性，违法人员可以采取暂时规避的策略逃避打击，一旦"风头"过去，侵权行为又恢复如初。其次，由于参加专项行动的行政执法人员涉及多个部门和多个层次，很难保证所有执法人员的纯洁性，一旦行动计划泄露，执法效果就会大打折扣。多年来，虽然历经多次知识产权专项行动，违法侵权行为仍然屡禁不止，盗版、假冒商标等侵权行为泛滥的现象并未从总体上得到遏制，也从一个侧面反映了专项行动的局限性，知识产权保护的长效机制有待于进一步建立。

5. 沟通不够，不利于广州国际舆论环境的优化

近年来，广州的政府部门积极主动地尝试与各国驻穗领事馆、外资企业、外国商会进行沟通，取得了良好的效果。例如2008年主动向各国驻广州总领馆宣传、介绍广州市知识产权保护工作的开展情况；2009年向英、美、法、日、瑞士等国驻穗领事馆官员通报保护涉外知名品牌商标权情况；2011年举办外商知识产权保护座谈会等。

然而，对于外国政府直接针对广州知识产权保护的负面评价尚缺乏具有针对性的沟通机制，例如对2010年美国发布的《特别301报告》和《中国：知识产权侵权、自主创新政策及其对美经济影响的评估框架报告》中对广州的负面评价没有及时进行有针对性的引导、说明、回应和反驳，不利于广州国际舆论环境的改善和优化。就此而言，浙江省的做法值得借鉴。2008年浙江省被评价为："有一个多年来被确定为作为侵权货物的海外市场和一个主要分销中心的宁波港"；"宁波、慈溪、义乌、温州是相关假冒产品生产和销售地"，等等。此后，浙江省以及宁波、义乌等地的政府及时地编译《特别301报告》等相关文献，与美国官方的官员加强沟通。2010年报告对浙江省的知识产权保护状况做出了正面评价，还特别提及"义乌官员多次与美国政府官员接触，强调他们为改善知识产权执法所做的努力，业界证实义乌的执法确有改善"。

三 贯彻落实知识产权战略规划，进一步推进广州知识产权保护的建议

（一）高度重视，切实推进知识产权保护工作

知识产权的保护是产权创新、运用的前提条件和有力支撑。要高度重视知识产权管理工作，提高知识产权权利意识，增强产权保护主动性，强化产权保护能力建设，加强产权文化建设，确保产权保护的各项工作得到落实并取得成效。

（二）多方发力，加强知识产权保护能力建设

随着《广州市实施知识产权战略规划（2011～2015）》的出台，广州已形成切实可行的知识产权发展和保护战略，在此基础上应进一步细化落实知识产权保护政策法规，加强知识产权保护能力建设，为知识产权的行政和司法保护提供强有力的支撑。

一是进一步细化知识产权保护的法规政策制定工作，逐步完善地方立法工作。对于国家和广东省已有的知识产权政策和指导意见，应及时制定和出台配套工作细则，改善执法环境，使知识产权的执法工作有法可依、有法可用。

二是建立统一的知识产权行政管理和执法机构。改变当前协调困难、资源配置不足的局面，以降低执法成本、提高知识产权行政保护和救济效率为目标，借鉴国外和其他省市的先进经验，对知识产权行政管理机关和资源进行重新整合，建立起较为统一的知识产权管理和执法机构。

三是开发和试行建立具有广州特色的知识产权行政保护体制。以制定有地方特色的保护工作重点和提供优质行政服务为重心，逐步实现知识产权的行政保护由"调解、处罚"为主向引导型、服务型转变，通过加强专利预警、专利维权诉讼地图制作等服务，引导和帮助企业累积专利筹码，建立保障企业长远发展的专利池，通过提高企业自我救济能力来打造广州知识产权保护安全第一线。针对群体侵权、重复侵权泛滥的趋势，要加大行政查处力度，确定知识产权保护的重点整治、观察区域，设立生产、销售侵权产品责任人黑名单制度，加大行政惩处力度，消除侵权惯犯屡禁不止的情况。

（三）强化国际协调意识，推进知识产权保护国际交流合作

知识产权国际化保护模式是全球化时代的发展方向，在解决知识产权的地域性与知识产权使用与转移的全球性之间的矛盾方面，知识产权的国际协调起着越来越重要的作用。促进广州与其他国家和地区在知识产权方面的良性合作与配合，积极推进国际协调是广州知识产权保护工作的一项重要任务。

一是要强化知识产权国际协调意识。改变知识产权谈判属于国家层面、地方政府被动接受既有体系的旧有观念；在面对知识产权保护不力的指控时，应抛弃"搭便车"心理，深刻认识"鸵鸟政策"对地方发展带来的直接而重大的损害，通过多种渠道加强与国际社会的合作与博弈，变被动接受为主动出击以维护自身权益。

二是设立知识产权国际协调与沟通的平台。密切关注美、日、韩、欧盟等国知识产权保护政策新动向，加强与世界知识产权组织、世界贸易组织、亚太经合组织等国际组织的联系，及时了解知识产权的国际竞争态势与发展动向，在发展议程、执法等重大议题上，积极反映广州市诉求，在融入中创造有利于广州发展的国际知识产权环境。建议在广州市知识产权局设立国际合作交流部门，以组织圆桌会议、国际论坛、研讨会等方式，通过与主要国家和国际组织在知识产权议题上的对话、交流与合作，增信释疑，充分向世界展示广州知识产权保护的决心、成就与工作动态。

三是以知识产权领导小组为核心，建立对 WTO 主要成员国通报的研究、评议和预警快速反应机制。面对国外涉及广州的通报时，应本着"加强沟通、积极合作、消除误解、求同存异"的原则，各职能部门研究对策、统一口径，及时进行回应和评议。在严格遵守有关国际公约及我国法律的相关规定的基础上，充分反映广州市相关产业的意见，妥善处理与 WTO 成员方在经贸关系中的知识产权保护问题，切实维护国家和企业的利益。

四是加强与国外产业界及驻穗外企的沟通和联系，重视驻穗商会等组织对广州知识产权保护的诉求与建议，发挥在穗外企的作用，利用其对广州市情况的了解与认同为广州知识产权保护工作争取良好的国际舆论氛围。对部分外企的拒绝许可、搭售、价格歧视、过高定价等知识产权滥用表现，在积极中止滥用行为之外还需要与外国知识产权保护机构、商会和该国政府进行磋商交流，防止知识产权滥用。

（四）发挥社会力量，引导建立知识产权交易及保护组织

一是以美国高智公司为代表的国际知识产权管理公司以及 NPE 公司①等专业知识产权中介为参照，引导建立本土知识产权管理公司。以维护产业安全、促进产业发展为目标，学习借鉴韩国、日本的经验，政府主导、联合民营机构成立本土知识产权管理公司，设立发明基金，面向大学、研究机构、中小企业和个人的研发技术和创意，寻找、筛选具有市场前景的项目以及对广州产业发展和新产品制造的关键技术，协助发明者开发成国际发明专利，并通过专利授权或者购买等方式实现市场化。

二是推动社会知识产权集体管理组织②建设，发挥其社会组织的功能性作用，协助政府部门处理授权许可和转让、完成收转专利使用费和进行侵权交涉等知识产权维权、交易等方面的事务。

---

① 以美国高智公司（Intellectual Ventures）为代表的国际知识产权管理公司，被视为国际专业知识产权中介的发展方向。简而言之，这类公司的业务分三块，吸纳大集团公司为会员，成立数额庞大的知识产权基金，为知识产权研发和购买融资；用基金研究发明新技术专利，同时在全球购买有发展潜力、对未来产业影响重大的技术和创意方面的知识产权；在全球范围内进行专利布网，起诉侵犯其知识产权的企业、组织甚至政府部门，并从中获利。高智公司 2008 年 10 月连同其旗下的一支基金公司一起进入中国，在高校和科研机构进行了大范围的专利收购。2008 年以来，以高智公司为首的外国专利管理公司和 NPE 公司（专利授权公司，本身并不进行生产制造或产品销售，而是通过独立研发或购买专利等方式取得知识产权，并以授权谈判和专利侵权诉讼为主要手段，向从事生产或制造公司收取权利金或赔偿金来达到营利的目的）已经进入了中国，但广州还没有直接应对外国公司布设中的专利地雷阵，积极出招破解。目前广州知识产权中介的主要业务还是集中在专利、商标代注册、提供法律维权等服务上，既缺乏真正为知识产权权利人做配套的风投基金和项目，又缺乏专门通过购买专利设立专利池的公司，更没有产生资金、技术和法律三结合、足以与国外知识产权管理公司抗衡的机构。

② 集体管理组织是知识产权创造者或其他权利人为了保护自身权利而成立的社会组织。各国法律一般赋予知识产权集体管理组织应有的法律地位，使它们在组织弱势的知识产权人抗衡大企业集团方面起到很大作用。北京的"中国音乐著作权协会"、"中国智能多媒体终端技术联盟"，深圳刚刚成立的"新能源标准与知识产权联盟"就是类似的组织。知识产权联盟等集体管理组织不但在面对跨国大企业的知识产权维权援助上起到积极作用，而且在跨国知识产权交易上能起到显著的作用。据统计，全球 500 强企业有 60 个主要的战略联盟，联合战线能够起到联盟内优势互补、扬长避短的作用，已成为众多企业的理想之选。例如，中国的十家彩电巨头以中国彩电联盟的名义与法国汤姆逊签署的知识产权战略合作协议，不但通过平摊大幅度降低了专利许可费，而且获得了汤姆逊的帮助，打击和遏制了未获得授权的其他竞争对手。可以说，强有力的知识产权集体管理组织，是当地产业实力的确认和未来发展的重要保证，它们可以自行处理组织内事务，也能发挥服务于社会的功能性作用，协助政府处理涉及知识产权保护的事务。

三是在知识产权侵权调查和举报等方面，酌情引进社会力量。借助广州现有的知名知识产权调查和维权机构，通过服务购买的方式，试点赋予有资质的民间知识产权机构直接的调查取证权，将部分涉及专业技术含量较高的调查举证工作外包给专业调查和维权公司。建议完善知识产权侵权举报奖励制度，加大宣传12330知识产权维权援助与举报投诉电话，逐步建成广州市知识产权维权援助与举报投诉网络，鼓励全体市民参与到打击假冒伪劣侵权产品的行动中来。

四是提供知识产权海外维权服务。制订实施知识产权海外维权实施方案，将海外维权工作报告纳入知识产权白皮书的编写内容，有针对性地开展知识产权海外维权宣传与培训，开设海外维权网络服务，积极为企业提供维权信息、侵权预警、法律咨询等公共服务。

（五）多管齐下，提高产业安全意识和手段

一是加快对新型知识产权产品的确认，设立国防和战略性新兴产业新产品确权的快速通道。设立广州市重点保护企业和机构名单，主动跟踪和服务广州重要的新知识产品，快速确认和增加知识产权的新权利类型，及时调整知识产权的保护范围。

二是设置国防及战略性新兴产业知识产权纠纷处理绿色通道，优先处理此类型案件，缩短案件候审和听审的时间，快速解决涉及国防技术和战略性新兴产业的知识产权纠纷，减少时间成本，使被侵权方及时得到救济，最大程度止损，实现法律效果和社会效果的有机统一。

三是重视对高校和科研机构的知识产权前保护。对国外公司的战略性收购要提高警惕，增强产业安全意识；重视对高校和科研机构的知识产权宣讲，在研发阶段提前介入和监督，明确大学和科研机构内部知识产权的归属，明确研发人员的产权份额和专利收入分配方案，激发创新积极性并提高专利保护责任感。

四是提供战略性新兴产业和支柱性产业的专利预警和专利地图制作公益服务。①

---

① 世界知识产权组织统计，全世界每年发明创造成果的90%～95%体现在专利技术中，其中约70%最早体现在专利申请中。在科技创新中充分利用专利信息资源，可以缩短60%的研发时间和节约40%的研发经费。在广州，利用知识产权信息进行商业决策的需求日益增加，但企业往往不知道如何获取需要的知识产权信息，也不知道如何更好地利用已有的知识产权。2010年初，国家知识产权局推出了涵盖钢铁、汽车、船舶、石化、纺织、轻工、有色金属、装备制造、电子信息以及物流业十大重点产业的公益性产业专利信息服务平台，数据总量超过3500万条。

建议市知识产权局在充分利用国家专利数据库和中外专利信息服务平台和数据库的基础上，绘制广州战略性新兴产业和支柱性产业的专利地图，为广州企业提供研发方向指引。通过对国内外专利研发情况的检索和分析，密切关注主要竞争对手的技术产品开发动向、技术特点和成熟程度，帮助广州企业从国外公司编制的专利网中寻找突破口。同时，通过对竞争对手专利申请地进行统计分析，收集有关产品进入市场的时间、规模等经济信息，协助企业推测竞争对手的市场范围和国际市场策略。

（六）加强宣传，深化知识产权文化建设

知识产权文化的培育需要长期战略布局。市民的知识产权意识提升的关键，就是将知识产权保护的基本原则及规范转化为市民认可的共同观念，内化为市民的行为准则和生活方式。

一是逐步建立起政府主导、新闻媒体支持、社会公众广泛参与的知识产权宣传普及教育常态机制。采取多种形式进行宣传与培训，使知识产权保护意识"进党校、进学校、进社区、进企业"；针对新颁布或修改后的法律法规，分级别、分层次、分类别、有针对性地进行宣讲和解读。

二是针对国际上对广州侵权产品"集散地"的指控，加大对商户的知识产权宣传力度，增强商户"销售侵权产品行为违法"的法律意识。协助商户严把进货关，根据自身的销售产品和规模，对可能侵权的商品予以审查辨别；尽可能对商品的商标注册证、专利授权证等予以审查；注意审查商品来源，并备案进货的相关文件；增强进货员工和销售员工对注册商标的辨识程度，提高知识产权保护意识。

结　语

将知识产权保护水准及方式提高到全球标准，引导、开发和运用具有区域特色的知识产权，是完善广州知识产权保护体制的必由之路。与此同时，密切关注世界知识产权建设状况，了解国际最新发展趋势，妥善处理涉外知识产权争端，才能适应经济和社会的飞速发展形势。加大侵权行为打击力度，是回应知识产权保护迫切需求的措施，只有迅速提高广州自身的创新能力才能切实提升知识产权

保护的水平。创新能力提高后，知识产权保护才有真正的意义，保护、创新、发展才会迈进良性发展的康庄大道。

Strengthen Intellectual Property Rights Protection
to Impel Guangzhou IPR Strategic Project

Yao Yi   Liu Zhaohua   Hu Hongyuan   Li Feng

Abstract：The research analyzes the development environment of IPR protection of Guangzhou at home and abroad, examines current status and problems of Guangzhou's IPR protection based on field investigation, and puts forward countermeasures to implement Intellectual Property Strategy and impel Guangzhou's IPR strategic project.

Key Words：Guangzhou；Intellectual Property Right；Protection

附　录

Appendix

B.16
广州城市国际化发展历程大事记

1957 年，中国出口商品交易会（广交会）开办。在以城市现代化建设为目标的新中国成立后的 30 年里，广州肩负着扩大对外贸易、开辟对外交往通道的使命。广州在新中国成立初期是全国急需进出口物资的集散地，利用毗邻港澳，特殊的亲缘、地缘优势极大促进了广州的对外交流和友好交往。在以美国为首的资本主义国家对新中国实行外交断绝、经济封锁的遏制政策的国际环境和不利局面下，广州能够突破重围、取得对外贸易和对外交往的较大成就，其意义非常突出。

1984 年，广州作为全国沿海港口开放城市、计划单列市和经济体制综合改革试点城市开始奋起直追，到 1992 年广州城市综合实力已跃居全国第三位，城市现代化水平有了极大提升，为促进广州城市国际化程度的提高、建设国际性大都市的远大目标做好了准备。

1992 年，广州提出建设现代化国际大都市的战略构想，城市建设全面提速，城市文化品位和城市文明程度不断提升，中心城市地位明显提高，对周边地区的带动力和辐射力显著增强，为广州踏入国际化的发展轨道夯实了基础。

1992 年，以邓小平同志视察南方谈话和党的十四大为标志，广州进入了建立社会主义市场经济体制的改革开放新阶段。提出了解放思想 28 条措施，加快研究如何追赶亚洲四小龙。建设国际大都市，走城市国际化发展之路，成为广州加快步伐、进一步深化改革开放的战略体现。

1992年，广州发展成为经济实力仅次于上海、北京，人均收入全国第二的经济强市，为城市发展步入新阶段提供了雄厚的实力基础。在这一时刻提出建设国际化大都市的宏大构想，既是对改革开放十余年的成果总结，也是顺应经济发展规律和现代城市发展趋势、具有前瞻性和科学性的战略谋划。

1993年，广州作为中国第一个加入国家大都市协会的城市，响亮地喊出了"建设国际大都市"的口号，明确了国际化的城市发展道路。城市国际化发展战略初见端倪，成为此后引领广州城市发展的具有前瞻性、战略性的指导思想。广州市委、市政府结合广州实际，做出了《关于进一步深化改革、扩大开放的若干决定》，提出用15年左右的时间基本实现社会主义现代化的奋斗目标。

1993年，通过了《广州市十五年基本实现现代化总体发展方案》，提出要"初步建成具有强大内外辐射能力的现代化国际大都市"。

1993年，广州正式加入世界大都市协会，成为亚洲第四个、中国第一个成为该协会会员的城市。很好地宣传了广州的城市形象，提高了广州的国际知名度，加强了广州建设国际化大都市的紧迫性，为广州提供了强大的对外交流平台和资源。

1995年，《珠江三角洲经济区规划》中明确指出，"广州以建设国际化大都市为目标是对的，这既是时代发展的需求，也切合广州发展的实际"。这些纲领性文件的出台肯定了广州城市国际化的发展思路，明确了建设国际化大都市的发展目标。

1996年，广州提出建设"区域性中心城市"的目标。广州进入城市国际化建设调整发展的重要时期，加大基础设施建设力度，提高生态环境质量和城市管理水平，改善市民素质与城市文化实力，缩小与其他国际化城市的差距，为城市国际化战略在下一阶段的成熟和深化夯实了基础。

1998年，广东省第八届党代会正式提出将广州作为"中心城市"发展，在全省经济格局大变化的框架下为广州世纪之交的城市国际化发展战略增添了新内容。要把广州建设成为有较强辐射力、吸引力的中心城市。

2001年，广州获得"国际花园城市"称号；开始实施"一年一小变，三年一中变，十年一大变"环境改造工程。

2002 年，广州被授予"联合国改善人居环境最佳范例（迪拜）奖"，国际荣誉的获得标志着广州城市国际形象的提升和国际影响力的显著增强。

2003 年以来，广东省提出广州要"精心打造经济中心、文化名城、山水之都，进一步把广州建成带动全省、辐射华南、影响东南亚的现代化大都市"，这一定位表明广州的发展目标是要走出国门、面向世界，走国际化发展的道路。

2004 年，广州申亚成功，赢得了向国际社会展示城市实力的宝贵机遇。同年，作为创始会员加入"世界城市和地方联合组织"。获国家建设部授予"中国人居环境奖"。

2006 年，广州对城市国际化发展目标进行了重新定位，提出"建设现代化大都市"，城市综合实力不断增强，在珠三角地区起带头作用的区域中心城市地位不断巩固，其辐射力和影响力深入华南、港澳和东南亚地区，广州国际中心城市的形象初显，城市国际化发展进入高速发展阶段。

2007 年，广州市长当选 UCLG 联合主席，成为该组织第一位来自亚太地区的联合主席，进一步巩固和加强了广州在该组织中的领导地位，有力促进了广州的国际知名度和影响力。

2008 年，《珠三角地区改革发展规划纲要（2008～2020 年）》赋予了广州国家中心城市的地位，提出广州要"建成面向世界、服务全国的国际大都市"，从国家战略层面上确立了广州国际化大都市的建设目标，这是对广州城市国际化发展水平的肯定，也标志着城市国际化的发展战略将步入一个崭新阶段。2008 年广州人均 GDP 突破 1 万美元，已经进入中级国际化城市的行列。

2010 年，第 16 届亚运会盛大开幕，广州成为亚洲瞩目的中心、世界关注的焦点，广州的城市国际化水平将借此契机上升到一个新的高度。

2011 年，历经 13 年努力，广州获评"全国文明城市"称号。新广州·新商机活动在美国、古巴等多个国家以及中国台湾、香港、澳门等多个地区成功举办。

法 律 声 明

　　"皮书系列"（含蓝皮书、绿皮书、黄皮书）由社会科学文献出版社最早使用并对外推广，现已成为中国图书市场上流行的品牌，是社会科学文献出版社的品牌图书。社会科学文献出版社拥有该系列图书的专有出版权和网络传播权，其LOGO（ ▢ ）与"经济蓝皮书"、"社会蓝皮书"等皮书名称已在中华人民共和国工商行政管理总局商标局登记注册，社会科学文献出版社合法拥有其商标专用权。

　　未经社会科学文献出版社的授权和许可，任何复制、模仿或以其他方式侵害"皮书系列"和（ ▢ ）、"经济蓝皮书"、"社会蓝皮书"等皮书名称商标专用权的行为均属于侵权行为，社会科学文献出版社将采取法律手段追究其法律责任，维护合法权益。

　　欢迎社会各界人士对侵犯社会科学文献出版社上述权利的违法行为进行举报。电话：010-59367121，电子邮箱：fawubu@ssap.cn。

社会科学文献出版社